기독교문서선교회 (Christian Literature Center: 약칭 CLC)는 1941년 영국 콜체스터에서 켄 아담스에 의해 시작되었으며 국제 본부는 미국 필라델피아에 있습니다. 국제 CLC는 약 650여 명의 선교사들이 59개 나라에서 180개의 서점을 운영하며 이동 도서 차량 40대를 이용하여 문서 보급에 힘쓰고 있으며 이메일 주문을 통해 130여 국으로 책을 공급하고 있는 국제적 문서선교 기관입니다.

추천사1

최 성 훈 박사
한세대학교 실천신학 교수, 영산글로벌신학연구소장

 이 책은 한국 교회의 사회적 이미지가 나날이 추락하는 상황 속에서 기독교 교리의 근간인 삼위일체론을 통해 교회의 정체성, 적실성, 비전, 삶을 조명한 체계적이면서도 실용적인 지침을 제공한다. 몇 년 전 『교회를 고민하다』(CLC 刊)라는 저서를 통해 동일한 문제의식을 가지고 교회론의 근간을 조명했던 추천인에게 있어서 이 책은 반갑고 기쁜 소식인 동시에 다시금 무거운 책임을 일깨운다.
 이 책은 교회의 정체성을 삼위일체론을 통해 조명하며 통합적 균형감각을 제공하는 한편, 그러한 정체성을 바탕으로 현대 사회가 필요로 하는 교회 사역의 방향을 하나님, 인간, 세상을 포괄하는 관계를 통해 제시하였다. 더불어 삼위일체 하나님의 형상 회복과 하나님 나라의 구현이라는 비전을 깨어진 관계 회복을 통해 새롭게 하는 동시에 삼위일체 하나님을 증거하는 삶의 구체적인 모습을 일치성, 거룩성, 보편성, 사도성이라는 교회의 고전적 표지를 통해 제안하였다.
 무엇보다 이 책이 오늘날 그리스도인에게 공헌하는 부분은 기본 개념의 점검을 통해 원어적 의미와 현대적 적용의 균형을 유지하여 치우치지 않은 신앙의 방향성을 제시한다는 점이다. 이는 오늘날 한국 교회 교인들의 고민 대상으로 전락한 교회를 조명하는 데에 교회의 정체성, 적실성, 비전,

삶이라는 관점을 통해 체계적으로 분석하는 이 책의 단단한 기반으로 기능한다.

급변하는 현대 사회의 시대적 도전 앞에서 머리 되신 그리스도를 바라보며 어떻게 살아야 할지를 고민하는 모든 그리스도인에게 교회의 정체성과 본질, 오늘날 필요로 하는 사역과 교회공동체를 통해 이루어야 할 신앙적 비전과 삶에 대한 혜안을 제공하는 이 책의 일독을 강력히 추천하는 바이다.

추천사2

안 명 준 박사
평택대학교 명예교수, 한국성서대학교 초빙교수

　백충현 박사는 그동안 삼위일체신학의 지속적인 연구를 해 왔으며, 이번에 출판된 『삼위일체중심주의 교회론』은 국내에서는 처음으로 '삼위일체중심주의(Trinity-centrism)'의 관점에서 교회의 이해에 접근하는 시도이며, 특별히 에클레시아 교회의 정체성을 강조하는 데 특징이 있다.
　기존의 교회론과 관련된 책들은 교회의 본질과 사명에서 역사적, 교리적, 선교적 관점에서 접근하였다면, 『삼위일체중심주의 교회론』에서는 에클레시아 교회론의 진정한 모습이 삼위일체 하나님의 교제의 참여이며, 온 우주와의 진정한 관계는 삼위 하나님의 미시오에의 참여라고 강조한다. 또한, 하나님 나라의 구현을 위하여 하나님의 백성은 삼위 하나님의 증인으로 일치성, 거룩성, 보편성 그리고 사도성을 위하여 살아야 할 것을 주장하고 있다.
　오늘날 처치곤란(Church 困難) 시대 속에 있는 한국 교회가 참된 에클레시아 교회의 속성을 잃어버린 상황에서 이 책은 에클레시아 교회의 성도들을 참된 삼위일체중심의 교회로 인도하는 데 중요한 이정표가 될 것으로 확신하며 적극 추천한다.

추천사3

이상은 박사
서울장신대학교 조직신학 교수, 한국조직신학회 총무

조직신학의 분과로서 결코 다루기 쉽지 않은 분야 중 하나가 삼위일체론이다. 기독교인이라면 누구나 삼위일체론의 신앙을 고백하지만, 막상 삼위일체론이 무엇인지 설명하라고 하면 쉽게 다루기 힘든 분과라는 것을 깨닫곤 한다. 한국 조직신학계를 대표하는 중진으로서 백충현 교수는 이 쉽지 않은 주제를 수십 년 동안 한결같이 연구하고 소개해 온 타의 추종을 불허하는 대가(大家)이다.

교의학자로서 백충현 교수는 삼위일체론의 중심 기반 위에 신학의 여러 분야를 섭렵하고 다루면서, 교회를 위한 신학의 지평을 확대해 왔으며 이 책은 저자가 걸어 온 학문적 족적을 아낌없이 보여 주는 역작이다.

처치곤란(Church 困難)이라는 말과 함께 저자는 교회의 본질로부터 현실에 이르는 주제를 삼위일체중심적 시각하에 다루고 있다. 특히, 교회에 대한 담론에 있어서 '교회가 무엇인지'에 대한 질문이 아닌 '교회가 누구인지'의 질문이 중시되어야 한다는 시각을 중시하면서 담론을 전개해 나가고 있다.

그러한 가운데 이 책은 이론적, 실천적 측면의 방향을 포괄적으로 지향하고 있을 뿐만 아니라 충실한 에큐메니컬 정신 또한 보여 주고 있다. 성서학, 선교학 등 다양한 신학 분야를 넘나들면서 삼위일체적 초점 속에 확대된 논의를 전개하면서, 다시금 교회의 정체성과 적실성, 비전과 삶의 측면으로 수렴해 내는 저자의 작업은 주제와 변주의 역동을 보여 주는 예술 작품처럼 구현되고 있다. 그런 면에서 이 책은 교회론을 다룬 여러 저술 중에도 단연 돋보이는 수작(秀作)이며, 교회를 사랑하는 사람이라면 누구나 일독(一讀)해야 할 명저임이 분명하다.

추천사4

김 인 수 박사
감리교신학대학교 조직신학 교수, 한국조직신학회 회계

처치곤란(Church 困難) 시대에 에클레시아 교회는 누구인가?

초대 교회로부터 삼위일체 하나님을 바르게 믿고 고백하며 실천하는 삶은 기독교(인)다움을 구성하는 핵심이었다. 『삼위일체중심주의 교회론』의 저자 백충현 교수는 삼위일체론 연구에서 매우 탁월하다. 삼위일체 하나님은 그의 신학을 구성하는 핵심이다. 이를 종합하여 저자를 묘사해 보자면, 그는 온전한 '기독교다움'을 구성하는 신실한 신학자이다. 오늘날 교회가 마주하는 현실이 녹록지 않다. 급변하는 시대에 교회가 적응하지 못하는 까닭일 수도 있겠지만, 교회가 교회답지 못한 탓이기도 하다. 이런 이유에서 저자는 오늘날 한국 교회의 상황을 한마디로 진단한다.

"처치곤란(Church 困難) 시대!"

예수 그리스도를 통해 성령 안에서 하나님 백성으로 부름을 받은 공동체가 세상에서 빛과 소금이 되기보다, 사회에서 곤란한 문제를 초래하는 주체가 되었다.

어떻게 하면 이를 회복하여 희망의 메시지가 교회로부터 울려 퍼질 수 있을까?

이 책에 따르면, 삼위일체 하나님의 존재와 삶의 방식이 교회공동체에 회복될 때 가능하다. 저자는 교회의 정체성을 본질주의/실체주의(essentialism/substantialism)에서 찾는 것으로부터 떠날 것을 요청한다. 교회는 '무엇(what)'에 해당하는 대상이 아니기 때문이다. 오히려 교회는 '인격(person)'이다. 교회의 인격은 사랑에 기반한 성부-성자-성령의 호혜적 교제와 거룩한 실천적 삶을 통해 구성된다. 따라서 교회는 타자와 세상/만물/우주와 사랑의 관계(교제)를 형성할 때 교회답게 존재할 수 있을 뿐 아니라, 구체적인 시간과 공간에서 하나님 나라를 구현할 수 있다.

이 책의 미덕은 초대 교회에서 형성된 전통 교회론을 새롭게 해석하는 데 있다. 전통과 현대 사이에 가교를 놓고 해석하여 대안을 제시하는 신학자가 많지만, 삼위일체 하나님의 존재와 삶의 방식에 근거하여 시의적절한 교회론을 제시하는 학자는 드물기에 이 책의 가치에 무게를 더한다.

『삼위일체중심주의 교회론』이 '처치곤란 시대에 에클레시아 교회의 정체성'을 공고히 하게 될 독자들을 상상하니 마음이 든든해진다. 급변하는 시대에 교회의 적실한 대응이 이 책으로부터 개화(開花)하게 될 것이라 기대하기 때문이다.

삼위일체중심주의 교회론

처치곤란(Church 困難) 시대에 에클레시아 교회는 누구인가?

A Trinity-centered Ecclesiology:
Who Is Ecclesia Church in the Age of Church-Problem?
Written by Chung-Hyun Baik
All rights reserved.
Korean Edition Copyright © 2025 by Christian Literature Center, Seoul, Korea.

삼위일체중심주의 교회론

처치곤란(Church 困難) 시대에 에클레시아 교회는 누구인가?

2025년 8월 15일 초판 발행

지 은 이 | 백충현

편　　집 | 추미현
디 자 인 | 소신애
펴 낸 곳 | (사)기독교문서선교회
등　　록 | 제16-25호(1980.1.18.)
주　　소 | 서울특별시 동대문구 천호대로71길 39
전　　화 | 02-586-8761~3(본사) 031-942-8761(영업부)
팩　　스 | 02-523-0131(본사) 031-942-8763(영업부)
이 메 일 | clckor@gmail.com
홈페이지 | www.clcbook.com
송금계좌 | 기업은행 073-000308-04-020 (사)기독교문서선교회
일련번호 | 2025-61

ISBN 978-89-341-2842-7(93230)

이 한국어판 출판권은 (사)기독교문서선교회가 소유합니다.
신저작권법에 의하여 한국 내에서 보호를 받는 저작물이므로 무단 전재와 무단 복제를 금합니다.

처치곤란(Church 困難) 시대에
에클레시아 교회는 누구인가?

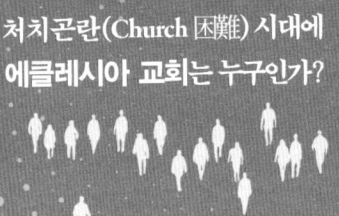

삼위일체
중심주의
교회론

— 백충현 지음

CLC

목차

추천사1 **최성훈 박사** | 한세대학교 실천신학 교수   1
추천사2 **안명준 박사** | 평택대학교 명예교수   3
추천사3 **이상은 박사** | 서울장신대학교 조직신학 교수   4
추천사4 **김인수 박사** | 감리교신학대학교 조직신학 교수   6

일러두기   17
머리말   18

● 제1장 서론   23

1. 처치곤란(Church 困難) 시대의 교회현상학(敎會現像學, Church-Phenomenology)   23
　1) 교회의 정체성과 관련된 문제   25
　2) 교회의 적실성과 관련된 문제   30
　3) 교회의 비전과 관련된 문제   33
　4) 교회의 삶과 관련된 문제   36

2. 삼위일체중심주의 교회론의 방향과 특징   39
　1) 에클레시아 교회의 정체성-삼위일체 하나님의 백성과 성도   41
　2) 에클레시아 교회의 적실성-세상/만물/우주와의 진정한 관계   47
　3) 에클레시아 교회의 비전-삼위일체 하나님의 형상 회복과 삼위일체 하나님의 나라 구현   51
　4) 에클레시아 교회의 삶-삼위일체 하나님의 증인으로 사는 삶   56

3. 교회의 오늘날 의미   60

● 제2장 에클레시아 교회의 정체성 －삼위일체 하나님의 백성과 성도－   63

   1. 성경에서의 교회－에클레시아 및 카할/에다   63

   2. 교회사에서 교회에 대한 이해   71

   3. 삼위일체 하나님의 코무니오/교제(communio Trinitatis)에 참여   80

● 제3장 에클레시아 교회의 적실성 －세계/만물/우주와의 관계－   85

   1. 삼위일체 하나님과 세계/만물/우주   85

   2. 교회와 세계와의 관계   90

   3. 삼위일체 하나님의 미시오/보내심(missio Trinitatis)에 참여   95

● **제4장 에클레시아 교회의 비전** −삼위일체 하나님 형상의 회복과　　101
　　　　　　　　　　　　　　　　삼위일체 하나님의 나라 구현−

1. 교회의 비전　　101

2. 삼위일체 하나님의 형상 회복　　109

3. 삼위일체 하나님의 나라 구현　　113

● **제5장 에클레시아 교회의 삶** −삼위일체 하나님의 증인으로 사는 삶−　　119

1. 증인(證人, Witness)　　120

2. 삼위일체 하나님의 증인으로 사는 삶 ①−일치성　　129

3. 삼위일체 하나님의 증인으로 사는 삶 ②−거룩성　　141

4. 삼위일체 하나님의 증인으로 사는 삶 ③−보편성　　150

5. 삼위일체 하나님의 증인으로 사는 삶 ④−사도성　　158

● 제6장 결론 –교회의 오늘날 의미와 그 실천적인 삶– 　　　　　　　　165

참고문헌　　　　　　　　　　　　　　　　　　　　　　　　　168

* 부록 1 삼위일체중심주의 신학을 위한 제안　　　　　　　　　177

　　1. 도입　　　　　　　　　　　　　　　　　　　　　　　177

　　2. 니버 제안의 재고찰　　　　　　　　　　　　　　　　179

　　3. 삼위일체–중심적 신학으로서의 삼위일체중심주의를 향하여　186

　　　　1) 신중심주의(Theocentrism)　　　　　　　　　　　187

　　　　2) 그리스도중심주의(Christocentrism)　　　　　　　189

　　　　3) 성령중심주의(Pneumacentrism)　　　　　　　　　191

　　4. 결론　　　　　　　　　　　　　　　　　　　　　　　192

* 부록 2 『칭의론에 관한 공동선언문』(JDDJ)을 넘어서　　　　195

　　1. 서론　　　　　　　　　　　　　　　　　　　　　　　195

　　2. 『칭의론에 관한 공동선언문』(JDDJ)의 배경 역사　　　197

　　3. 칭의와 관련된 인간의 상태에 관한 쟁점 분석과 해결 모색　202

　　　　1) 내용 구성　　　　　　　　　　　　　　　　　　202

　　　　2) 쟁점 분석　　　　　　　　　　　　　　　　　　204

　　　　3) 해결 모색–관계적 삼위일체신학의 관점 제안　　213

　　4. 결론　　　　　　　　　　　　　　　　　　　　　　　223

　　5. 참고문헌　　　　　　　　　　　　　　　　　　　　　226

이 저서는
2024년 순교자 김상현 목사
가족 기념 석좌 기금의 지원으로
수행된 연구임.

일러두기

- 본서에서 성경 구절은 한글 성경 개역개정을 사용한다. 본문의 의미를 명확히 드러낼 필요가 있을 경우에 표준새번역을 사용한다.

- 본서에서 영어 성경은 기본적으로 NIV(New International Verson)를 사용하되, 원문의 의미를 더 분명히 드러내는 경우에 KJV(King James Verson)를 사용한다.

- 본서에서 히브리어, 헬라어(그리스어), 아람어 등 성경 원어는 바이블웍스(Bibleworks)를 바탕으로 하며 본문 안에서 필요에 따라 한글 또는 영어와 함께 표기한다.

머리말

본서는 삼위일체적 교회론을 추구하는 것으로 삼위일체중심적 신학(A Trinity-centered Theology), 즉 삼위일체중심주의(Trinity-centrism)의 관점에서 교회를 이해하려는 시도이다. 저자는 그동안 믿음의 여정에서 성경의 하나님이 과연 누구이신지를 알고자 탐구해 왔으며 이 과정에서 삼위일체 하나님을 조금씩 알아 가고, 삼위일체신학의 틀 안에서 여러 책과 많은 학술지를 통해 신학적 작업을 진행해 왔다. 이러한 작업의 목적은 삼위일체 기독론과 삼위일체 교회론을 시도하고자 하는 데에 있다.

그러던 중, 장로회신학대학교 2024년 〈순교자 김상현 목사 가족 기념 석좌 기금〉의 연구 지원사업에 선정됨으로써 이러한 구상을 본격적으로 구체화할 수 있는 계기가 마련되었다. 이 연구 프로젝트를 진행하는 동안 두 권의 책 집필에 집중할 수 있어서 참으로 큰 힘과 도움이 되었다. 책을 집필하는 과정은 주제와 관련된 많은 고민과 여러 개념적·논리적 혼동이 뒤섞인 미로 속에서 헤매는 여정이다. 그 속에서도 꾸준히 헤아리며 길을 찾아 나가는 집중과 끈기가 필요한데 이 연구 프로젝트가 아니었다면 제대로 나아가지 못했을 것이다.

이번 연구 프로젝트의 첫 번째 책으로 『삼위일체중심주의 기독론-예수 그리스도의 현대적 의미』(서울: 새물결플러스, 2025)를 2024년에 저술하고 2025년 2월에 출판했다. 본서는 이 연구 프로젝트의 두 번째 책에 해당하는 것으로 삼위일체중심주의 교회론을 추구하는 시도이다. 오랫동안 교회론을 강의하면서 해가 거듭될수록 삼위일체신학을 바탕으로 하는 교회론 교재의 필요성을 절실히 느꼈었는데 이번 기회에 본서를 집필하고 출판할 수 있어서 삼위일체 하나님께 감사와 찬양과 영광을 돌린다.

물론, 본서는 신학적으로 여전히 많은 부족함이 있다. 조직신학 분야에서 나온 기존의 여러 교회론 책과는 달리 본서는 명시적으로 삼위일체-중심적 신학, 즉 삼위일체중심주의라는 신학적 틀과 방향을 제시한다는 점에서 창의적이며 새로운 의의를 지닌다.

그렇지만 그러한 신학적 틀과 방향안에서의 정합적 체계성과 엄밀한 전개성은 최종적인 완성이라기보다는 여전히 하나의 실험적인 시도이다. 이러한 점에서 저자의 신학적 또는 학문적 역량이 여전히 부족함을 절실히 느끼고 있다. 그렇지만 서툴고, 완결되지 않은 작업일지라도 이렇게라도 시도하지 않는다면 다음 단계로 한 걸음도 내디딜 수 없기에 용기를 내어본다. 앞으로 계속되는 작업을 통해 더 숙성시켜 완성해 나가고자 한다.

본서는 조직신학 분야에서 삼위일체중심주의 교회론을 추구하는 시도로서 연구의 접근 방식은 다음과 같다.

첫째, 자료적 기초는 성경적이고 내용에서는 삼위일체신학적이다.
둘째, 방법은 성서학과 선교학에서의 다양한 논의와 학문적 성과를 참고하되 체계와 전개에서는 조직신학적이다.
셋째, 목적은 하나님의 말씀으로 영감된 성경에서 기록되고 증언되는 대로의 교회의 의미에 관하여 규명하되, 교회의 정체성과 적실성을 그리고 교회의 비전과 삶을 삼위일체신학적 관점에서 살펴보고자 한다.

이를 통해 교회의 본질적 및 핵심적 의미를 파악하고, 이러한 의미가 신앙과 삶에서 구체적인 연관성과 함의성을 갖도록 하여 교회론의 논의가 또한 영성적이며 실천적으로 되도록 하고자 한다.

삼위일체중심주의 교회론을 추구하는 시도로서 본서는 성경에서의 '교회'가 헬라어로 '에클레시아(ἐκκλησία, ecclesia)'인 점에 주목하면서 다음과 같이 네 가지 중요한 내용적 특징을 지닌다.

첫째, 에클레시아(교회)의 정체성은 삼위일체 하나님의 백성이자 성도임을 강조한다.
둘째, 에클레시아(교회)의 적실성은 세상, 만물, 우주와의 진정한 관계에 있음을 강조한다.
셋째, 에클레시아(교회)의 비전은 삼위일체 하나님의 형상 회복 및 삼위일체 하나님의 나라 구현을 강조한다.
넷째, 에클레시아(교회)의 삶은 삼위일체 하나님의 증인으로 살아가는 삶이며 이 삶의 네 가지 표지는 일치성, 거룩성, 보편성, 사도성임을 강조한다.

본서의 내용 중 몇몇 부분은 기존의 연구에서 논의된 것을 수정 및 보완하거나 어렴풋이 개요적으로 제시된 것을 조금 더 다듬고 체계화시키고 발전시킨 것이다. 특히, 교회의 정체성과 적실성에 관한 논의는 2016년 장로회신학대학교에서 종교개혁 500주년 기념 연구 프로젝트로 추진된 "한국 교회와 사회 개혁을 추구하는 '삼위일체적 커뮤니온의 교회론'의 형성과 실천(A Formation and Practice of 'An Ecclesiology of Trinitarian Communion' for the Reformation of Korean Church and Society)"[1]을 근간으로 수정 및 보

---

1 본래의 연구문은 일부 수정되어 다음과 같이 출판되었다. 백충현, "교회개혁을 위한 신학적 성찰-교회의 정체성과 적실성을 중심으로", 「신학과 선교」 50권(2017년 6월), 87-118. 그리고 이 논문은 다음의 책에 실렸다. 종교개혁 500주년 기념 공동학술대회 준비위원회 편, 『종교개혁 500주년 기념 공동학술도서 IV권-종교개혁과 오늘의 교회개혁』(서울: 나눔사, 2018), 279-304. 백충현, 『삼위일체신학의 핵심과 확장-성경·역사·교회·통일·사회·설교』(서울: 장로회신학대학교출판부, 2020), 107-142.

완한 것이다.

그리고 2023년 가을 연구 학기 중 작업하여 2024년 2월에 출간한 『성경의 키워드로 풀어가는 신학세계-삼위일체 조직신학 개요』(서울: 새물결플러스, 2024)에서 삼위일체 조직신학 개요의 형태로 제시된 몇몇 내용, 특히 '교회(에클레시아)', '태초(아르케)', '경륜(오이코노미아)' 등에 관한 일부 내용이 본서의 구상을 구체화하는 데에 큰 도움이 되었다. 물론, 본서의 현재의 내용이 신학적으로 완결되기 위해서는 앞으로 더더욱 확장되고 심화되며 숙성되어야 할 필요가 있다.

아울러 본서의 삼위일체중심적 신학의 틀과 방향은 2009년 박사학위 논문을 바탕으로 하여 영문 출판 및 한글 번역으로 소개되었던 『내재적 삼위일체와 경륜적 삼위일체-현대 삼위일체신학에 대한 신학·철학의 융합적 분석』(서울: 새물결플러스, 2015), 『남북한 평화통일을 위한 삼위일체적 평화통일 신학의 모색』(서울: 나눔사, 2012) 그리고 그동안 삼위일체신학과 관련하여 작성된 학술지 논문을 모아서 편집하여 출간되었던 『삼위일체신학의 핵심과 확장-성경·역사·교회·통일·사회·설교』(서울: 장로회신학대학교출판부, 2020)와 『삼위일체신학의 핵심과 확장 II-인간·복음·세계·선교·평화·과학』(서울: 장로회신학대학교출판부, 2024)을 비롯한 여러 저술에서 논의되고 제시된 내용을 바탕으로 했다.

본서는 신학대학교와 신학교에서 교회론 수업을 듣는 학생들에게 그리고 신학에 입문하면서 교회론에 관심을 기울이는 성도들에게 어느 정도 도움과 유익을 주리라 기대한다. 특히, 오늘날 교회 자체가 사회에서 곤란한 문제가 되어 버린 처치곤란(Church 困難)의 시대에 교회의 의미를 발견하지 못하여 고민하고 방황하는 모든 이에게 교회론에 관한 새로운 통찰과 방향을 제시하는 데 작게나마 기여할 수 있기를 바란다.

또한, 본서를 통해 교회론에 관해서뿐만 아니라 성경과 신학의 관계 또는 신학과 신앙의 관계에 관해 진지하게 생각하는 신앙인들의 고민을 조금이라도 해소해 주어 신학적인 여정을 지속하는 데에 도움이 되기를 바란다.

본서에서 저자 나름의 방법론을 새롭게 만들어 제시하려고 하였으나 여전히 부족한 부분이 많다. 그것은 오로지 저자의 한계이다. 그렇지만 교회의 의미를 보다 깊이 이해하기 위해 지속적인 연구와 보완을 통해 다듬어 나갈 것을 다짐한다.

끝으로 출판계의 상황이 어려움에도 본서의 출판을 선뜻 결정해 주신 기독교문서선교회(CLC) 박영호 대표님과 실무를 맡아 주신 모든 담당자에게 진심으로 감사드린다.

제1장
서론

1. 처치곤란(Church 困難) 시대의 교회현상학(敎會現像學, Church-Phenomenology)

오늘날은 이른바 처치곤란(Church 困難)[2]의 시대이다!

교회 자체가 사회에서 곤란한 문제가 되는 시대이다. 교회 안에 많은 문제가 있을 뿐만 아니라 이 문제를 제대로 인지하지도, 파악하지도, 성찰하지도 그리고 적절히 다루지도 못하고 있다. 따라서 그 해결 또한 요원한 실정이다. 그리고 교회 밖에서는 교회에 대한 많은 비판이 제기되고 있지만, 교회가 이 비판에 대해 겸손히 경청하지도, 제대로 응답하지도 못하고 있다.

그러다 보니 교회가 세상의 문제를 해결하고 개혁하여 희망과 소망을 주어야 함에도 오히려 세상의 근심과 염려가 되었고, 더 나아가 비판과

---

[2] '처치곤란(Church 困難)'이라는 표현은 본서의 저자가 교회론과 관련된 수업에서 종종 사용하여 오던 것으로 '교회인 처치(Church) 자체가 사회에서 곤란(困難)한 문제가 되는 상황'을 지칭하는 개념이다. 이 책의 원고를 저술하는 중에 동일한 표현을 사용하는 유튜브 채널들이 있음을 발견하였으나 주로 교회 안에서의 곤란한 상황을 어떻게 대처하는지를 다루기에 본서에서 사용하는 개념과는 의미상 차이가 있다. ① 서울 세계로교회 청년부 이너플로우(enouflow)-처치곤란 에피소드(https://www.youtube.com/@segyeroe-nouflow) ② 처치곤란 (https://www.youtube.com/@%EC%B2%98%EC%B9%98%EA%B3%A4%EB%9E%80-g1y) ③ 처치곤란 솔루션(https://www.youtube.com/@churchgonran_solution).

개혁의 대상이 되었다. 말 그대로 교회(처치, Church)가 곤란한 문제가 되어 버린 처치곤란(Church 困難)의 시대가 되었다. 이런 표현을 하는 것이 오늘날 전혀 어색하지도 않고 낯설지도 않은 것이 현실이기에 교회를 생각하는 마음은 더욱 무겁고 안타깝고 또한 참담하기까지 하다.

구체적으로 오늘날 처치곤란(Church 困難)의 시대에 교회의 문제는 무엇인가?

교회의 성장화, 대형화, 외형화, 기복주의화, 조직화, 기구화, 제도화, 수직적 위계질서적 구조화, 교권화, 사유화, 세습화, 개교회주의, 성속(聖俗) 이원론/이분법, 게토화, 분열, 부패, 타락, 가나안 성도/교회의 증대, 이념화/진영화, 대사회적 신뢰도 상실 등이 있다.

이렇게 교회와 관련하여 수많은 문제가 있는데 이 문제는 교회의 정체성, 교회의 적실성, 교회의 비전, 교회의 삶이라는 네 가지 관점으로 접근하되 이를 현상학적 방법으로 기술하고 정리하며 살펴보고자 한다.

본서에서 사용하는 '현상(現像, phenomenon)'이란 개념은 어떤 사건이나 대상이 인간의 의식(意識, consciousness) 속에서 형성되어 있는 모습을 가리킨다. 그러기에 본서에서 사용하는 '현상학적 방법'이란 인간의 의식 속에 형성되어 있는 어떤 사건이나 대상의 모습을 가능한 한 있는 그대로 기술하고 그것을 분석하고 정리하고자 하는 방법을 가리킨다.

그러므로 본서에서 제시하는 '교회현상학(敎會現象學, Church-Phenomenology)'은 우리의 의식 속에 형성되어 있는 '교회'의 모습을 가능한 있는 그대로 드러내고 펼쳐 보이며 그것을 분석하고 정리하는 것을 의미한다.[3]

3　본서의 '현상학적 방법'은 현상학을 시작한 에드문트 후설과 그 이후의 현상학자들의 논의로부터 영향을 받았지만, 한국 교회의 현상을 대상으로 하는 연구로서는 시작점에 있기에 방법론적으로는 더 명료하게 논의되고 발전될 필요가 있다. 이남인, 『현상학과 해석학-후썰의 초월론적 현상학과 하이데거의 해석학적 현상학』(서울: 서울대학교출판문화원, 2014). 한국현상학회 엮음, 『프랑스 철학의 위대한 시절-현상학의 흐름으로 보는 현대 프랑스 사상』(서울: 반비, 2014).

1) 교회의 정체성과 관련된 문제

정체성(正體性, identity)이란 어떤 존재의 핵심을 드러내는 이름(name), 본질(essence), 또는 본체(本體)/실체(實體, substance)를 가리킨다. 일반적으로 '그것은 무엇인가?'라는 질문에 대한 답변에 해당한다. 예를 들어, '학교는 무엇인가?'라는 질문에 대해 '학교는 가르치고 배우는 곳이다'라고 대답을 한다면 이 답변은 학교의 정체성을 설명하는 것이다.

교회의 경우, '교회는 무엇인가?'라는 질문과 이에 대한 답이 교회의 정체성과 관련된다. 그러나 무엇이든 그 존재의 정체성에 관한 질문에 대해 그 존재의 본질을 제대로 드러내지 못하는 경우가 많고, 교회의 정체성에 관한 경우에도 비핵심적이거나 비본질적인 내용이 답으로 제시된 경우가 빈번하다.

이러한 답변은 교회의 정체성에 관한 잘못된 생각과 사유를 강화하고 고착시키며, 그것이 교회의 핵심적이고 본질적인 정체성이라고 오인하게 한다. 이러한 과정이 계속 반복되면 나중에는 더 이상 교회의 참된 정체성을 정확히 파악하지도 못하고 그로 인해 제대로 설명할 수도 없는 악순환 상태에 빠지게 된다.

예를 들면, 실제로 여러 교회의 사람이 함께 만나서 교회에 관해 이야기를 나눌 때 제일 먼저 그리고 가장 많이 질문하는 것은 다음과 같은 것들이다.

"교인은 몇 명인가?"

"교회의 1년 예산은 얼마인가?"

대부분 이런 질문일 것이다. 교회에 관한 사람들의 주된 관심사는 바로바로 이러한 외적 수치와 규모이며 이러한 기준이 사람들의 의식 안에 자리 잡고 있기 때문이다. 이러한 질문에 대답하면서 사람들은 종종 은연중에 서로 경쟁하는 마음을 갖기도 한다. 숫자가 크고 예산이 많을수록 자기 교회를 자랑스럽게 여기지만, 숫자가 적고 예산이 적을수록 자신의 교회를 부끄럽게 생각하기도 한다.

전자의 경우에는 교회의 정체성이 교인의 숫자라고 의식한다. 교인 전체의 숫자, 등록 교인의 숫자, 제직의 숫자, 항존직의 숫자 등이 그 교회의 정체성이라고 생각한다. 이 경우에는 매주 주일마다 예배에 참석하는 출석 교인의 숫자가 매우 중요해지고 출석수의 변화에 매우 예민해진다. 출석수가 늘어나면 기뻐하고 즐거워하지만, 출석수가 줄어들면 힘들어하고 괴로워한다.

후자의 경우에는 교회의 정체성이 일 년 전체의 예산, 즉 일 년 전체의 헌금이 교회의 정체성이라고 여긴다. 그러다 보니 십일조, 절기헌금, 감사헌금, 선교헌금, 특별헌금 등 온갖 종류의 헌금이 중요해진다. 특히, 십일조는 더 중요하게 여겨져서 십일조를 하는 교인이 몇 명인지에 관한 관심이 꽤 높다.

매주 주일마다 헌금 총액이 얼마인지가 중요해지고 헌금 총액의 증감에 매우 예민해진다. 헌금이 늘어나면 교회가 잘되고 목회를 잘하고 있는 것처럼 느껴지고 그렇지 않으면 교회가 어려운 상황이며 목회자가 뭔가 잘못하고 있는 것처럼 느껴진다.

위의 두 경우에서 사람들은 교회의 정체성이 바로 교인 수나 헌금 액수라고 잘못 의식하고 있다. 교회의 정체성을 이렇게 생각하면 교인 수를 늘리거나 헌금 액수를 증가시키는 것에 모든 관심을 기울이며 또한 그렇게 하는 것이 '잘되는 교회'이거나 '잘하는 목회'라고 생각한다. 그리고 계속 잘못된 악순환에 빠져들게 되어 더 이상 문제를 문제라고 인식하지도 못하고 또한 그 문제를 해결하지도 못한다.

또 하나의 예를 들면, 사람들이 교회에 관해 생각할 때 마음의 의식 속에서 가장 많이 떠올리는 이미지는 무엇인가?

그것은 바로 교회당(敎會堂)의 모습이다. 즉, 교회의 건물이다. 또는 예배당(禮拜堂)을 떠올리기도 하는데 이 역시 건물이다. 어떤 이들은 대도시에 있는 크고 멋지고 화려하며 으리으리한 교회당/예배당을 생각한다. 그리고 어떤 이들은 어릴 때 다녔던 시골의 작지만 아담하고 예쁜 교회당/예배당을 생각한다. 그런데 어느 경우이든 교회당/예배당은 교회의 건물이며 교회의 외형적인 모습이다. 이런 식으로 사람들은 교회의 정체성이 교회당/예배당, 즉 교회의 건물이라고 의식한다.

그렇게 되면 어떤 이들은 자신이 다니는 교회의 건물이 크고 멋지고 화려하고 아름다우면 자신의 교회가 좋은 교회라고 생각하며 자부심을 느낀다. 자신의 믿음이 대단한 것이라 느껴지고, 자신이 믿는 하나님이 위대하고 전능하신 하나님이라고 느껴진다. 반면에 교회의 건물이 작거나 허름하거나 볼품없다면 자신의 교회에 대해 자부심을 느끼지 못한다.

심지어 자기가 다니는 교회가 작은 교회이거나 개척교회, 상가교회, 임대교회, 지하교회라고 한다면 자기 교회에 대해 말도 못 하고 감추거나 부끄러워하며 자기 믿음조차 대단하지 못하다고 느끼고, 자신이 믿는 하나님 또한 왜소하고 볼품없는 분으로 여기게 된다.

이는 사람들이 교회의 정체성이 건물에 있다고 잘못 의식하는 것이다. 교회의 정체성을 이렇게 의식하면 교회의 건물을 짓거나 크게 확장하거나 증축하는 것에 많은 관심을 기울이며 또한 그렇게 하는 것이 좋은 교회이거나 목회를 잘하는 것이라고 생각하게 된다. 그리고 이런 인식은 계속 잘못된 악순환에 빠지게 하며 더 이상 문제를 문제로 인지하지도, 파악하지도, 해결하지도 못하게 된다.

또 다른 예를 들면, 어떤 사람들은 '교회가 어떤 곳인가?'라는 질문에 대해 복(福, blessing)을 받는 곳이라고 말한다. 이는 사람들의 의식 속에 교회와 복이 매우 밀접하게 연결되어 있기 때문이다. 물론, 하나님이 모든 복의 근원이시기에 교회를 하나님께 복을 구하고, 복을 받는 곳이라고 할 수도 있다.

그러나 교회에서 말하는 '복'은 주로 돈, 건강, 사업 성공, 장수와 같이 물질적인 것으로 치우쳐 있는 기복적(祈福的)인 것이 대부분이며 이러한 기복주의화는 많은 문제를 가지고 있다. 하나님은 모든 복과 관련되어 있으시지만, 그중에서도 영적인 복 또는 신령한 복(spiritual blessing)을 아주 중요하게 여기시기 때문이다. 그런데 사람들은 영적인 신령한 복보다는 물질적인 복에 더 많은 관심을 기울이고 있다.

어쨌든 이 경우, 사람들은 교회의 정체성이 복을 받는 곳이라고 잘못 인식하고 있는 것이며 교회를 더 많은 물질적인 복을 얻고 누리게 해 주는 교회가 좋은 교회이거나 성공적인 목회라고 생각하게 된다. 그리고 이러한 관심에 집중하면 계속해서 교회에 대한 왜곡된 생각에 빠져들게 되고 더 이상 문제를 문제라 생각하지도 못하고 또한 그 문제를 고칠 생각도 하지 못한다.

정체성에 관한 논의를 조금 더 일반화하여 논리 형식으로 표현하면 다음과 같다.

'X는 무엇인가?'(What is X?)

이 질문 속에는 어떤 것(X)을 그 어떤 것(X)이 되도록 해 주는 '무엇'(what)이 존재하며 바로 이것을 정체성이라고 한다. 이 정체성은 그 어떤 것(X)의 변하지 않는 본질 또는 실체/본체와 관련된다.

교회의 정체성에 관한 논의를 논리 형식으로 표현하면 다음과 같다.

'What is church(교회)?'

여기에서 교회를 교회 되게 해 주는 무엇(what)이 바로 교회의 정체성이며 또한 교회의 본질 또는 실체/본체이다. 이것이 사람들의 의식 속에 형성되어 자리 잡게 되면 교회의 정체성에 관한 우리의 의식은 쉽게 고정되고 고착되기 쉽다.

그러나 위에서 여러 예를 살펴보았던 것처럼 교회의 정체성에 대한 의식의 자리에 교회의 비본질적이거나 비핵심적인 내용이 자리하게 되면 그로 인해 교회에 대한 오해와 왜곡이 생겨나고, 교회가 잘못된 방향으로 나아가게 된다. 이렇게 교회가 무슨 잘못이 있는지 인지하거나 파악하지 못할 경우 결국에는 더 이상 회복하기 어려운, 이른바 회복 불능의 상태에 빠져 버린다.

이와 같이 교회의 정체성을 교인의 숫자, 헌금 액수, 외형적인 건물이라고 의식한다면 교회의 성장화, 대형화, 외형화 등에 많은 관심을 가지고 집중할 것이다. 또한, 교회의 정체성을 교인들의 물질적인 복이라고 의식한다면 교회는 기복주의화 되며 기복신앙(祈福信仰) 또는 번영의 복음(prosperity gospel)에 많은 관심을 가지고 집중할 것이다.

이처럼, 교회의 정체성에 대한 잘못된 인식은, 더 정확히 말한다면 교회의 정체성에 관한 각각 잘못된 의식은 다음과 같은 문제점이 발생한다.

교회 정체성에 대한 인식 유형	발생하는 주요 문제
조직(organization)	조직 중심 운영, 구조 과잉, 유연성 상실 등
기구(institutional apparatus)	형식주의, 권위주의, 비효율적 운영 등
제도(system/structure)	제도 중심 사고, 창의성 저해, 경직화 등
권력/힘(power)	교권화, 권력 다툼, 내외부 갈등
재산/소유(property/possession)	사유화, 세습화, 소유권 중심 사고
개교회(個敎會)/지역교회 중심	연대 상실, 고립, 지역 이기주의화

이렇게 교회의 정체성이 교회 안으로만 집중되어 있다면 교회는 주위 마을과 공동체에 관한 관심이 약하게 되고 더 나아가 사회와 분리되고 단절되어 교회의 '게토화(ghettoization)' 현상을 초래할 수 있다.

또한, 이러한 문제가 모두 복합적으로 작용하여 교회 안의 분열 또는 교회들 사이의 분열이 일어나고, 교회가 타락하고 부패하게 되어 대사회적 신뢰도를 완전히 상실하게 된다. 그럼으로써 교회 자체가 사회의 크나큰 곤란한 문제가 되는 처치곤란(Church 困難)의 현상이 발생한다.

위에서 언급한 교회의 많은 문제는 근본적으로 교회의 정체성을 잘못 의식하고 생각하는 것에서 기인한다. 그러므로 오늘날 교회의 문제를 제대로 파악하고 진단하고 성찰하고 분석하고 해결하기 위해서는 교회의 정체성에 관한 우리의 의식을 있는 그대로 드러내어 진단하고, 교회의 정체성에 대해 올바르고 정확한 이해를 위한 논의와 대안 제시가 필요하다.

2) 교회의 적실성과 관련된 문제

적실성(適實性, relevance)이란 실제에 들어맞는 성질을 의미하며 현실 세계와 실제로 맺는 관계성(關係性, relationality)을 뜻한다. 즉, 적실성은 교회가 세상/만물/우주 전체와 어떤 관계(relation)를 맺느냐와 관련된다. 교회가 교회만을 생각하는 것이 아니라 교회 주위의 마을과 공동체 그리고 사회와 세계와 어떤 관계를 맺고 있느냐에 관한 것이다.

그런데 사람들은 교회에 관해 말할 때 교회만을 의식하는 경향이 대부분이다. 교회가 주위 마을과 공동체와 사회와 세계와 만물/우주와 맺는 관계를 거의 의식하지 않는다. 그래서 교회에 관해 말할 때 교회의 내적인 사항들과 교회 안의 일들에만 관심을 기울인다. 사람들의 의식 안에서 모든 관심과 초점은 교회 안으로만 향하며 교회 밖에서 일어나는 일들에 관해서는 무관심해진다. 그리고 교회 밖의 일들은 점점 더 교회와 아무런 상관이 없는 영역이 되어 버린다.

이렇게 되면 사람들의 의식 안에서 자연스럽게 교회 안과 교회 밖을 구별할 뿐만 아니라 양자를 구분하고 분리한다. 교회 안은 교회이지만, 교회 밖은 전혀 교회가 아니며 교회와 아무런 상관이 없는 세상이다. 그것도 부정적인 의미의 세상이다. 이러다 보면 교회와 세상 사이에 대조 및 대립이 생겨나고 심지어 양자 사이에 이원론(二元論)/이분법(二分法, dualism)의 단절이 생겨난다. 교회는 거룩하지만,(聖), 교회 밖 세상은 속되다(俗)는 성속(聖俗) 이원론/이분법이 강력해진다.

교회는 구원의 방주이지만 세상은 구원을 받아야 할 대상이며 그렇기에 세상은 부정적인 것으로 무가치하거나 심지어 경멸해야 할 것으로 여겨진다. 세상에 관심과 마음을 두는 것은 세상의 삶이며 세속적인 삶으로서 바람직하지 않은 것이라고 여긴다. 반면에 세상에서 벗어나고 도피하는 삶을 사는 것이 교인의 바람직한 삶이라고 여긴다.

교회와 세상 사이에 이러한 이원론적 또는 이분법적 분리 및 단절이 의식 안에서 강하게 자리를 잡고 있으므로 설사 교회가 세상에 관심을 둔다고 하더라도 이러한 관심은 세상을 대상으로만 여기는, 즉 대상화시키는 매우 제한적인 관심이다. 세상을 구원해야 할 대상으로만 여기거나 사랑을 베풀어야 할 시혜적 대상으로만 여긴다. 이렇게 되면 교회와 세상의 관계는 일방적이고 시혜적인 관계가 되어 버리고, 쌍방적이며 상호적인 관계가 전혀 되지 못한다. 세상을 있는 그대로 보거나 받아들이거나 인정하지 못한다.

그리고 세상을 단지 대상으로서만이 아니라 함께 존재하고 함께 가며 함께 상호작용을 하는 공동의 주체로서 전혀 의식하지 못한다. 교회는 세상을 부정적으로 바라보며 무시하며 경멸하는 시선과 관점을 그대로 유지한다. 이와 동시에 교회는 세상에 대한 우월적인 자세와 태도를 지닌 채로 세상의 고통과 눈물, 선한 목소리, 진리를 향한 열정, 정의를 위한 외침에 귀 기울이지도, 눈여겨보지도 않는다.

결국, 이렇게 되면 교회와 세상 사이에 올바르고 진정한 관계가 형성되기가 힘들다. 설사 어떤 식으로 관계가 맺어진다고 하더라도 그 관계는 이미 비뚤어지고 뒤틀린 상태이다. 교회의 정체성이 잘못 형성되어 있다면 사람들의 의식 안에서 세상과의 왜곡된 관계는 교회가 계속 잘못된 방향으로 나아가도록 하여 교회의 잘못된 정체성에서 기인하는 문제들을 더욱 심화되고 악화시켜 버린다.

그래서 교회는 주위 사회와 좋은 관계를 맺는 것에는 진정한 관심이 하나도 없고 단지 교회 내의 성장과 확장에만 몰두한다. 또한, 주위 사회의 반응이나 평가에 민감하게 귀 기울이기보다는 교회의 성장화, 대형화, 외형화 등에만 매몰되어 버린다. 설사 주위 사회의 반대가 있다고 하더라도 그것을 의식하지 못하게 되어 전혀 아랑곳하지 않는다. 오히려 그러한 반대를 핍박이라고 여기며 순교 정신으로 밀어붙이고 강행한다.

이러한 일이 반복되고 누적되면 결국 교회와 마을, 사회, 세계와의 관계는 아예 분리되고 단절되어 버린다. 그러면 교회는 세상 속에서 고립된 외딴섬처럼 느껴지는 게토화가 일어난다. 그런데 더 큰 문제는 이러한 게토화 중에 사회와 세계는 꾸준히 변화하고 발전하고 개혁되어 과거보다 훨씬 더 좋아져 가지만, 오히려 교회는 세상과 분리 및 단절된 채로 과거의 그 모습을 그대로 유지하고 보수할 뿐만 아니라 고착해 나간다.

교회는 사회와 세계가 더 좋아져 가는 변화의 흐름을 전혀 느끼지도 못하고 인지하지도 못하며 단지 교회 안으로만 매몰되어 이전 모습 그대로 정체되어 있거나 심지어 더 나쁘게 퇴보한다. 그 결과 교회는 사회와 세계와 비교하면 점점 더 뒤처지게 되고 또한 사회와 세계로부터 근심과 염려의 대상이 되며 심지어 많은 비판과 개혁의 대상이 되어 버린다.

위에서 언급한 교회의 많은 문제는 근본적으로 교회의 적실성을 잘못 의식하는 것에서 기인한다. 그러므로 오늘날 교회의 문제들을 제대로 파악하고 진단하고 성찰하고 분석하고 해결하기 위해서는 교회의 적실성에 관한 우리의 의식을 있는 그대로 드러내어 진단하고, 또한 교회의 적실성에 대해 올바르고 정확한 이해를 위한 논의와 대안 제시가 필요하다.

3) 교회의 비전과 관련된 문제

비전(vision)이란 앞으로 나아가며 꿈꾸고 바라보는 이상적인 모습이다. 교회의 비전은 교회가 지향하며 나아가는 이상이다. 교회는 비전을 향해 나아간다. 그러기에 비전은 교회가 앞으로 나아가도록 안내하고 도와주는 나침판이며 지도와 같은 역할을 한다.

그런데 현실에서는 사람들의 의식 안에서 교회의 비전이라고 하더라도 그 비전이 하나님께서 주시는 성경적인 비전이 아니라 인간이 투사하고 투영하는 인간적 욕망인 경우가 허다하다. 하나님께서 주시는 비전이라고 주장하지만, 인간적인 것을 하나님의 뜻이며 비전인 양 세련되게 포장하기도 하고 하나님을 위한 비전이라는 명분을 내세우지만, 실제로는 인간의 꿈이나 소원이나 욕구나 바람인 경우가 많다.

교회의 정체성이 잘못 형성되어 있고, 또한 교회의 적실성이 왜곡된 상태에서 사람들의 의식 안에서 교회의 비전이 인간적인 것으로 채워지고 제시된다면 교회의 조직화, 제도화, 성장화, 대형화, 외형화가 잘못된 방향임에도 하나님의 비전이라는 명분으로 맹렬하게 추진된다. 의식 안에서 굳게 자리 잡은 비전은 더욱 강력하기 때문이다. 그래서 세상의 어떤 조직이나 기관보다 그 비전을 더 빨리 더 확실하게 더 철저히 달성하기도 한다.

그러한 비전에 따라 겉으로 보기에 교회의 건물이 으리으리해지고 교인의 숫자가 수천 또는 수만 명으로 늘어난다고 하더라도 그 비전에 대한 의식 안에는 이미 비성경적인 요소가 도사리고 있고 점점 커지며 종국에는 비전 전체를, 즉 비전에 관한 의식 자체를 차지하여 버린다. 그 결과로 비록 세계에서 가장 큰 교회가 된다고 하더라도 결국 드러나는 것은 하나님의 꿈과 비전이 아니라 인간적인 꿈과 비전과 욕망일 뿐이다.

이렇게 인간적인 것들이 드러날 때는 이미 교회의 정체성도 완전히 상실되고 교회와 세계와의 관계인 적실성도 완전히 왜곡된 상태이다. 교회다움도 잃어버리고 주위 마을과 사회와 세계와의 좋은 관계도 깨져 버려 종국에는 사회에서 곤란한 문제를 일으키는 큰 골칫거리가 된다.

하지만, 인간적인 꿈과 이상과 욕구와 욕망은 하나님에게서 오는 것이 아니라 인간에게서 오는 것으로 인간이 사는 시대적, 사회적, 문화적, 상황적 요소로부터 영향을 받는다. 좋은 영향도 있지만, 대부분은 악한 영향을 더 많이 받는다. 이러한 영향이 사람들의 의식 안에 형성되고 강하게 자리를 잡는다.

이는 목회자나 평신도도 예외가 아니다. 교회의 정체성도 온전하지 못하고 세계와의 적실성도 제대로 형성되어 있지 않을 때는 이들의 의식 안에서 세상의 잘못되고 악한 영향들을 아무런 여과 없이 더 많이 받으며 그것들에 의해 좌지우지된다. 그러면 교회의 참된 비전과 그 이상이 세상의 잘못되고 악한 영향들에 의해 꺾이고 축소되고 왜곡되는 일이 많이 생겨난다.

그래서 목회자와 평신도 두 그룹 사이의 공동 이해에 부합하거나 공통 이해를 모두 충족시키고자 하는 카르텔(cartel), 즉 담합의 관계가 형성된다. 목회자이든 평신도이든 서로를 하나님의 말씀으로 성찰하고 비판하고 조언하기보다는 공동의 이익에 부합하는 방향으로 함께 공모하고 함께 침묵하며 함께 달려간다.

특히, 교회의 비전이 그 교회가 처한 시대적, 사회적, 역사적 상황 속에서 형성된 이데올로기(ideology), 즉 이념(理念)에 의해 좌지우지될 수도 있다. 이념은 사람들의 의식 안에서 강력한 힘을 발휘한다. 그러면 교회의 비전은 이념에 의해 매이거나 흔들리며, 그 안에서 진영의 논리에 의해 매몰되어 허우적거릴 수 있다. 이렇게 교회 비전의 이념화 및 진영화가 일어난다. 그러면 교회의 비전과 그 이상이 도무지 펼쳐지지도 못하고 오히려 오염되거나 왜곡되거나 완전히 깨져 버린다.

　인간적인 욕심과 욕망이 투영된 비전과 이상에 따라 움직여진 교회는 결국 하나님의 교회가 아니라 인간의 교회가 된다. 이것은 교회라기보다는 인간적인 기구와 조직과 제도가 된다. 그렇게 되면 하나님의 말씀과 은혜의 원리가 제대로 작동하지 못한다. 하나님의 말씀이 살아 있어 움직이며 인간의 마음과 생각과 감정과 정신을 감찰하고 변화시키며 변혁시켜야 하는데 전혀 그러지 못한다. 그만큼 인간의 의식이 강력하게 잘못 형성되고 응집되어 있기 때문이다. 하나님의 은혜가 있다고 하더라도 하늘로부터 오는 초월적인 은혜라기보다는 인간에 의해 소유되고 좌지우지되는 어떤 소유물처럼 되어 버린다.

　그렇게 되면 교회 안에서 어떤 부패와 타락이 있다고 하더라도, 그래서 교회가 거룩하지 못한 모습을 보인다고 하더라도 그것들에 대해 무디어지며 무감각해지며 둔감해진다. 오히려 그것들을 두둔하고 감싸며 도리어 그것이 정상적이라고 내세우며 우긴다. 그러면 교회 안의 개개인뿐만 아니라 교회 전체가 더 나아가 교단 전체가 함께 쓰러지고 함께 망하는 공도동망(共倒同亡)의 길로 나아가게 된다. 이러한 상태에서도 교회의 잘못된 점을 지적하며 외치는 예언자적 소리는 나오지 않고, 설사 나온다고 하더라도 헛소리나 쓸데없는 소리로 치부되어 버린다.

　특히, 목회자의 인간적인 욕심과 욕망이 투영된 것이라고 한다면 교회의 비전은 목회자 개인의 비전이 되어 버리며 그 비전의 이상에 따라 형성된 교회는 하나님의 것이 아니라 목회자 개인의 것이 되어 버린다. 그러면 하나님의 교회도 아니며 성도 전체의 교회도 아니며 목회자 개인의 교회가 되고 목회자 개인의 소유가 되어 버린다. 그래서 그 교회는 하나님의 뜻이 아니라 목회자 개인의 뜻에 따라 자의적으로 움직이게 된다.

　이럴 때 목회자가 규정대로 은퇴하는 시점이 되어도 자기의 손으로 움켜잡은 교회를 놓지 못하고 영원한 소유와 재산인 양 지키고자 한다. 그러면 하나님의 뜻이 아니라 목회자 개인의 뜻을 그대로 이어받을 수 있는 자녀에게 교회를 세습하거나 목회자 개인에게 충성하는 제자들이나 그의 마음에 쏙 드는 목회자들을 후계자로 삼아 교회를 계속 이어가도록 한다. 개교회의 정관이나 내규나 교단의 헌법이나 규정이나 그것들이 무엇을 말하고 있는지는 중요하지 않다. 목회자 개인의 소유와 재산으로 여겨지는 교회를 마음대로 움직이고자 하는 마음이 교회법 위에 군림한다.

위에서 언급한 교회의 많은 문제는 근본적으로 교회의 비전을 잘못 의식하는 것에서 기인한다. 그러므로 오늘날 교회의 문제들을 제대로 파악하고 진단하고 성찰하고 분석하고 해결하기 위해서는 교회의 비전에 관한 우리의 의식을 있는 그대로 드러내어 진단하고, 또한 교회의 비전에 대해 올바르고 정확한 이해를 위한 논의와 대안 제시가 필요하다.

4) 교회의 삶과 관련된 문제

삶(life)이라고 하는 것은 그저 우연히 이루어지는 것이 아니라 내면과 정신의 표현이다. 교회의 삶이라고 하는 것도 그저 우연히 이루어지는 것이 아니라 교회의 정체성과 적실성과 비전이 겉으로 표현되어 드러나는 것이다. 즉, 사람들의 의식 안에서 형성되어 있는 것들이 밖으로 표출되어 나타나는 것이다.

영어로 삶(life)과 생명(life)은 같은 말이다. 독일어로도 삶(Leben)과 생명(Leben)은 같은 말이다. 한글로 보자면 삶은 생명을 살아내는 것이다. 그러기에 삶과 생명은 밀접한 연관성이 있다. 삶은 생명 또는 생명력이 밖으로 표출되어 드러나는 것이다. 이런 점에서 교회의 삶은 교회의 생명 또는 교회의 생명력과 관련되어 있다. 교회에 생명이 있고 생명력이 있어야 교회의 삶이 꿈틀거리고 살아 움직이며 제대로 드러날 수 있다. 교회의 그러한 생명과 생명력은 교회에 관한 온전한 정체성, 진정한 적실성, 참다운 비전에 관한 마음의 의식 상태에서 일어날 수 있다.

그런데 현실에서 사람들은 교회의 삶에 관해 어떻게 의식하는가?

대부분의 사람은 교회의 삶이 교회에만 충실한 삶, 즉 교회중심적인 삶이라고 생각한다. 그러나 교회의 정체성이 온전하지 못한 경우, 교회중심적인 삶은 교회의 성장화, 대형화, 외형화, 제도화, 조직화 등을 충실히 따르는 삶으로 이해되기 쉽다.

이렇게 교회의 적실성이 제대로 형성되지 못하면 세상에 관한 관심보다는 교회 내의 일에만 집중하는 삶으로 국한된다. 이는 세상에서의 삶에 대해서는 무관심하거나 아예 교회와 이원론적으로 또는 이분법적으로 분리된 세상에서 세상의 욕망에 충실하게 살아가는 삶이다. 교회의 비전이 인간적인 비전일 때 교회 안에서의 삶이라고 하더라도 인간적인 욕망을 이루고자 하는 삶이 되고 만다.

교회의 참 생명과 진정한 생명력이 꿈틀거린다면 교회는 어떤 모습의 삶을 드러낼 수 있는가?

그것은 예수 그리스도께서 말씀하신 대로 증인으로서 증언하는 삶이다. 그리고 이러한 증인의 삶은 고대 교회에서 교회에 관해 제시한 것처럼 교회의 네 가지 표지로 드러낼 수 있다. 바로 '하나의 거룩하고 보편적이며 사도적인 교회(one, holy, catholic/universal, and apostolic church)'로서, 즉 교회의 일치성(unity), 거룩성(holiness), 보편성(catholicity/universality), 사도성(apostolicity)으로 드러낼 수 있다. 이 네 가지를 교회의 고전적 표지(classical marks of church)라고 한다.

교회가 이러한 네 가지 표지를 잘 드러낸다면 그 교회는 살아 있는 생명력이 있는 삶을 사는 것이다. 그런데 이와는 달리 교회의 일치성이 깨어져 있거나 교회의 거룩성이 훼손되어 있거나 교회의 보편성이 적용되지 않거나 교회의 사도성이 아무런 힘을 발휘하지 못하고 있다면 그러한 교회는 생명력을 상실하는 삶을 살고 있다고 진단 및 판단할 수 있다.

위에서 언급한 교회의 많은 문제는 근본적으로 교회의 삶을 잘못 의식하는 것에서 기인한다. 그러므로 오늘날 교회의 문제를 제대로 파악하고 진단하고 성찰하고 분석하고 해결하기 위해서는 교회의 삶에 관한 우리의 의식을 있는 그대로 드러내어 진단하고, 교회의 삶에 대해 올바르고 정확한 이해를 위한 논의와 대안 제시가 필요하다.

지금까지 본서 제1장 서론의 제1절 처치곤란(Church 困難) 시대의 교회 현상학(敎會現像學, Church-Phenomenology)에서 오늘날 처치곤란(Church 困難) 시대에 일어나고 있는 여러 가지 문제 가운데 교회의 성장화, 대형화, 외형화, 기복주의화, 조직화, 기구화, 제도화, 수직적 위계질서적 구조화, 교권화, 사유화, 세습화, 개교회주의, 성속(聖俗) 이원론/이분법, 게토화, 분열, 부패, 타락, 가나안 성도/교회의 증대, 이념화/진영화, 대사회적 신뢰도 상실을 살펴보았다.

그리고 이 문제를 교회의 정체성, 교회의 적실성, 교회의 비전, 교회의 삶이라는 네 가지 관점으로 접근하되, 현상학적 방법으로 기술하고 정리해 보았다. 그 결과 이러한 많은 문제는 근본적으로 교회에 대해 잘못 의식하고 생각하는 것에서 기인하는 것임을 또한 확인했다.

그러므로 오늘날 교회의 문제를 제대로 파악하고 진단하며 성찰하고 분석하고 해결하기 위해서는 교회의 정체성과 적실성, 비전과 삶에 대한 우리의 의식을 있는 그대로 드러내어 점검하고, 교회에 대한 올바르고 정확한 이해와 논의 그리고 이에 걸맞은 새로운 대안을 제시할 필요가 있다.

본서는 이러한 새로운 작업을 수행하기 위해 기존의 신중심주의, 그리스도중심주의, 성령중심주의의 관점에는 여러 한계점이 있다고 보며 대신 삼위일체중심주의의 관점에서 접근하는 교회론이 이와 같은 문제를 더 잘 규명하고 분석하며, 해결할 수 있다고 주장한다. 이러한 주장이 바로 본서의 핵심 내용이다.

2. 삼위일체중심주의 교회론의 방향과 특징

본서에서 다룰 신중심주의, 그리스도중심주의, 성령중심주의에 관한 논의 내용을 아래 표와 같이 요약할 수 있다.[4]

유형	신중심주의 (Theocentrism)	그리스도중심주의 (Christocentrism)	성령중심주의 (Pneumacentrism)
	성부 하나님-중심적 신학 창조주-중심적 신학	성자 하나님-중심적 신학 구속주-중심적 신학	성령 하나님-중심적 신학 완성주-중심적 신학
강조	성부 하나님	성자 하나님	성령 하나님
	창조주(Creator)	구속주(Redeemer)	완성주(Consummator)
강점	하나님과 창조 세계/ 우주 만물을 잘 연결	예수 그리스도에 대한 신앙과 열정 강화	성령의 일차적 역할이 예수 그리스도를 가리키는 것으로 기독론과 함께 감
	특별계시보다는 일반계시에 더 적합	기독교의 정체성 확보	교회중심적 삶을 사는 것에 집중
	생태위기 시대에 더 적합	교회중심적 삶(예배/ 친교/봉사/전도/선교 등)을 살도록 격려	신령한 은사-중심적 삶에 집중
	교회가 공공성과 공동선을 추구하도록 함		
	종교 간 대화 추구에 도움		

---

4 백충현, 『삼위일체중심주의 기독론-예수 그리스도의 현대적 의미』(서울: 새물결플러스, 2025), 38. 이후 『삼위일체중심주의 기독론』으로 표기함. 본래 이 도표는 다음의 책에서의 정리를 참고하되 더 일반화하여 새롭게 표현한 것이다. 백충현, 『삼위일체신학의 핵심과 확장-성경·역사·교회·통일·사회·설교』(서울: 장로회신학대학교출판부, 2020), 217-219.

약점	예수 그리스도에 대한 신앙과 열정 희석	세상에 대한 관점이 협소해짐 사회적, 역사적, 우주적 쟁점에 무관심	
	일반적인 신을 강조하기에 기독교의 정체성 약화	협소한 구원론 경향–개인 영혼 구원에 집중 개인적 확신과 내세 지향적인 삶을 추구	
	교회 중심적 삶, 교회 성장, 개인 경건에 잘 맞지 않음	하나님 나라의 현재적 차원에 많은 관심을 가지지 못함	
참고	신중심주의 안에도 스펙트럼이 다양함	우주적 기독론이 있으나 매우 제한적임	우주적 성령론이 있으나 매우 제한적임

삼위일체중심주의는 각각의 중심주의의 강점을 모아서 최대화하고 각각의 중심주의의 약점을 제거하거나 최소화하고자 한다. 그리고 삼위일체중심주의 교회론은 그러한 삼위일체중심주의의 틀 안에서 교회론을 추구한다.

삼위일체중심주의 교회론의 기본적인 방향은 다음과 같다.

첫째, 기독교의 정체성을 분명히 하면서도 삼위일체 하나님과 창조 세계, 나아가 우주 만물 전체와의 관계를 온전히 정립하고자 한다.

둘째, 예수 그리스도에 대한 강한 신앙과 뜨거운 열정을 가지고 교회 중심적인 삶을 살아가되, 그 신앙의 지평이 개인 구원이나 교회중심주의에만 머물지 않는다.

셋째, 교회의 공공성과 공동선을 추구하며, 사회와 세계 속에서 그리고 우주 만물 안에서 실천적인 삶을 지향한다.

이러한 방향을 추구하는 삼위일체중심주의 교회론은 성경에서 교회라는 단어에 사용된 헬라어 '에클레시아(ἐκκλησία, ecclesia)'와 히브리어 '카할(קָהָל)'과 '에다(עֵדָה)'의 근본적이며 핵심적인 의미에 주목하여 다음과 같이 네 가지를 중점적으로 강조한다.

첫째, 에클레시아 교회의 정체성이 삼위일체 하나님의 백성과 성도임을 강조한다.

둘째, 에클레시아 교회의 적실성이 세상/만물/우주와의 진정한 관계에 있음을 강조한다.

셋째, 에클레시아 교회의 비전으로서 삼위일체 하나님의 형상 회복 및 삼위일체 하나님의 나라 구현을 강조한다.

넷째, 에클레시아 교회의 삶이 삼위일체 하나님의 증인으로 살아가는 삶이며 이것의 네 표지가 일치성, 거룩성, 보편성, 사도성임을 강조한다.

1) 에클레시아 교회의 정체성-삼위일체 하나님의 백성과 성도

정체성(正體性, identity)이란, 존재하는 어떤 것을 바로 그 어떤 것이 되도록 해주는 본질(essence)을 가리킨다. 이렇게 본질을 가정하거나 전제하면서 탐구하는 접근을 본질주의(essentialism)라고 한다. 이 본질을 본체(本體)/실체(實體, substance)라고 한다면 본체주의/실체주의(substantialism)라고도 할 수 있다. 이러한 접근의 사유방식이 매우 널리 사용되고 있음에도 불구하고 본질주의 또는 본체주의/실체주의에 대해서는 철학적 비판과 신학적 비판이 많이 제기되어 왔으며 나름대로 한계가 존재한다.

예를 들어, 교회에 문제가 있거나 교회 자체가 문제가 될 때마다 우리는 교회의 본질을 찾고자 질문한다.

'교회는 무엇인가?'(What is church?)

그런데 본질주의 및 본체주의/실체주의에서 정체성과 관련하여 올바른 정체성을 찾아간다면 다행이지만, 즉 존재하는 어떤 것의 정확한 본질이나 본체/실체를 찾아간다면 다행이지만 그렇지 않은 경우가 많이 있다. 정체성을 추구하지만, 정작 그 정체성을 드러내는 정확한 본질을 찾기보다는 본질이 아닌 비본질적인 요소를 본질로 착각하거나 오해하는 경우가 많이 있다. 이런 경우에는 교회의 정체성이나 본질 및 본체/실체를 추구하다가 오히려 잘못된 방향으로 나아가기도 한다.

본질주의의 한계가 있음에 동의하는 한스 큉(Han Küng)은 "교회라는 개념은 근본적으로 주어진 각 시대의 교회 형태에 의존한다"[5]라고 전제하면서 다음과 같이 주장한다.

> 교회의 본질을 역사적 양상의 뒤에서나 위에서 보지 않고 그 안에서 볼 때 비로소 현실 교회를 볼 수가 있는 것이다. … 교회의 본질은 언제나 역사적 형태 안에서 보아야 하고, 역사적 형태는 언제나 본질을 출발점과 목표로 해서 이해해야 한다.[6]

그래서 큉은 자신의 교회론에서 본질주의의 접근을 버리고 역사적 형태에 주목하는 교회론을 전개했다. 그러나 교회의 정체성을 다루는 교회론에서 본질주의의 가장 큰 문제는 '교회는 무엇인가? (What is church?)'라는 질문 자체가 교회의 정체성이나 본질이 그 무엇(what)이라고 전제한다는 점이다. 다시 말해 교회의 정체성이나 본질이 그 무엇(what)인 어떤 대상이나 어떤 물건과 같은 것이라고 이미 여기고 있다는 점이다. 이러한 질문을 하는 순간 우리는 교회가 그 무엇(what)이라고, 즉 어떤 대상이나 어떤 물건과 같은 것이라고 이미 생각하고 있는 것이다.

과연 교회는 그 무엇(what)에 해당하는 어떤 대상이나 물건과 같은 것인가?

---

5 한스 큉 지음, 이홍근 옮김 『교회란 무엇인가』(서울: 분도출판사, 2008), 16. 이후로 『교회란 무엇인가』로 표기함.
6 큉, 『교회란 무엇인가』, 18-19.

결코 그렇지 않다. 본론에서 세밀하게 살펴보겠지만, 교회는 단지 어떤 대상이나 물건과 같은 것이 아니다. 만약 교회를 그렇게 여긴다면 우리는 교회의 정체성이나 본질을 찾고자 하면서도 정작 근원적인 해결책을 찾지 못하는 잘못된 방향으로 나아가는 오류를 범하는 것이다.

신약에서 가장 이른 초기 문서 중의 하나인 고린도전서에는 교회가 무엇(what)으로가 아니라 누구(who)로 이해되고 있음을 보여 준다.

고린도전서 1장 1-3절은 다음과 같이 말씀한다.

> ¹ 하나님의 뜻을 따라 그리스도 예수의 사도로 부르심을 받은 바울과 형제 소스데네는 ² 고린도에 있는 하나님의 교회[에게] 곧 그리스도 예수 안에서 거룩하여지고 성도라 부르심을 받은 자들과[자들에게와] 또 각처에서 우리의 주 곧 그들과 우리의 주 되신 예수 그리스도의 이름을 부르는 모든 자들에게 ³ 하나님 우리 아버지와 주 예수 그리스도로부터 은혜와 평강이 있기를 원하노라(고전 1:1-3).

2절에는 서신의 수신자가 언급되어 있는데 "곧"이라는 말은 앞부분과 뒷부분이 동일한 대상이라는 것을 의미한다. 즉, "고린도에 있는 하나님의 교회[에게](τῇ ἐκκλησίᾳ τοῦ θεοῦ τῇ οὔσῃ ἐν Κορίνθῳ, to the church of God in Corinth 〈NIV〉)"는 "그리스도 예수 안에서 거룩하여지고 성도라 부르심을 받은 자들[에게]"임을 의미한다.

여기에 교회를 의미하는 '에클레시아'라는 단어가 사용되어 있는데 고린도에 있는 '에클레시아'는 "그리스도 예수 안에서 거룩하여지고 성도라 부르심을 받은 자들"임을 의미한다. 따라서 '에클레시아', 즉 교회는 건물이나 제도가 아니라 사람들, 곧 하나님께 부름받은 공동체를 의미한다.

이러한 점을 고려하면, 의미상으로 신약의 '에클레시아(교회)'는 예수 그리스도 안에서 거룩하여진 사람들, 성도(聖徒, saints)라고 부르심을 받은 사람들, 또한 주(主, the Lord, κύριος, 퀴리오스)되신 예수 그리스도의 이름을 부르는 사람들을 가리킨다. 한마디로, 신약의 '에클레시아(교회)'는 하나님의 부르심을 받은 '하나님의 백성(God's people)'이며 '성도(saints)'이다.

이렇게 신약의 '에클레시아(교회)'는 핵심적으로 사람들을 가리킨다. 교회가 사람들을 가리킨다면 "교회는 무엇인가? (What is church?)"라는 질문은 교회의 본질을 제대로 파악하지 못하는 잘못된 질문이다. 현실에서 인간의 의식 안에서 교회는 그 무엇(what), 즉 어떤 대상이나 물건과 같은 것으로 여겨지기 때문이다.

그런데 성경에서 교회는 사람들을 가리키기에 "교회는 누구인가? (Who is church?)"라고 질문해야 한다. '누구(who)'는 사람들을 가리키기 때문이다.

이와 관련하여 이제민은 『교회는 누구인가, 사목적 교회를 위하여, 교회의 사목을 위하여』[7]라는 책의 머리말에서 다음과 같이 문제의식을 명료하게 표현했다.[8]

> 교회는 "교회는 무엇인가?"보다는 "교회는 누구인가?", "누가 교회인가?"라고 물으며 접근해야 하는 인격체이다. 그동안 우리는 "교회는 무엇인가?"하는

---

[7] 이제민, 『교회는 누구인가-사목적 교회를 위하여, 교회의 사목을 위하여』(서울: 분도, 2001). 이 책에서 이제민은 제2차 바티칸공의회가 하나님의 백성으로서의 교회를 새롭게 강조한 것에 주목하고 이러한 새로운 강조를 사목적, 즉 목회적 관점으로 계속 확장하고자 한다. 본서의 저자는 교회론과 관련된 수업에서 교회의 많은 문제에 직면하여 교회를 개혁하고 교회의 본질을 추구하고자 할 때 '교회는 무엇인가?'라고 질문할 것이 아니라 '교회는 누구인가?'라고 질문해야 하며, 그래야 교회론의 올바른 방향으로 나아갈 수 있다고 계속 말하여 왔다. 그러던 중 한참 후에 도서관에서 여러 책들을 찾다가 이 책의 제목을 우연히 발견하고 놀랐으며 또한 저자와 동일한 문제의식이 있음에 많이 놀랐다. 그리고 배성목은 철학적인 성찰을 통해 교회에 대해 존재 물음을 제기해야 한다고 제안하면서 이러한 존재 물음을 통해 교회의 성도의 삶을 다루어야 한다고 주장한다. 배성목, "교회의 정체성과 삶에 관한 연구 교회란 누구인가", (장로회신학대학교 신학대학원 교역학석사학위논문, 2020), 1-3.

[8] 이제민, 『교회는 누구인가?-사목적 교회를 위하여, 교회의 사목을 위하여』, 5. 인용문에서 "[ ]"는 본서의 저자가 추가한 것임.

이런 질문에만 익숙해 왔기 때문에 "교회는 누구인가?" 하는 물음은 생소할 뿐만 아니라 오히려 틀린 말처럼 들린다. 하지만, "교회가 무엇인가 하는 질문으로 얻는 답변은 무엇인가?" 그 질문으로 얻어낸 답변이 "내 인생에 얼마만큼 실제적인 도움을 주었는가?"라고 묻는 질문은 대단히 교의적이고 비인격(간)적이고 제도적이다. 우리는 "하느님[하나님]은 무엇인가"라고 묻지 않고 "하느님[하나님]은 누구인가"라고 질문한다. 하느님[하나님]은 그런 존재이다. 교회도 마찬가지이다. 교회는 "교회는 누구인가?", "누가 교회인가?" 하고 질문할 수 있는 실존이다. 이 교회 안에서 우리는 생명의 하느님[하나님]을 만나고, 인간을 인간으로 만나며, 인류와 자연과 온 우주가 하나의 생명으로 연대하고 있음을 체험하게 된다. 예수께서 하느님[하나님] 백성을 불러 모으시고 베드로 위에 당신의 교회를 세우신 까닭도 여기서 찾을 수 있다. 교회는 하느님[하나님] 백성으로서 인격체이며 인간적이다.

교회의 근본적인 의미가 '하나님의 백성' 및 '성도'이기 때문에 교회는 또한 사람들의 교제, 즉 코무니오(*communio*)를 의미한다. '교제'는 라틴어로 '코무니오(*communio*)'이며 영어로는 '커뮤니온(communion)'이다. 헬라어로는 '코이노니아(κοινωνία, *koinonia*)'이다. 이것은 영어로 펠로우십(fellowship)으로도 번역되며 한글로는 친교, 사귐, 연합, 일치 등을 의미한다.

본서에서 라틴어 '코무니오(*communio*)'와 한글 '교제'를 대표적인 용어로 주로 사용하고자 한다. '코무니오(*communio*)'라는 단어는 문자적으로 '함께(*com*)'와 '하나 되기(*unio*)'가 합쳐진 말로서 '함께 하나 되기'라는 의미이다.

신학적으로 '코무니오(*communio*)'의 원형은 삼위일체 하나님의 교제를 가리킨다. 즉, 성부 하나님과 성자 하나님과 성령 하나님이 서로 함께 하나 되는 모습을 가리킨다. 그런데 삼위일체 하나님의 교제는 성부-성자-성령 사이의 내재적인 교제만은 아니다. 즉, 삼위일체 안에서만의 폐쇄적, 배타적, 고립적 교제는 아니다.

정반대로 삼위일체 하나님의 교제는 대외적으로도 이루어지는 경륜적인 교제이다. 즉, 삼위일체 밖으로 열려 있는 개방적인 교제이다. 그러기에 삼위일체 하나님이 세계/만물/우주를 창조하시고 섭리 및 구원하시며 또한 완성해 나가신다. 인간을 포함하여 세계/만물/우주는 그러한 경륜을 통해 삼위일체 하나님의 교제 안으로 참여한다.

그렇다면 '하나님의 백성' 및 '성도'로서의 교회, 즉 사람들은 삼위일체 하나님의 코무니오/교제에 참여한다. 세례(Baptism)를 통해 성령 하나님 안에서 예수 그리스도와 합하여 예수 그리스도와의 연합(Union with Jesus Christ)을 이룬다. 그런 다음에 성찬(the Holy Communion/Eucharist)에서 성령을 통해 실재적으로 임재하시는 예수 그리스도의 살과 피를 먹고 마심으로써 삼위일체 하나님의 교제, 즉 삼위일체의 코무니오(*communio Trinitatis*)에 깊이 참여한다. 이러한 참여를 바탕으로 교회로서의 사람들 사이의 교제가 함께 깊고 넓게 이루어진다.

교회의 정체성을 이렇게 이해한다면 우리는 교회사에서 문제점으로 나타났던 교회의 성장화, 대형화, 외형화, 기복주의화, 조직화, 기구화, 제도화, 수직적 위계질서적 구조화, 교권화, 사유화, 세습화, 개교회주의, 성속(聖俗) 이원론/이분법, 게토화, 분열, 부패, 타락, 가나안 성도/교회의 증대, 이념화/진영화, 대사회적 신뢰도 상실 등의 문제를 제대로 해결할 수 있는 방향으로 나아갈 수 있다.

그리고 이것이 교회의 참되고 진정한 정체성이라고 한다면 이 정체성이 교회의 모든 부분에 반영되고 적용되어야 할 것이며 그럴 때 교회의 문제가 근원적으로 해결될 수 있을 것이다.

2) 에클레시아 교회의 적실성-세상/만물/우주와의 진정한 관계

교회의 정체성은 삼위일체 하나님의 부르심을 받은 '하나님의 백성(God's people)'이며 '성도(聖徒, saints)'이기에 교회의 핵심은 사람들을 가리킨다. 그런데 교회의 핵심인 사람들은 진공 속에서 또는 외딴섬에서 사는 것이 아니라 삼위일체 하나님께서 창조하신 세계 안에서 살아간다. 그러기에 교회는 세계와 어떤 식으로든 관계(relation)를 맺기에 세계와의 진정한 관계를 맺는 적실성(relevance)이 요청된다.

관계(關係, relation)라는 용어는 오늘날 매우 중요한 개념이 되었다. 기존의 실체/본체 중심의 사고가 개별주의 또는 개인주의로 치우치는 경향이 있다면 관계를 중시하는 견해는 그러한 단점을 어느 정도 완화해 주거나 극복하도록 도와줄 수 있다. 이전에도 관계라는 개념이 없는 것은 아니었으나 실체주의/본체주의 하에서 관계의 개념 역할이 매우 제한적이었다.

예를 들어, 아리스토텔레스는 세계를 분석하기 위한 10범주론을 제시하였는데 여기에서 가장 중요한 것은 실체(實體, substance)이고 나머지는 모두 우연(偶然, accident)에 속하는 것으로 성질, 분량, 관계, 공간, 시간, 능동, 피동, 자세, 상태이다.[9] 즉, 관계의 범주가 있긴 하지만, 우연에 속하는 것이며 그러기에 실체와 비교하면 중요성이 떨어진다.

그러나 오늘날에는 관계라는 개념이 더 온전하고 풍성하게 이해되고 적용되고 있다. 예를 들어, 마르틴 부버는 '나-그것(I-It)'의 비인격적 관계가 아니라 '나-너(I-Thou)'의 인격적 관계를 중요시했다.[10] 그리고 에마뉘엘 레비나스는 자아(自我)중심의 개인주의보다는 타자(他者)를 우선시하고 타자

---

9 스털링 P. 램프레히트 지음, 김태길·윤명로·최명관 옮김, 『서양철학사』(서울: 을유문화사, 1991), 95.
10 마르틴 부버 지음, 김천배 옮김, 『나와 너』(서울: 대한기독교서회, 2004).

와의 관계를 중시하는 '타자의 윤리학(Ethics of the Other)'을 제안했다.[11]

특히, 20세기 중후반 이후로 활발히 논의되고 있는 현대 삼위일체신학에서는 삼위일체 하나님을 '관계 안에 계신 하나님'으로 이해하는데 여기에 관계의 개념이 매우 중요하게 여겨졌다.[12] 성부 하나님, 성자 하나님, 성령 하나님이 서로 안에 존재하신다고 여기는 '페리코레시스(perichoresis)', 즉 상호내주(相互內住)/상호통재(相互通在, mutual indwelling)라는 용어도 마찬가지이다.[13]

이렇게 오늘날 더 온전하고 풍성하게 이해되고 적용되는 관계 개념은 A와 B 사이에 일방적이며 때로는 비인격적인 관계보다는 양자 사이에 쌍방향적이고 상호적이며 또한 인격적인 관계를 더 강조한다. 그리고 더 나아가서 A와 B가 더 근원적으로 양자 사이의 관계를 이미 맺고 있으며 이러한 관계를 바탕으로 전자는 A로, 후자는 B로 구별되어 인식되고 이해된다는 점을 강조한다.

여기에서 주목해야 할 점은 관계라고 한다면 양자 사이의 관계가 쌍방향적이고 상호적이며 또한 인격적이라는 점이다. 이것은 교회가 세상과 맺는 관계가 일방적이기보다는 쌍방향적이고 상호적이어야 하며 비인격적이기보다는 인격적이어야 한다는 점을 함의한다. 이러한 관계는 성경에서도 이미 언급되고 제시되어 있다.

---

11 에마뉘엘 레비나스 지음, 문성원 옮김, 『전체성과 무한-외재성에 대한 에세이』(서울: 그린비, 2018). 에마뉘엘 레비나스 지음, 문성원 옮김, 『타자성과 초월』(서울: 그린비, 2020). 에마뉘엘 레비나스 지음, 문성원 옮김, 『존재와 달리 또는 존재성을 넘어』(서울: 그린비, 2021).

12 웨슬리신학연구소 엮음, 『관계적 삼위일체론의 역사-관계 속에 계신 삼위일체 하나님』(서울: 아바서원, 2015).

13 존 지지울라스 지음, 이세형·정애성 옮김, 『친교로서의 존재』(춘천: 삼원서원, 2014). 백충현, 『내재적 삼위일체와 경륜적 삼위일체-현대 삼위일체신학에 대한 신학/철학의 융합적 분석』(서울: 새물결플러스, 2015).

삼위일체 하나님은 세계, 즉 만물과 우주를 창조하셨기에 이 모든 창조 세계는 누군가에 의해 만들어진 피조물(被造物)이며 피조세계(被造世界)이다. 성경에서는 하늘에 있는 모든 것과 땅에 있는 모든 것을 아우르는 의미를 지닌 천지(天地, the heavens and the earth), 또는 만물(萬物), 우주(宇宙, cosmos) 전체 등으로 표현된다. 만물은 헬라어로 '판타(πάντα, panta)'이며 라틴어로는 옴니아(omnia)이고 한자로는 만유(萬有) 또는 범(凡, pan)이다.

세계/만물/우주를 창조하셨던 삼위일체 하나님은 세상 안의 죄의 문제를 해결하여 만물과 하나님 자신과의 화목/화평을 통해 세계를 구원 및 구속으로 섭리하여 이끌어 가신다. 그리고 더 나아가 종말에서 세계/만물/우주를 새롭게 갱신하셔서 세계를 향한 삼위일체 하나님의 비전을 온전히 완성하고자 하신다. 이처럼 삼위일체 하나님과 세계/만물/우주와의 관계는 창조로부터 구원/구속을 거쳐 종말에서의 온전한 완성에 이르기까지 매우 긴밀한 관계임을 알 수 있다.

삼위일체 하나님과 세계/만물/우주와의 관계가 매우 긴밀하다면 삼위일체 하나님의 부르심을 받은 '하나님의 백성(God's people)'이며 '성도(聖徒, saints)'인 교회로서의 사람들은 그러한 세계 안에서 살아간다. 삼위일체 하나님의 부르심은 세계 안에서의 부르심이지 세계 밖으로의 부르심이 아니다. 교회로서의 사람들은 세계 밖의 진공 속에서나 외딴섬에서 사는 것이 아니라 삼위일체 하나님의 창조 세계 안에서 살아간다.

그러기에 교회와 세계는 또한 밀접하고 긴밀한 관계를 맺는다. 삼위일체 하나님과 교회와의 관계가 밀접하고 삼위일체 하나님과 세계와의 관계가 긴밀하기에 교회와 세계 사이의 관계가 또한 밀접하고 긴밀하다.

에베소서 1장 22-23절은 예수 그리스도와 세계/만물과 교회와의 관계에 관해 알려 준다.

²² 또 만물을 그(예수 그리스도)의 발 아래에 복종하게 하시고 그를 만물 위에 교회의 머리(κεφαλὴν ὑπὲρ πάντα τῇ ἐκκλησίᾳ, head over all things to [for] the church〈KJV, NIV〉)로 삼으셨느니라. ²³ 교회는 그의 몸이니 만물 안에서 만물을 충만하게 하시는 이의 충만함이니라(τὸ πλήρωμα τοῦ τὰ πάντα ἐν πᾶσιν πληρουμένου., the fulness of him that filleth all in all〈KJV〉, 엡 1:22-23).

교회가 예수 그리스도의 충만함이라면 교회는 세계/만물/우주를 예수 그리스도로 충만하게, 즉 가득 채우며 이를 통해 세계/만물/우주를 삼위일체 하나님으로 충만하게, 즉 가득 채운다는 의미이다. 이렇게 본다면 교회는 매우 중요하다. 왜냐하면, 교회는 세계/만물/우주를 예수 그리스도로, 삼위일체 하나님으로 충만하게, 즉 가득 채우며, 이를 통해 세계/만물/우주가 삼위일체 하나님의 코무니오(*communio*)에 참여하기 때문이다.

그런데 이와 같은 일은 예수 그리스도의 몸인 교회에서 먼저 시작되지만 그렇다고 교회 안에서만 끝나는 것은 아니다. 예수 그리스도의 몸인 교회에서 먼저 시작되지만, 세계/만물/우주로 계속해서 확장된다. 이러한 의미에서 교회와 세계는 아주 긴밀한 관계를 맺는다.

이렇게 본다면 교회와 세계/만물/우주는 아주 긴밀하고 밀접한 관계를 맺는다. 교회와 세계 사이에 이원론적 또는 이분법적인 분리가 전혀 없다. 교회와 세계가 구별될 수는 있어도 분리될 수는 없다. 교회가 세계와 분리된 채로 존재한다면 교회는 게토화될 것이다. 교회가 외딴섬처럼 존재한다면 교회 자체 안에서는 은혜가 넘칠 수도 있지만, 세계/만물/우주를 향한 교회의 함의는 매우 축소되거나 사라질 것이다. 더 나아가 교회는 세계/만물/우주보다도 더 못하거나 뒤처지는 현상도 많이 생겨날 것이다. 즉, 처치곤란(church 困難)의 상태가 될 것이다.

하나님의 선교(*missio Dei*, the mission of God), 즉 삼위일체 하나님의 선교(*missio Trinitatis*, the mission of the Triune God)는 교회와 세계와의 긴밀한 관계

를 분명하게 드러내어 준다. 이러한 개념은 삼위일체 하나님께서 세계/만물/우주를 먼저 염두에 두시며 그 한가운데로 교회를 파송하시고 보내심을 의미한다. 그러기에 이러한 개념은 교회가 세상 한가운데에 존재하고 있음을 분명하게 의식하고 인지하고 깨닫도록 한다. 그럴 때 교회가 세계와 맺는 적실성이 온전히 구현되고 발휘될 수 있을 것이다.

3) 에클레시아 교회의 비전-삼위일체 하나님의 형상 회복과 삼위일체 하나님의 나라 구현

교회로서의 사람들이 세계/만물/우주 한가운데에 존재한다면 교회의 비전은 분명하게 드러난다. 교회의 비전은 하나님의 백성과 성도로서 살아가되 세계/만물/우주 한가운데에서 세계/만물/우주와 진정한 관계를 맺으며 살아가는 것이다. 이러한 비전은 삼위일체 하나님의 형상이 회복되는 것이며 또한 삼위일체 하나님의 나라 구현이 이루어지는 것이다. 교회의 비전이라고 해서 단지 인간적인 비전이 되어서는 안 되며 삼위일체 하나님의 비전이어야 한다. 그렇지 않다면 교회의 참된 비전이라고 할 수 없다.

이와 관련하여 디트리히 본회퍼는 공동체의 삶에 대한 자신의 경험을 바탕으로 교회공동체에 관해 매우 심오한 통찰을 제시했다.[14]

> 그리스도인 공동체가 무너졌던 이유는 그 공동체가 그 어떤 소원의 형상을 자신의 토대로 삼았기 때문이다. 그리스도교적 삶의 공동체에 처음 들어온 그리스도인은 흔히 그리스도인의 공동생활에 대한 특정한 형상을 갖고 들어와서는

---

14 디트리히 본회퍼 지음, 정지련·손규태 옮김, 『신도의 공동생활/성서의 기도서(디트리히 본회퍼 선집 6)』(서울: 대한기독교서회, 2010), 31.

그것을 실현하려 한다. 그러나 하나님의 은총은 이같은 꿈들을 즉시 깨뜨려 버린다. … 하나님은 이를 통해 우리로 하여금 참된 그리스도인 공동체를 인식하도록 인도하신다. …

… 자신이 소망하는 형상에 집착하는 공동체는 이러한 형상이 깨어질 때 그리스도인 공동체에 주어진 약속도 상실하고 만다. 이러한 공동체는 조만간 무너질 수밖에 없다. 사람들이 그리스도인 공동체 안으로 가지고 들어오는 모든 소망의 형상은 공동체를 훼방하는 것이기에 반드시 깨져야 한다. 그래야만 참된 공동체가 살아날 수 있다. 그리스도교적 공동체보다 공동체에 대한 자신의 꿈을 더 사랑하는 사람은-자신을 정직하고 진지하며 희생적인 사람이라고 생각할지는 모르지만-결국 그리스도인 공동체를 파괴하는 사람이 되고 만다.

그러므로 교회의 비전은 인간적인 비전이 아니라 하나님의 비전이 되어야 한다. 성경에서 특히 하박국과 사도행전에서 말하는 하나님의 비전(vision) 핵심은 하나님의 일들이 생생하게 이루어지는 것이며 단지 유대인만이 아니라 모든 이방인을 포함하여 온 세계, 즉 온 만유와 온 만민에게 전해져서 모든 관계의 온전함이 이루어지는 것이다. 이것이 부흥이며 또한 평화/화평의 복음이다.

부흥은 단지 교회의 외형적인 성장과 확장을 가리키는 것이 아니라 질적으로 하나님의 일과 하나님의 말씀이 생생하게 이루어지는 것이다. 그러기에 교회의 비전은 성장화, 조직화, 제도화, 대형화와는 무관한 것이다. 이러한 것은 교회 본래의 초점으로부터 멀리 떨어져 있는 것으로서 이것이 많을수록 교회의 정체성이 희미해지고 교회 본래의 의미가 상실된다.

반면에 하박국과 사도행전에서처럼 교회의 '비전(vision)'이 이루어진다면 한편으로는 삼위일체 하나님의 형상 회복이 있을 것이고, 다른 한편으로는 삼위일체 하나님의 나라가 구현될 것이다. 그리고 여기에는 코뮤니오(*communio*)/교제와 미시오(*missio*)/보내심의 차원이 모두 있다.

삼위일체 하나님께서는 사람/인간을 창조하실 때 자신의 형상, 즉 삼위일체 하나님의 형상(*imago Trinitatis*)으로 창조하셨다. 삼위일체 하나님의 형상은 기본적으로 코무니오/교제이며 구체적으로 관계성과 공동체성이다. 그러기에 삼위일체 하나님의 형상으로 창조된 사람/인간은 근본적으로 관계적이며 공동체적인 존재이다.

더 구체적으로 말하면, 사람/인간은 하나님과 인간 사이의 관계, 인간과 인간 사이의 관계 그리고 인간과 그 외 모든 피조물인 자연/세계/만물/우주와의 관계가 함께 온전히 맺어지는 공동체가 이루어지는 존재이다.[15] 이럴 때 모든 관계의 온전함이 이루어지는 샬롬, 즉 평화/화평이 이루어진다. 하나님, 인간, 자연/세계/우주/만물 사이에 코무니오/교제가 이루어지고 상호 사이에 미시오/보내심의 관계가 이루어진다.

'하나님의 나라'는 예수 그리스도가 선포했던 복음의 핵심이었다.[16] '복음(福音, Gospel)'은 헬라어로 '유앙겔리온(εὐαγγέλιον, *euangelion*)'으로서 '좋고 기쁜 소식(good news)'이라는 뜻을 지닌다. 이 복음의 핵심이 '하나님의 나라'인데 헬라어로 '헤 바실레이아 투 테우(ἡ βασιλεία τοῦ θεοῦ, *he basileia tou theu*, the kingdom of God)'로서 '신국(神國)'이라고도 한다.

'천국(天國)'이라는 표현도 있는데, 이는 헬라어로 '헤 바실레이아 톤 우라논(ἡ βασιλεία τῶν οὐρανῶν, *he basileia ton ouranon*, the kingdom of heaven)'이다. 여기서 '우라논(οὐρανῶν)'은 '하늘(天)'을 뜻하는 헬라어 남성명사 우라노스(ουρανοσ)의 복수 소유격 형태로, 문자 그대로는 '하늘들의 나라'라는 뜻이다. 따라서 '하나님의 나라(신국, 神國)'와 '하늘의 나라(천국, 天國)는 표현은 다르지만, 의미는 동일하다.

---

15 다니엘 L. 밀리오리 지음, 신옥수·백충현 공역, 『이해를 추구하는 신앙-기독교 조직신학 개론(개정3판)』(서울: 새물결플러스, 2016), 253-268.
16 안용성, 『로마서와 하나님 나라-바울 신학의 패러다임 전환』(서울: 새물결플러스, 2019).

하나님의 나라와 천국에서 하나님의 뜻, 즉 하나님의 통치가 가장 중요하다. 하나님의 나라와 천국의 핵심은 하나님께서 창조하시고 다스리시고 이끌어 가시며 완성하시는 삼위일체 하나님의 뜻이 이루어지는 것이다. 그러기에 예수님께서 제자들이 제대로 기도할 수 있도록 알려 주신 기도문, 즉 주기도문(主祈禱文, the Lord's Prayer)에서 다음과 같이 기도하도록 가르치셨다.

> ⁹ 하늘에 계신 우리 아버지여 이름이 거룩히 여김을 받으시오며 ¹⁰ 나라가 임하시오며 뜻이 하늘에서 이루어진 것같이 땅에서도 이루어지이다(⁹ Our Father in heaven, hallowed be your name, ¹⁰ your kingdom come, your will be done, on earth as it is in heaven〈NIV〉, 마 6:9-10).

하나님의 나라가 임하기를 기도하도록 하시면서, 또한 하나님의 뜻이 하늘에서 온전히 이루어지는 것처럼 땅에서도 온전히 이루어지기를 기도하도록 가르치셨다.

하나님의 나라와 천국의 핵심이 하나님의 뜻이 온전히 이루어지는 것이며 하나님의 통치가 이루어지는 것이라면 어느 시간에서든지 하나님의 나라와 천국이 임할 수 있다. 그리고 어느 공간에서든지 하나님의 나라와 천국이 임할 수 있다. 하나님의 나라와 천국을 시간적으로나 공간적으로 제한하거나 한정할 수는 없다. 삼위일체 하나님은 모든 시간의 주님이시며 모든 공간의 주님이시기 때문이다.

이런 의미에서 하나님의 나라와 천국은 단지 어떤 특정한 공간이나 건물로 제한하는 '천당(天堂)'만을 가리키지 않는다. '당(堂)'은 집 또는 건물을 가리키기에 '천당(天堂)'은 하나님의 나라와 천국의 의미를 공간적으로 제한하는 위험성이 있다. 그래서 '천당(天堂)'은 하나님의 나라와 천국의 의미를 매우 축소하거나 협소하게 만드는 경향이 많다.

그렇다면 삼위일체 하나님의 뜻은 무엇인가?

바로 삼위일체 하나님께서 자신의 형상으로 창조하신 사람/인간이 삼위일체 하나님의 형상을 온전히 회복하여 살아가는 것이며, 또한 삼위일체 하나님의 뜻이 온전히 이루어지는 삼위일체 하나님의 나라를 드러내며 살아가는 것이다. 이것이 또한 교회의 비전이다. 즉, 교회의 비전은 하나님의 뜻이 되어야 한다.

그러기에 삼위일체 하나님의 나라는 '나라'이기는 하지만, 하나의 위계적인 조직이나 집단이나 단체로서 어떤 집단주의나 전체주의나 독재주의가 전혀 아니다. 오히려 삼위일체 하나님 나라의 초점은 삼위일체 하나님의 형상으로 창조된 사람들에게 있다. 삼위일체 하나님의 뜻이 중요하고 그 뜻은 하나의 '통치/다스림'이긴 하지만, 그 뜻의 초점은 지배나 군림이나 억압이 아니라, 삼위일체 하나님의 형상으로 창조된 사람들이 그 형상대로 온전히 살아가는 것에 있다.

따라서 삼위일체 하나님의 나라는 어떤 의미에서 신(神)의 뜻이 이루어진다는 의미에서 신정(神政)이라고 할 수는 있으나 그 통치 형태는 과거의 군주정(君主政), 왕정(王政), 제정(帝政), 귀족정(貴族政)이 전혀 아니며 또한 독재정(獨裁政)이나 전제정(專制政)이 전혀 아니다.

오히려 삼위일체 하나님의 나라는 신(神)의 뜻이 이루어지되 삼위일체 하나님의 형상으로 창조된 사람들이 그 형상대로 온전히 살아가는 것이기에 그 통치 형태는 민주정(民主政) 또는 공화정(共和政)에 가깝다고 할 수 있다.

왜냐하면, 삼위일체 하나님의 나라 안에서는 성부 하나님과 성자 하나님과 성령 하나님이 함께 존재하시고 함께 활동하시되 자신이 창조하신 자연/세계/우주/만물을 위해, 자신의 형상으로 창조하신 사람들을 위해 활동하시기 때문이다. 또한, 자신의 형상으로 창조하신 사람들이 삼위일체 하나님의 코무니오/교제에 참여할 수 있기 때문이며, 이러한 코무니오/교제가 온 자연/세계/우주/만물로 확장되고 그 영향이 미치기 때문이다.

4) 에클레시아 교회의 삶-삼위일체 하나님의 증인으로 사는 삶

삼위일체 하나님의 부르심을 받은 '하나님의 백성(God's people)'이며 '성도(聖徒, saints)'로서의 삶은 교회로서의 사람들이 세계/만물/우주와 진정한 관계를 맺으며 교회의 비전을 분명하게 바라보면서, 즉 삼위일체 하나님의 형상을 온전히 회복해 가고 또한 자연/세계/만물/우주 한가운데에서 삼위일체 하나님의 나라를 구현이 이루어지는 것을 바라보면서 그 비전에 따라 삼위일체 하나님을 증언하는 증인으로서 삶을 사는 것이다.[17]

이 증언은 '코무니오/교제'와 '미시오/보내심'이라는 두 초점을 중심으로 움직이는데, 전자는 교회 내적인 방향으로 나아가며 후자는 교회 외적인 방향으로 나아간다. 이 두 가지는 동시에 이루어진다. 그리고 이 증언은 교회의 네 가지 고전적 표지인 일치성(unity), 거룩성(holiness), 보편성(catholicity/universality), 사도성(apostolicity)에 따라 표현되고 드러난다.

부활하신 예수 그리스도께서 승천하실 때 제자들/사도들이 "주께서 이스라엘 나라를 회복하심이 이때니이까"(행 1:6)라고 여쭈었다. 예수 그리스도께서는 다음과 같이 말씀하셨다.

> [7] 이르시되 때와 시기는 아버지께서 자기의 권한에 두셨으니 너희가 알 바 아니요 [8] 오직 성령이 너희에게 임하시면 너희가 권능을 받고 예루살렘과 온 유대와 사마리아와 땅 끝까지 이르러 내 증인[들]이 되리라 하시니라(행 1:7-8).

17　John G. Flett, *The Witness of God: The Trinity, Missio Dei, Karl Barth, and the Nature of Christian Community* (Grand Rapids: Eerdmans, 2010).

여기에서의 '증인'이 헬라어로 '마르튀스'(μάρτυς, martys)로서 영어로는 이후 '순교자'라는 뜻을 지니게 되는 '마튀어'(martyr)가 된다. 증인(證人, witness)은 증언하는(witness) 사람, 즉 증언(證言, testimony/testament)의 행위를 하는 사람을 가리킨다. 증언한다는 것은 있는 그대로, 즉 보고 듣고 아는 진실 그대로 드러내는 것이다. 말과 같이 언어적 방법으로 증언할 수도 있지만, 말이 아닌 그림, 몸짓 등과 같이 비언어적 방법으로도 증언할 수 있다.

예수 그리스도의 말씀에서 성령이 임하시고 제자들/사도들이 권능을 받는다는 것은 구체적으로 사도행전 2장의 오순절 성령강림을 가리키며 이를 통해 교회가 형성되는 것을 가리킨다. 예수 그리스도는 제자들/사도들이 성령 하나님이 임하실 때 성령 하나님의 권능을 받아 교회로 모이고 형성되어 이들이 세계 모든 곳에 이르러 예수 그리스도의 증인[들]이 될 것이라고 말씀하셨다. 이것은 교회의 삶의 초점이 증인이 되는 것, 즉 하나님의 백성과 성도로서 교회의 초점이 세계 속에서 증언하는 것임을 의미한다.

근원적으로 보자면 증언은 삼위일체 하나님 안에서 먼저 일어난다. 성부 하나님과 성자 하나님은 서로를 위해 증언하신다. 이러한 삼위일체 하나님께서 사람들에게 성령 하나님을 통해 권능을 주셔서 증언하게 하실 때 그 증언의 내용은 마태복음 24장에서의 예수 그리스도의 말씀처럼 천국 복음, 즉 하나님 나라의 복음이다. 사도 바울에게 증언의 내용은 예수 그리스도에 관한 것이다. 그는 고린도에서 강론하고 권면하면서 예수가 그리스도이심을 증언했다.

[4] 안식일마다 바울이 회당에서 강론하고 유대인과 헬라인을 권면하니라 [5] 실라와 디모데가 마게도냐로부터 내려오매 바울이 하나님의 말씀에 붙잡혀 유대인들에게 예수는 그리스도라 밝히 증언하니(행 18:4-5).

증언의 내용에는 성부 하나님께서 성자 하나님 예수 그리스도를 세상의 구주로 보내신 것도 포함된다. 또한, 이를 통해 우리는 성령 안에서 성자 하나님 예수 그리스도를 믿어 성부 하나님 안에 거한다.

> 13 그[성부 하나님]의 성령을 우리에게 주시므로 우리가 그 안에 거하고 그가 우리 안에 거하시는 줄을 아느니라 14 아버지가 아들을 세상의 구주로 보내신 것을 우리가 보았고 또 증언하노니 15 누구든지 예수를 하나님의 아들이라 시인하면 하나님이 그의 안에 거하시고 그도 하나님 안에 거하느니라(요일 4:13-15).

그러기에 증언은 단지 증언을 하느냐 안 하느냐의 문제가 아니라, 그 증언을 통해 사람들이 삼위일체 하나님과 깊고 친밀한 교제와 사귐으로 들어가는 것이기에 매우 중요하다. 다시 말해 증인으로서의 삶을 산다는 것은 삼위일체 하나님과의 교제와 사귐과 관련된 문제이기에 매우 중요하다.

'삼위일체 하나님의 부르심을 받은 하나님의 백성이자 성도'로서의 교회가 지닌 특징을 나타내는 니케아-콘스탄티노폴 신경(신조)에서 말하는 교회의 고전적 네 가지 표지는 다음과 같다.

첫째, 일치성(unity)은 '하나의 교회(one church)'를 의미한다. 헬라어로 '미아 에클레시아(μία ἐκκλησία, mia ekklesia)'이며 라틴어로 '우나 에클레시아(una Ecclesia)'이다. '하나의 교회'는 삼위일체 하나님의 부르심을 받은 '하나님의 백성(God's people)'이며 '성도(聖徒, saints)'로서의 교회의 하나 됨, 즉 교회로서의 사람들의 하나 됨을 의미한다. 이러한 교회의 일치성, 즉 교회의 하나 됨은 근원적으로 삼위일체 하나님의 하나 됨에 근거한다.

둘째, 거룩성(holiness)은 '거룩한 교회(holy church)'를 의미한다. 헬라어로 '하기아 에클레시아(ἁγία ἐκκλησία, hagia ekklesia)'이며 라틴어로 '상크타 에클레시아(*sancta Ecclesia*)'이다. '거룩한 교회'는 삼위일체 하나님의 부르심을 받은 '하나님의 백성(God's people)'이며 '성도(聖徒, saints)'로서의 교회의 거룩함을, 즉 교회로서의 사람들의 거룩함을 의미한다. 이러한 교회의 거룩성은 근원적으로 삼위일체 하나님의 거룩성에 근거한다. 즉, 성부 하나님, 성자 하나님, 성령 하나님으로 존재하시지만, 하나 되어 일치를 이루시고 거룩하신 삼위일체 하나님의 거룩성에 근거한다.

셋째, 보편성(catholicity/universality)은 '보편적 교회(catholic/universal church)'를 의미한다. 한글 번역 사도신경/신조(the Apostles' Creed)에서는 이것을 '공교회(公教會)'로 번역한다. 헬라어로 '가톨릭케 에클레시아(καθολική ἐκκλησία, *katholike ekklesia*)'이며 라틴어로 '카톨리카 에클레시아(*catholica Ecclesia*)'이다. '보편적 교회'는 삼위일체 하나님의 부르심을 받은 '하나님의 백성(God's people)'이며 '성도(聖徒, saints)'로서의 교회가 보편적임을, 즉 교회로서의 사람들이 온 세계와 관련되어 있음을 의미한다.

넷째, 사도성(apostolicity)은 '사도적 교회(apostolic church)'를 의미한다. 헬라어로 '아포스톨리케 에클레시아(ἀποστολική ἐκκλησία, *apostolike ekklesia*)'이며 라틴어로 '아포스톨리카 에클레시아(*apostolica Ecclesia*)'이다. '사도적 교회'는 삼위일체 하나님의 부르심을 받은 '하나님의 백성(God's people)'이며 '성도(聖徒, saints)'로서의 교회의 사도임을, 즉 교회로서의 사람들이 사도로서 삼위일체 하나님의 보내심/파송을 받은 자들임을 의미한다.

이러한 모습이 교회의 삶의 참된 모습이라고 한다면 처치곤란(Church 困難)의 시대에 드러나고 있는 교회의 많은 문제가 근원적으로 해결될 수 있을 것이다.

3. 교회의 오늘날 의미

위에서 논의하였듯이 삼위일체중심주의는 신중심주의, 그리스도중심주의, 성령중심주의 각각의 강점을 모아서 최대화하고 또한 각각의 약점을 제거하거나 최소화하고자 한다. 그리고 삼위일체중심주의의 틀에서 이루어지는 삼위일체중심주의 교회론도 마찬가지이다.

이러한 접근하에서 삼위일체중심주의와 삼위일체중심주의 교회론의 기본적인 방향은 기독교의 정체성을 분명히 하면서도 삼위일체 하나님과 창조 세계 및 우주 만물 전체와의 관계를 잘 정립하는 데 있다. 또한, 예수 그리스도에 대한 강한 신앙과 뜨거운 열정으로 교회중심적인 삶을 살면서도 개인 구원 또는 교회중심주의로 한정되지 않으며 더 나아가서 교회의 공공성과 공동선을 지향하면서 사회와 세계 속에서 및 우주 만물 안에서의 삶을 추구한다.

이러한 방향을 추구하는 삼위일체중심주의 교회론은 성경에서 교회라는 단어에 사용된 헬라어 '에클레시아(ἐκκλησία, ecclesia)'와 히브리어 '카할(קהל)'과 '에다(עדה)'의 근본적이며 핵심적인 의미에 주목하여 다음과 같이 네 가지를 중점적으로 강조한다.

첫째, 에클레시아 교회의 정체성이 삼위일체 하나님의 백성과 성도이다.
둘째, 에클레시아 교회의 적실성이 세상/만물/우주와의 진정한 관계에 있다.
셋째, 에클레시아 교회의 비전으로서 삼위일체 하나님의 형상 회복과 삼위일체 하나님 나라의 구현이다.
넷째, 에클레시아 교회의 삶은 삼위일체 하나님의 증인으로 살아가는 것이며 네 표지는 일치성, 거룩성, 보편성, 사도성임을 강조한다.

위에서 제시한 바와 같이 삼위일체중심주의 교회론의 기본적인 방향과 중점적인 특징들을 고려한다면 다음과 같이 교회의 오늘날 의미가 더욱 선명하게 드러날 것이다.

첫째, 교회의 정체성은 삼위일체 하나님의 부르심을 받은 '하나님의 백성(God's people)'이며 '성도(聖徒, saints)'이다. 교회의 핵심은 사람들을 가리킨다. 교회는 무엇(what)에 해당하는 어떤 대상이나 물건이 아니라 교회는 누구(who)에 해당하는 사람들을 가리킨다. 따라서 교회의 정체성 또는 본질이나 본체/실체는 어떤 기구, 조직, 제도와 같은 것이 아니며 소유나 재산 또한 아니다. 이런 점에서 하나님의 백성인 성도의 교제는 더 근원적으로 삼위일체 하나님의 교제에 참여한다.

둘째, 교회의 적실성은 삼위일체 하나님의 부르심을 받은 '하나님의 백성(God's people)'이며 '성도(聖徒, saints)'로서의 사람들이 삼위일체 하나님의 선교, 즉 미시오/보내심/파송에 참여하는 것에 근거한다. 하나님의 백성과 성도로서의 교회는 외딴섬에서 사는 것이 아니라 삼위일체 하나님께서 창조하신 세계 안에서 살아간다는 점에 있다.

따라서 교회는 세계와 어떤 식으로든 관계(relation)를 맺으며 존재하는 적실성(relevance)을 지닌다. 삼위일체 하나님의 선교에 따라 교회와 세계는 긴밀한 관계를 맺는다. 삼위일체 하나님께서 교회를 파송하시고 보내시지만, 세계/만물/우주 한가운데로 보내시기 때문이다. 교회는 세상 한가운데에 존재하고 있음을 분명하게 의식하고 인지하고 깨달을 때 세계와 맺는 적실성이 온전히 구현되고 발휘될 수 있다.

셋째, 교회의 비전이란 앞으로 이루어질 교회의 바람직한 이상으로서 삼위일체 하나님의 백성과 성도로서의 사람들이 앞으로 어떤 모습으로 존재하고 살아야 하는지에 관한 바람직하고 이상적인 모습을 가리킨다. 삼위일체 하나님의 부르심을 받은 하나님의 백성이며 성도로서의 사람들은 세계/만물/우주 한가운데에서 진정한 관계를 맺는 적실성(relevance) 하에서 삼위일체 하나님의 비전, 즉 삼위일체 하나님의 형상이 회복되는 것과 삼위일체 하나님의 나라 구현이 이루어지는 것을 바라보며 살아간다.

넷째, 교회의 삶은 삼위일체 하나님의 형상을 온전히 회복해 가고 또한 자연/세계/만물/우주 한가운데에서 삼위일체 하나님의 나라를 구현이 이루어지는 것을 바라보면서 그 비전에 따라 삼위일체 하나님을 증언하는 증인으로서 삶을 사는 것이다. 이 증언은 '코무니오/교제'와 '미시오/보내심'이라는 두 초점을 중심으로 움직이는데, 전자는 교회 내적인 방향으로 나아가며 후자는 교회 외적인 방향으로 나아간다.

이 두 가지는 동시에 이루어진다. 그리고 이 증언은 교회의 네 가지 고전적 표지인 일치성(unity), 거룩성(holiness), 보편성(catholicity/universality), 사도성(apostolicity)에 따라 표현되고 드러난다. 이 표지들은 교회로서의 사람들이 하나 되고, 거룩하며, 보편적이며 사도적임을 의미한다.

제2장
에클레시아 교회의 정체성

- 삼위일체 하나님의 백성과 성도 -

교회의 정체성은 삼위일체 하나님의 부르심을 받은 '하나님의 백성(God's people)'이며 '성도(聖徒, saints)'이다. 즉, 교회의 핵심은 사람을 가리키며, 이러한 교회 이해는 성경에 근거할 뿐만 아니라 교회의 역사 속에서도 계속 확인되어 왔다. 비록 역사 속에서 교회에 대해 왜곡되고 잘못된 이해가 많이 있었지만, 오히려 그 한가운데에서 교회의 핵심적인 의미에 관한 탐구가 있었고, 또한 교회의 회복과 개혁을 위한 목소리가 꾸준히 제기되어 왔다.

1. 성경에서의 교회–에클레시아 및 카할/에다

성경에서 '교회(敎會, church)'를 가리키는 신약의 헬라어는 '에클레시아(ἐκκλησία, ecclesia)'이다. 한글 성경 개역개정 신약에서 '교회'라는 단어는 115회 나타난다.

가장 대표적으로 마태복음 16장 17-19절에서 예수가 베드로에게 말씀하실 때 사용되었다.

> ¹⁷ 예수께서 대답하여 이르시되 바요나 시몬아 네가 복이 있도다 이를 네게 알게 한 이는 혈육이 아니요 하늘에 계신 내 아버지시니라 ¹⁸ 또 내가 네게 이르노니 너는 베드로라 내가 이 반석 위에 내 교회를 세우리니 음부의 권세가 이기지 못하리라 ¹⁹ 내가 천국 열쇠를 네게 주리니 네가 땅에서 무엇이든지 매면 하늘에서도 매일 것이요 네가 땅에서 무엇이든지 풀면 하늘에서도 풀리리라 하시고(마 16:17-19).

먼저, 주목할 점은 마태복음 16장 18절 중 "내 교회를 세우리니[세울 것이니]"에서 '세우다'라는 단어의 의미이다. 이 헬라어 동사의 원형은 '오이코도메오(οἰκοδομέω, oikodomeo)'이며 이 동사의 부정사 형태는 오이코도메인(οἰκοδομεῖν, oikodomein)이다. 그런데 이 동사는 통상적으로 외형적이며 물리적으로 건물을 건축한다는 뜻으로 많이 이해되고 있다.

하지만, 이 동사는 단지 외형적이고 물리적인 건물을 건축한다는 의미를 지니는 것만이 아니라 신앙고백의 단단한 반석 위에 교회 사람들을 양육하거나 그러한 공동체를 형성하거나 설립한다는 의미를 지니기도 한다. 그러기에 여기에서 교회의 의미를 단지 건물이나 공간으로만 한정할 필요는 없다.[1]

더 중요한 점은 여기에서 '교회'를 의미하는 '에클레시아'라는 단어는 본래 그리스 도시국가 정치에서 시민들이 모여 정치를 논의하는 '민회(民會)'를 가리키는 단어였다는 점이다. 그렇지만 이 동일한 단어가 신약에서는 '교회(敎會)'를 의미하는 것으로 완전히 바뀌었다. 그리스의 에클레시아(민회)와 신약의 에클레시아(교회)는 단어는 같지만, 의미는 다르며 또한 각각의 본질과 핵심이 아주 다르다.

---

1 양윤선, "오이코도메인 시상의 교회론적 기능에 관한 연구", (장로회신학대학교 신학대학원 교역학석사학위논문, 2025), 22-27.

그리스의 에클레시아(민회)는 이에 참석하기 위한 외적인 자격 요건이 있으며 배타적이고 차별적이다. 그리스 사람은 가능하지만, 외국인은 참여할 수 없다. 자유인(시민)은 가능하지만, 종(노예)은 참여할 수 없다. 남자는 가능하지만, 여자는 참여할 수 없다. 남자라도 성인은 가능하지만, 미성년은 참여할 수 없다. 그러나 신약의 에클레시아(교회)는 이에 참석하기 위한 외적인 자격 요건이 전혀 없으며 포용적이고 비차별적이다.

> 너희는 유대인이나 헬라인[그리스인]이나 종[노예]이나 자유인[시민]이나 남자나 여자나 다 그리스도 예수 안에서 하나이니라(갈 3:28).

그렇다면 그리스의 에클레시아(민회)와는 전혀 다른 신약의 에클레시아(교회)의 핵심은 무엇인가?

이러한 점을 신약에서 가장 이른 초기 문서 중의 하나인 고린도전서에서 발견할 수 있다.

고린도전서 1장 1-3절은 다음과 같이 말씀한다.

> [1] 하나님의 뜻을 따라 그리스도 예수의 사도로 부르심을 받은 바울과 형제 소스데네는 [2] 고린도에 있는 하나님의 교회[에게] 곧 그리스도 예수 안에서 거룩하여지고 성도라 부르심을 받은 자들과[자들에게와] 또 각처에서 우리의 주 곧 그들과 우리의 주 되신 예수 그리스도의 이름을 부르는 모든 자들에게 [3] 하나님 우리 아버지와 주 예수 그리스도로부터 은혜와 평강이 있기를 원하노라(고전 1:1-3).

고린도전서가 편지 형식의 서신서이기에 1장 맨 앞에서 편지를 보내는 발신자가 누구인지를 밝힌다. 그런 다음에 편지를 받는 수신자를 언급하며 안부 인사를 한다. 1절에 따르면 발신자는 "바울과 형제 소스데네"이고, 2절에 따르면 수신자는 "고린도에 있는 하나님의 교회"이며, 3절에 따르면 발신자가 수신자에게 안부 인사로 "은혜와 평강"이 있기를 기원한다.

그런데 여기에서 눈여겨볼 점은 2절 앞부분에서 수신자를 언급하면서 "곧"이라는 말과 함께 부연 설명을 하는 대목이다.

> 고린도에 있는 하나님의 교회[에게] 곧 그리스도 예수 안에서 거룩하여지고 성도라 부르심을 받은 자들과[자들에게와] … (고전 1:2).

'A 곧 B'라고 한다면 A=B를 의미한다. "고린도에 있는 하나님의 교회[에게]"(τῇ ἐκκλησίᾳ τοῦ θεοῦ τῇ οὔσῃ ἐν Κορίνθῳ, to the church of God in Corinth 〈NIV〉)"는 "그리스도 예수 안에서 거룩하여지고 성도라 부르심을 받은 자들[에게]"임을 의미한다. 여기에 교회를 의미하는 '에클레시아'라는 단어가 사용되어 있다. 고린도에 있는 '에클레시아'는 "그리스도 예수 안에서 거룩하여지고 성도라 부르심을 받은 자들", 즉 사람들을 가리킨다. 그리고 2절 뒷부분에서 수신자가 고린도 너머로 확대되고 있는데 마찬가지로 사람들을 가리킨다.

> … 또 각처에서 우리의 주 곧 그들과 우리의 주 되신 예수 그리스도의 이름을 부르는 모든 자들[에게](고전 1:2).

위와 같은 점을 고려하면, 의미상으로 신약의 '에클레시아(교회)'는 예수 그리스도 안에서 거룩하여진 사람들, 성도(聖徒, saints)라고 부르심을 받은 사람들, 또한 주(主, the Lord, κύριος, 퀴리오스)되신 예수 그리스도의 이름을 부르는 사람들을 가리킨다. 한마디로, 신약의 '에클레시아(교회)'는 하나님의 부르심을 받은 '하나님의 백성(God's people)'이며 '성도(saints)'이다.

이렇게 신약의 '에클레시아(교회)'는 핵심적으로 사람들을 가리킨다.

교회가 사람들을 가리킨다면 "교회는 무엇인가? (What is church?)"라는 질문은 교회의 본질을 제대로 파악하지 못하는 잘못된 질문이다. '무엇(what)'은 사람이 아니라 어떤 대상이나 그 대상의 속성을 의미하기 때문이다.

그 대신 교회는 사람들을 가리키기에 "교회는 누구인가? (Who is church?)"라고 질문해야 한다. '누구(who)'는 사람들을 가리키기 때문이다. 이런 점에서 교회가 일차적으로 의미하는 것은 사람들이지 장소, 건물, 제도, 조직, 역사, 전통, 집단이 아니다. 사람들 이외의 것이 현실적으로 필요하며 또한 있을 수는 있지만, 교회에 핵심적이지 않다.

예를 들어, 교회는 교회당(教會堂)이 필요하기도 하다. 그러나 교회당이 교회는 아니다. 당(堂)이라는 말은 장소 또는 건물을 주로 의미하기 때문이다. 교회당이 없어도 교회는 얼마든지 존재할 수 있다. 교회당이 있으면 좋을 수 있지만, 교회당은 자칫하면 교회의 의미를 장소 또는 건물로 제한하거나 축소할 수 있다.

교회는 핵심적으로 사람들을 가리킨다. 그러나 교회가 사람들을 가리킨다고 하여 인간의 자연적인 집단이나 동질 모임이나 동호 모임인 것은 아니다. 그러므로 교회는 동창회, 향우회, 한인회가 아니다. 교회는 인간의 자연적인 외적 자격 조건이 전혀 필요하지 않고, 다만 하나님의 부르심이 있을 뿐이다. 그리고 교회가 사람들을 가리킨다고 하여 교회가 교황, 추기경, 총대주교, 감독, 목사 등의 특정한 개인과 동일시될 수 없고, 또한 정치인, 사업가, 재력가, 지식인, 연예인 등 특정한 개인에게 좌지우지될 수도 없다. 교회는 하나님의 부르심을 받은 사람들을 모두 의미하기 때문이다.

신약에는 '교회'라는 단어가 나타나지만, 구약에는 '교회'라는 단어가 한 번도 나타나지 않는다. 그렇다고 구약에 '교회'가 없다고 단정할 수는 없다. 사도행전 7장에서 스데반이 순교 전에 설교하는 중 구약의 모세를 언급하면서 다음과 같이 말했다.

> ³⁷ 이스라엘 자손에 대하여 하나님이 너희 형제 가운데서 나와 같은 선지자를 세우리라 하던 자가 곧 이 모세라 ³⁸ 시내산에서 말하던 그 천사와 우리 조상들과 함께 광야 교회에 있었고 또 살아 있는 말씀을 받아 우리에게 주던 자가 이 사람이라(행 7:37-38).

여기에서 스데반은 구약에서 모세가 "광야 교회에(ἐν τῇ ἐκκλησίᾳ ἐν τῇ ἐρήμῳ, in the church in the wilderness (KJV), in the assembly in the wilderness ⟨NIV⟩)" 있었다고 말한다. "광야 교회"는 문자적으로 광야/사막에 있는 교회를 의미하는데 문맥적으로는 하나님께서 모세를 통해 출애굽하게 하셔서 광야/사막을 지나가며 지내고 있는 사람들을 의미한다. 광야/사막에 있는 교회라는 표현에 신약의 헬라어로 '에클레시아'라는 단어가 사용되었고 영어로는 처치(church, KJV) 또는 어셈블리(assembly, NIV)로 번역되어 있다. 이런 점을 고려하면 구약에도 교회가 존재하였다고 말할 수 있다. 하나님께서 출애굽을 통해 불러내신 사람들, 즉 하나님의 백성이 있었기 때문이다.

구약에서 신약의 '에클레시아(ἐκκλησία)'에 상응하는 히브리어 단어는 '카할(קָהָל)'과 '에다(עֵדָה)'이다. '카할(קָהָל)'은 '총회'로 번역되고 '에다(עֵדָה)'는 '회중'으로 번역되는데, 개역개정 한글 성경 구약에서 '총회'라는 단어는 17회 나타나고 '회중'이라는 단어는 186회 나타난다. 그런데 이 두 단어는 동일한 의미를 지닌다.

예를 들어, 신명기 5장 22절에서 모세는 하나님께서 말씀하신 십계명을 이스라엘 백성에게 전달하면서 다음과 같이 말한다.

> 여호와께서 이 모든 말씀을 산 위 불 가운데, 구름 가운데, 흑암 가운데에서 큰 음성으로 너희 총회에 이르신 후에 더 말씀하지 아니하시고 그것을 두 돌판에 써서 내게 주셨느니라(신 5:22).

여기에서 "너희 총회에"라는 구절에 해당되는 히브리어는 "엘-칼-크할켐(אֶל־כָּל־קְהַלְכֶם el-kal-qehalkem)"로서 '총회'를 의미하는 '카할(קָהָל)'이 사용되었고 영어로는 assembly(KJV, NIV)로 번역되었다.

그리고 출애굽기 12장에서 하나님께서 출애굽 직전 애굽 땅에서 모세와 아론을 통해 유월절 및 무교절에 관해 말씀하시는데 3절에서 "너희는 이스라엘 온 회중에게 말하여 이르라 …"(출 12:3)고 하신다. 여기에서 '회중'은 히브리어로 '에다(עֵדָה)'이며 영어로는 congregation(회중, KJV)과 community(공동체, NIV)로 번역되어 있다.

그리고 출애굽기 12장 6절 "이달 열나흗날까지 간직하였다가 해 질 때에 이스라엘 회중이 그 양을 잡고"에서 "이스라엘 회중"으로 번역된 구절이 히브리어로 '콜 크할 아닷-이스라엘(כֹּל קְהַל עֲדַת־יִשְׂרָאֵל kol qehal adat-yisrael)'이다.

히브리어로는 이 구절 안에 '에다(עֵדָה)'와 '카할(קָהָל)'이 모두 사용되어 있다. 영어 성경에서는 "the whole assembly of the congregation of Israel (이스라엘 회중의 모든 총회, KJV)"와 "all the members of the community of Israel(이스라엘 공동체의 모든 지체, NIV)로 번역되어 있다. '에다(עֵדָה)'는 congregation(회중, KJV)과 community(공동체, NIV)로 번역되어 있고, '카할(קָהָל)'은 assembly(총회, KJV)와 members(지체/구성원, NIV)로 번역되어 있다.

그런데 한글 성경에서는 "이스라엘 회중"으로 간단히 번역되어 있다. 이런 점에서 '카할(קָהָל)'과 '에다(עֵדָה)'는 동일한 대상을 지칭하며, 이런 점에서 동일한 의미를 지닌다고 볼 수 있다.

그런데 '카할(קָהָל)'과 달리 '에다(עֵדָה)'는 나중에 헬라어로 '쉬나고게(συναγωγή)'로 번역되었는데 쉬나고게는 유대교 회당(會堂, synagogue)을 의미한다. 회당(會堂)이라는 단어 자체에 당(堂)이 있기에 이 단어는 주로 장소적이거나 건물적인 의미를 지니게 되었다. 그러기에 회당으로 번역된 '에다'는 '에클레시아'와 '카할'이 지니는 근본적인 의미를 점차 상실하게 된다.

성경에 있는 '에클레시아(ἐκκλησία, ecclesia)'와 '카할(קָהָל)' 그리고 '에다(עֵדָה)'의 근본적인 의미를 가장 온전하게 드러내는 표현이 '하나님의 백성(God's people, the people of God)'이다. 그리고 이 표현은 사람들을 주로 의미하기에 또한 예수 그리스도 안에서 거룩하여진 사람들로서의 '성도(聖徒, saints)'를 가리킨다.

'하나님의 백성'이라는 표현은 출애굽기 6장 7절에서 하나님께서 모세에게 출애굽을 약속하시면서 사용하셨다.

> 너희를 내 백성으로 삼고 나는 너희의 하나님이 되리니 … (I will take you as my own people, and I will be your God …, 출 6:7).

여기에서 "내 백성"은 곧 '하나님의 백성(God's people)'이다. 또한 신약에서 베드로전서 2장 9-10절에 사용되었다.

> 그러나 너희는 택하신 족속이요 왕같은 제사장들이요 거룩한 나라요 그의 소유가 된 백성(λαὸς πεοπλε)이니 … 너희가 전에는 백성(λαὸς α πεοπλε)이 아니더

니 이제는 하나님의 백성(λαὸς θεοῦ the people of God)이요 전에는 긍휼을 얻지 못하였더니 이제는 긍휼을 얻은 자니라(벧전 2:9-10).

여기에서 헬라어 '라오스(λαὸς)'가 사용된 '백성'은 '하나님의 백성(God's people)'이다. 그리고 요한계시록 21장 1-8절에 따르면, 종말에 하나님께서 만물을 새롭게 하시고 새 하늘과 새 땅을 만드실 때 "… 하나님이 그들과 함께 계시리니 그들은 [그의] 하나님의 백성(λαοὶ αὐτοῦ, his [God's] people)이 되고 하나님은 친히 그들과 함께 계셔서"(계 21:3)와 같은 일이 있을 것이다. 여기에서 "그의 백성(λαοὶ αὐτοῦ, his people)"은 바로 '하나님의 백성(God's people)'이다.

2. 교회사에서 교회에 대한 이해

성경에서 확인할 수 있는 바와 같이 '하나님의 백성(God's people)' 및 '성도(saints)'로서의 교회의 정체성에 관한 핵심적인 이해는 교회의 역사에서 계속 확인되어 왔다. 교회사에서 교회에 대해 왜곡되고 잘못된 이해가 많이 있었지만, 오히려 그 한가운데에서 교회의 본질적이고 핵심적인 의미에 관한 탐구가 있었고, 또한 교회의 회복과 개혁을 위한 목소리가 꾸준히 제기되어 왔다.

초대 교회에서 교회에 관한 이해는 가장 대표적으로 공의회의 신경/신조에서 찾아볼 수 있다. 공의회(公議會, council)는 세계에 있는 모든 교회의 대표가 모여 회의하는 모임으로서 에큐메니컬 공의회(ecumenical council)라고도 한다. '에큐메니컬(ecumenical)'이라는 영어 단어는 헬라어 '오이쿠메네(οἰκουμένη, oikoumene)'에서 파생된 형용사로서 '세계적인'이라는 의미이다.

헬라어 '오이쿠메네(οἰκουμένη, oikoumene)'는 사람이 거주하는 모든 세계를 뜻한다. 누가복음 2장 1절 "그 때에 가이사 아구스도가 영을 내려 천하로 다 호적하라 하였으니"(눅 2:1, 개역개정)에서 "천하(天下)"에 해당하는 헬라어가 '파산 텐 오이쿠메넨(πᾶσαν τὴν οἰκουμένην)'이다. 헬라어 '파스(πᾶς)'는 모든(all, every, entire)이라는 뜻이다. 그래서 영어로는 'all the world(모든 세계, KJV) 또는 "the entire Roman world(모든 로마 세계, NIV)로 번역되었다. 한글 성경 개역개정에서는 "천하(天下)"로 번역되었고, 또한 한글 성경 표준 새 번역에서는 "온 세계"로 번역되었다.

이러한 에큐메니컬 공의회는 주후 4세기에서야 처음으로 개최될 수 있었다. 로마제국이 기독교를 공인종교로 인정하는 밀라노칙령(Edict of Milan)이 황제에 의해 313년에 발표되었다. 당시 로마제국의 서로마 지역을 다스리던 콘스탄티누스 대제(Constantinus the Great, 재위 306-337년)와 동로마 지역을 다스리던 리키니우스(Licinius, 재위 308-324년)가 함께 공표했다. 그 이후에서야 에큐메니컬 공의회의 소집과 회의를 할 수 있게 되었다.

313년 이전에는 일부 지역에서 작은 교회 회의는 모일 수 있었겠지만, 핍박과 순교의 상황으로 인하여 전체 교회가 모이는 에큐메니컬 공의회는 불가능했다. 에큐메니컬 공의회에서는 기독교의 가장 중요한 교리를 다루고 논의하고 결정했다.

325년에 개최된 제1차 니케아 공의회에서 시작하여 381년에 개최된 제2차 콘스탄티노플 공의회에서 니케아-콘스탄티노플 신경/신조(The Nicene-Constantinople Creed, 또는 이를 줄여서 니케아 신경/신조⟨The Nicene Creed⟩라고도 함)를 확정했다.[2] 제1차 니케아 공의회는 '동일본질(ὁμοουσία,

---

2 그래서 니케아 신경/신조(The Nicene Creed)는 두 가지를 가리킨다. 첫째, 제1차 니케아 공의회에서 결정된 신경/신조를 가리킨다. 둘째, 제1차 니케아 공의회에서 결정되고 제2차 콘스탄티노플 공의회에서 보완 및 확장되어 확정된 「니케아-콘스탄티노플 신경/신조(The Nicene-Constantinople Creed)」를 가리킨다.

homoousia, 호모 우시아, the same substance)'이라는 용어로 성자는 성부와 동일 본질임을 확인함으로써 성자의 신성을 확정했다. 그리고 제2차 콘스탄티노플 공의회에서는 성령의 신성을 확정했다. 이를 통해 삼위일체 교리가 공식적으로 형성되었다.

교회와 관련하여 니케아 신경/신조는 "하나의 거룩하고 보편적이며 사도적인 교회를 믿습니다"라고 고백했다.[3] 여기에서 교회를 수식하는 데 사용된 네 가지 형용사는 각각 명사형으로 교회의 일치성/통일성(unity), 거룩성(holiness), 보편성(catholicity/universality), 사도성(apostolicity)을 가리킨다. 이 네 가지를 '교회의 고전적 표지(the classical marks of church)'라고 하는데, 표지(標紙, *nota*, mark)는 교회의 정체성, 즉 교회 됨을 보여 주는 특징을 의미한다.

여기에서 주목할 점은 니케아 신경(신조)가 교회 정체성의 핵심과 관련하여 장소, 건물, 제도, 조직, 역사, 전통, 집단 등을 언급하고 있지 않다는 점이다. 오히려 교회의 하나 됨과 거룩함과 보편적임과 사도적임을 고백하고 있는데, 이것은 교회의 핵심이 사람들임을 함의한다. 즉, 교회란 예수 그리스도 안에서 거룩하여지고 온 세계에 존재하며 사도들처럼 하나님의 보내심을 받은 자들로서 하나의 일치를 이루는 사람들을 의미한다.

그리고 교회에 관한 이해는 사도신경(Apostles' Creed, *Symbolum Apostolicum*) 안에도 나타난다. 사도신경은 초대 교회 2세기부터 로마 신조(The Old Roman Creed/Symbol, *Vetus Symbolum Romanum*)로 시작되었지만, 8세기경 최종본으로 확정되었다.[4]

---

3   대한예수교장로회(예장통합) 총회, 『헌법(개정 3판)』(서울: 한국장로교출판사, 2023), 232-233. 양정호, 『신앙, 무엇을 믿는가?-교리와 논쟁, 신조의 역사 [고대와 중세 편]』(서울: 장로회신학대학교출판부, 2024), 91-92.

4   John H. Leith, ed. *Creeds of the Churches: A Reader in Christian Doctrine from the Bible to the Present(3rd edition)* (Louisville: John Knox Press, 1982), 22-25.

사도신경은 크게 세 항목의 신앙고백으로 구성되어 있다.

첫째, 성부 하나님을 믿습니다.
둘째, 성자 하나님을 믿습니다.
셋째, 성령 하나님을 믿습니다.

이렇게 사도신경의 구조 자체는 삼위일체적이다. 삼위일체 하나님을 신앙고백하는 것을 중심 내용으로 하기 때문이다.

세 항목 중 마지막 항목 안에 교회에 관한 신앙고백이 포함되어 있다. "나는 성령을 믿으며, 거룩한 공교회(sanctam Ecclesiam catholicam, the holy catholic Church)와 성도의 교제(sanctorum communionem, the communion of saints)와 죄를 용서받는 것과 몸의 부활과 영생을 믿습니다. 아멘" 여기에서 "거룩한 공교회와 성도의 교제"가 교회에 관한 내용이다.

"거룩한 공교회(sancta Ecclesia catholica, the holy catholic Church)"에서 라틴어 카톨리카(catholica)는 형용사 카톨리쿠스(catholicus)의 여성형이며 헬라어로 카톨리코스(καθολικός)에서 왔다. 이 단어는 헬라어로 '~에 관하여(about, concerning)'라는 뜻을 지니는 전치사 '카타'(κατά, kata)와 '온/전체적인(whole)'이라는 뜻을 지닌 '홀로스(ὅλος, holos)'가 합쳐진 것이다.

따라서 이 단어는 '온 세계와 관련된, 전 세계적인, 보편적인(universal)'이라는 뜻을 지니며 한글로는 "공교회(公教會)"에서처럼 '공(公)'으로 번역되어 있다. 그러므로 교회가 세계 어디에 있든지 하나의 교회임을 의미하며 "거룩한 공교회(公教會)"는 하나의 거룩하고 보편적인 교회를 의미한다.

그리고 "성도의 교제(sanctorum communio, the communion of saints)"에서 교제는 라틴어로 '코무니오(communio)'이며 영어로는 '커뮤니온(communion)'이다. 그리고 헬라어로는 '코이노니아(κοινωνία, koinonia)'인데 영어로 펠로우십(fellowship)으로도 번역이 되며 한글로는 친교, 사귐, 연합, 일치 등을 의미한다. 이것은 교회의 초점이 사람들이며 사람들과의 친교와 사귐과 연합과 일치임을 의미한다. 그러므로 "성도의 교제"라는 표현은 교회의 본질과 핵심이 사람들임을 함의한다.[5]

시간이 지나면서 점차 교회의 조직화 및 제도화가 강하게 나타났고 이로 인한 문제가 많이 생겨났다. 하나의 교회가 1054년 동방 정교회와 서방 로마가톨릭교회로 갈라지는 대분열(the great schism)이 일어난 이후 로마가톨릭교회에서 많은 부패와 타락이 일어났고 동시에 이를 비판하는 교회개혁의 목소리들이 나타났다.

로마의 교황이 두 명 또는 세 명이 있던 교황권 대분열의 시대에 살았던 체코의 얀 후스(Jan Hus, 1372-1415)는 『교회』(*De ecclesia*)[6]라는 책을 저술하여 기존 로마가톨릭교회를 비판하고 참된 교회론을 제시하고자 했다. 그러다가 1415년에 로마가톨릭교회에 의해 이단으로 정죄되고 화형을 당하여 순교했다.[7]

로마가톨릭교회의 면벌부(免罰符, Indulgence) 판매를 비롯한 부패와 타락에 항의하여 독일에서 마르틴 루터(Martin Luther, 1483-1546)는 1517년 10월 31일 비텐베르크성의 성당 문 앞에 95개 조항의 반박문을 게시하였고 이로써 종교개혁이 본격적으로 시작되었다. 루터는 교회의 기본적인 정의를 성경에서의 '하나님의 백성'과 사도신경/신조에서의 '성도의 교제(*communio sanctorum*)'로부터 이끌어 낸다. 그러면서 루터는 교회의 비제도적인 특성을 강조한다. 그러기에 루터는 교회라는 단어를 사용할 때 '키르헤(Kirche)'라는 단어보다는 '게마인데(Gemeinde)', '게마이네(Gemeine)', '잠

---

5 백충현, 『성경의 키워드로 풀어가는 신학세계』, 143-144.
6 Jan Huss, trans. David S. Schaff, *De Ecclesia: The Church* (New York: Charles Scribner's Sons, 1915).
7 토마시 부타 지음, 이종실 옮김, 『체코 종교개혁자 얀 후스를 만나다』(서울: 동연, 2015).

믈룽(Sammlung)'이라는 단어들을 선호했다.

'게마인데'는 공동체(community)를 의미하며, '게마이네'는 회중(congregation)을 의미하고, '잠믈룽'은 '회집(assembly)'을 의미한다.[8] 또한, 루터는 부름을 받은 무리라는 뜻을 지니는 '페어잠멜테 폴크(versammelte Volck)'라는 구절을 사용했다.[9]

로마가톨릭교회의 폐해를 비판하면서 프랑스와 스위스에서 종교개혁을 일으킨 장 칼뱅(Jean Calvin, 1509-1564)은 교회를 하나님의 선택된 백성으로 및 그리스도의 공동체로 이해했다. 칼뱅에게 교회는 일차적으로 하나님의 선택을 받은 모든 사람을 가리킨다.[10] 교회의 기초로서 하나님의 은밀한 선택과 내적인 부르심을 강조하는 것은 교회를 단지 가시적인 제도나 조직으로 이해하지 않도록 하기 위함이었다. 그리고 하나님의 선택을 받은 모든 사람은 그리스도 몸의 지체로서 그리스도 안에서 연합되어 있다고 칼뱅은 이해했다.[11]

칼뱅은 참 교회를 신자들의 어머니로 이해하는데, 이러한 이해의 의도는 하나님께서 교회의 품속으로 자신의 자녀들을 모으시고 양육하시고 보호하시고 지도하셔서 믿음의 목적지에 도달하게 하신다는 점을 강조하기 위함이었다.[12]

그리고 칼뱅에 따르면, 사도신경에서의 '성도의 교제'는 성도가 하나님께서 주시는 은혜는 무엇이든지 서로 나눈다는 원칙으로 그리스도의 공

---

8 Eric W. Gritsch, "Introduction to Church and Ministry", *Luther's Works Vol.39-Church and Ministry I* (Philadelphia: Fortress Press, 1970), xiii. 여기에 대해서는 다음을 참조하라. 파울 알트하우스 지음, 이형기 옮김, 『루터의 신학』(고양: 크리스챤다이제스트, 2001). 이 책 21장의 제목이 '하나님의 백성'이며 22장의 제목이 '성도의 교제로서의 교회'이다.
9 최주훈, "마틴 루터의 교회론", 한국조직신학회 엮음. 『교회론』(서울: 대한기독교서회, 2009), 106-107.
10 장 칼뱅 지음, 김종흡 외 공역. 『기독교 강요(최종판)』(서울: 생명의말씀사, 1999), III, i, 2.
11 장 칼뱅, 『기독교 강요(최종판)』, III, i, 2.
12 장 칼뱅, 『기독교 강요(최종판)』, III, i, 1.

동체로 소집되었다는 점을 그리고 믿는 자들이 한마음과 한뜻이 되어 공동체를 이룬다는 점을 의미한다고 이해한다.[13] 교회에 대한 이러한 이해는 1559년의 『기독교 강요(최종판)』에서뿐만 아니라. 1536년의 『기독교 강요(초판)』, 1537년의 『제네바 교회에서 사용하는 신앙 교육 요강 및 신앙고백』, 1541-1542년의 『제네바 교회의 요리 문답』 등에서 지속해서 나타나고 있다.[14]

20세기에 들어와 디트리히 본회퍼(Dietrich Bonhoeffer, 1906-1945)는 1927년에 박사학위 논문으로 쓰고 1930년에 출판한 『성도의 교제』(Sanctorum Communio)에서 교제로서의 교회 또는 공동체로서의 교회를 주장했다.[15] '공동체로서 존재하는 그리스도(Christus als Gemeinde existiered)'와 성령의 활동에 근거하여 교회의 공동체성을 강조한다.

여기에서 그리스도는 단지 한 개인 또는 개별 인격이 아니라 집단 인격으로 존재하는 그리스도로서 모든 개인을 끌어모으며 하나님 앞에서 그들을 대리함으로써 교회를 실재화한다.[16] 성령은 감동의 활동을 통해 하나님의 사랑을 인간의 마음 안으로 가져와서 하나님과 교제하도록 인도함으로써 교회를 활성화한다. 교회의 실재화와 활성화의 궁극적인 기초로서의 하나님의 사랑은 교제를 원하며 새로운 인격의 교제를, 즉 성도의 교제를 실현한다.[17]

---

13 장 칼뱅, 『기독교 강요(최종판)』, III, i, 3.
14 최윤배. "칼빈의 교회론-교회의 본질을 중심으로", 「한국기독교신학논총」 49권 (2007), 104-108.
15 디트리히 본회퍼 지음, 유석성·이신건 옮김, 『성도의 교제-교회 사회학에 대한 교의학적 연구 (디트리히 본회퍼 선집1)』(서울: 대한기독교서회, 2010). 이후로『성도의 교제』로 표기함. 여기에 관해서는 다음을 참조하라. 이신건, "디트리히 본회퍼의 교회론", 한국조직신학회 엮음. 『교회론』(서울: 대한기독교서회, 2009), 231-253. 고재길, 『본회퍼, 한국 교회에 말하다』(서울: 케노시스, 2012).
16 디트리히 본회퍼, 『성도의 교제』, 132.
17 디트리히 본회퍼, 『성도의 교제』, 146.

성도의 교제로서의 교회에 관한 그의 이해가 핑켄발데(Finkenwalde)신학교에서의 공동체적인 삶으로 구체화되어 1938년에 쓰이고 1939년에 출판한 것이 『신도의 공동생활』(Gemeinsames Leben)이다.[18] 본회퍼의 교회론은 교회의 본질이 우선적으로 건물이나 제도가 아니라, 공동체와 교제와 사귐이라는 점을 강조했다.

로마가톨릭교회는 제도로서의 교회를 강조해 왔고 이러한 강조가 제1차 바티칸공의회(1869-1870)에서 더욱 강화되었다.[19] 그러나 "현대화(aggiornamento)"를 주창한 제2차 바티칸공의회(1962-1965)에서는 하나님의 백성으로서의 교회를 부분적으로 강조하기 시작했다. 제2차 바티칸공의회는 「교회에 관한 교의헌장」 제1장에서 '교회의 신비(The Mystery of the Church)'를 다루었고 제2장에서 교회를 '하나님의 백성(The People of God)'으로 정의하며 강조했다.[20]

이것은 교회의 제도성을 강조해 왔던 로마가톨릭교회의 전통에서는 신선한 자극이었다. 그렇지만 이러한 신선한 자극은 매우 제한적이었다.[21] 왜냐하면, 제2차 바티칸공의회에서 정의하고 강조하는 '하나님의 백성'의 초점이 하나님의 백성 한 사람이나 성도 한 사람에 있지 않기 때문이다. 오히려 그 초점이 '개개인'이 아니라 '개개인을 모아 놓은 하나 전체로

---

18   디트리히 본회퍼, 『신도의 공동생활/성서의 기도서 (디트리히 본회퍼 선집6)』(서울: 대한기독교서회, 2010).
19   최승태, "성만찬적 교회론-교회의 공동체성 회복을 위하여", 「한국조직신학논총」 8권 (2003), 269-270.
20   "Dogmatic Constitution on the Church-*Lumen Gentium*", II. 9-17. Austin Flannery, O.P. ed. *Vatican Council II: The Basic Sixteen Documents* (Northport: Costello Publishing Company, 1996), 12-345.
21   이제민, 『교회는 누구인가?-사목적 교회를 위하여, 교회의 사목을 위하여』(서울: 분도, 2001). 이 책은 제2차 바티칸공의회가 기존과 달리 하나님의 백성으로서의 교회를 새롭게 강조하는 것에 주목하고, 또한 이 새로운 강조점을 사목적, 즉 목회적 관점으로 계속 확장하고자 한다.

서의 집단'에 있었기 때문이다.[22] 그러기에 제3장에서는 '교회의 위계질서(The Church Is Hierarchical)'를 분명하게 제시한다.[23]

로마가톨릭교회의 대표적인 신학자인 한스 큉(Hans Küng, 1928-2021)은 신약의 빛에서 교회론을 분석하면서 제2차 바티칸공의회의 교회론이 신약으로부터 출발하는 것을 긍정적으로 평가하면서도, 이러한 점이 끝까지 관철되지 못하고 오히려 신스콜라주의(neo-scholasticism)에 의존한 교파적 교회론으로 끝을 맺는 것을 아쉬워했다.[24]

신약에 근거하여 큉은 교회의 본질을 하나님의 백성, 성령의 피조물, 그리스도의 몸으로 이해한다. 그는 교회란 하나님의 부르심을 통해 된 하나님의 백성이라고 주장하며, 다음과 같이 정의하고 있다.

> 교회란 아무런 상호 관계가 없이 고립 자족하는 종교 단체가 아니라 상호 봉사를 통하여 결합한 하나의 포괄적인 공동체의 구성원들이다.[25]

그러면서 교회는 개개의 개인이 아니며, 성직자 중심이 아니며, 하나님의 백성 각자의 인간적인 결단을 초월한 객관적 실체가 아니며, 역사를 초월한 초역사적 이상이 아니라고 주장했다.[26]

---

22 "Dogmatic Constitution on the Church-*Lumen Gentium*", II. 9.
23 "Dogmatic Constitution on the Church-*Lumen Gentium*", III. 18-29.
24 정지련, "한스 큉의 교회론", 한국조직신학회 엮음. 『교회론』(서울: 대한기독교서회, 2009), 283.
25 한스 큉, 『교회란 무엇인가』, 65.
26 한스 큉, 『교회란 무엇인가』, 85-93. 다음의 책도 참조하라. Yves Congar, *Essential Writings* (Maryknoll: Orbis Books, 2010); Colin E. Gunton and Daniel W. Hardy eds. *On Being the Church: Essays on the Christian Community* (Edinburgh: T&T Clark, 1990); Edward Schillebeeckx, *Church: The Human Story of God* (New York: The Crossroad Publishing Company, 1993).

위에서 살펴보았듯이, 교회사에서 교회에 관한 핵심적인 이해는 '하나님의 백성' 및 '성도'이다. 교회는 하나님의 부르심을 받고 예수 그리스도 안에서 거룩하여진 사람들을 가리킨다. 교회가 예수 그리스도 안에 있는 사람들이라는 점은 영어 단어인 '처치(church)'의 본래의 의미에 담겨 있다.

영어로는 '에클레시아(ἐκκλησία, ecclesia)'와 '카할(קָהָל)'이 '처치(church)'인데, 본래 이 단어는 '퀴리아코스(κυριακός)'와 '퀴리케(kyrike)'로부터 왔다. '퀴리아코스'는 주님이신 '퀴리오스(κύριος)'에게 속한 자들을 의미하였고, '퀴리케' 또한 '주님에게 속하는'이라는 뜻이다. 고대 영어에서는 '키리케(cirice)' 또는 '키르케(circe)', 독일어에서는 '키르헤(Kirche)', 네덜란드에서는 '케르크(kerk)'로 사용되었다.[27] 그런데 시간이 지날수록 '처치(church)'가 주님에게 속한 자들을 가리키기보다는 '교회당' 또는 '예배당'이라는 장소적인 의미로 퇴색하게 되었다.

핵심적으로 말하면, 교회의 근본적인 의미는 '하나님의 백성' 및 '성도'이다. 그리고 이러한 사람들의 교제, 즉 코무니오(communio)를 의미한다. 이러한 점을 고려하면 교회사에서 자주 문제점으로 나타나는 교회의 제도화, 교권화, 개교회주의화, 외형화, 성장화, 사유화, 세습화, 게토화 등은 교회에 대해 왜곡되거나 잘못된 이해로 말미암아 생겨난 것이다.

3. 삼위일체 하나님의 코무니오/교제(communio Trinitatis)에 참여

'성도의 교제'에서 '교제'는 라틴어로 '코무니오(communio)'이며 영어로는 '커뮤니온(communion)'이다. 헬라어로는 '코이노니아(κοινωνία, koinonia)'이다. 이것은 영어로 펠로우십(fellowship)으로도 번역되며 한글로는 친교,

---

27 한스 큉, 『교회란 무엇인가』, 62-64.

사귐, 연합, 일치 등을 의미한다.

여기에서는 라틴어로 '코무니오(communio)'와 한글로 '교제'를 대표적으로 사용하고자 한다. '코무니오(communio)'라는 단어는 문자적으로 '함께(com)'와 '하나 되기(unio)'가 합쳐진 말로서 '함께 하나 되기'라는 의미이다.

신학적으로 '코무니오(communio)'의 원형은 삼위일체 하나님의 교제를 가리킨다. 즉, 성부 하나님과 성자 하나님과 성령 하나님이 서로 함께 하나 되는 모습을 가리킨다. 그런데 삼위일체 하나님의 교제는 성부-성자-성령 사이의 내재적인 교제만은 아니다. 즉, 삼위일체 안에서만의 폐쇄적, 배타적, 고립적 교제는 아니다.

정반대로 삼위일체 하나님의 교제는 대외적으로도 이루어지는 경륜적인 교제이다. 즉, 삼위일체 밖으로 열려 있는 개방적인 교제이다. 그러기에 삼위일체 하나님이 세계/만물/우주를 창조하시고 섭리 및 구원하시며 또한 완성해 나가신다. 인간을 포함하여 세계/만물/우주는 그러한 경륜을 통해 삼위일체 하나님의 교제 안으로 참여한다.

이런 점에서 하나님의 백성인 성도의 교제는 단지 성도인 믿는 사람들 사이의 교제만을 의미하지 않는다. 성도의 교제는 그것보다 훨씬 더 깊은 의미를 지닌다. 즉, 성도의 교제는 더 근원적으로 하나님의 백성인 성도가 삼위일체 하나님의 교제에 참여하는 것을 의미한다.

왜냐하면, 교제의 원형은 삼위일체 하나님의 교제이기 때문이다. 성도가 더 근원적으로 삼위일체 하나님의 교제에 참여하기에 믿는 사람들 사이의 교제, 즉 성도의 교제가 이루어지는 것이다.

이러한 점은 고린도전서 1장 1-3절에 함의되어 있다.

> [1] 하나님의 뜻을 따라 그리스도 예수의 사도로 부르심을 받은 바울과 형제 소스데네는 [2] 고린도에 있는 하나님의 교회(τῇ ἐκκλησίᾳ τοῦ θεοῦ τῇ οὔσῃ ἐν Κορίνθῳ) 곧 그리스도 예수 안에서 거룩하여지고 성도라 부르심을 받은 자들과 [자

들에게와] 또 각처에서 우리의 주 곧 그들과 우리의 주 되신 예수 그리스도의 이름을 부르는 모든 자들에게 [3] 하나님 우리 아버지와 주 예수 그리스도로부터 은혜와 평강이 있기를 원하노라(고전 1:1-3).

여기에서 하나님 백성으로서의 교회는 의미적으로 다음을 가리킨다.

① 예수 그리스도 안에서 거룩하여진 자들
② 성도라고 부르심을 받은 자들
③ 주 예수 그리스도의 이름을 부르는 자들

첫째, 교회는 예수 그리스도 안에서 거룩해진 자들이기에 교회는 성자 하나님 예수 그리스도와 밀접한 관계를 맺는다. 여기에서 '거룩하여지고'에 사용된 헬라어 동사는 하기아조(ἁγιάζω, sanctify)에서 파생된 것이다. 이것의 형용사는 '하기오스(ἅγιος, sanctus, holy)'이다. 교회는 예수 그리스도 안에서, 즉 예수 그리스도를 믿는 믿음 안에서 죄 사함을 받아 깨끗하고 순결하게 되어 거룩해진 자들을 가리킨다.

그리고 이러한 믿음 안에서 거룩하여지는 거룩함의 역사에는 거룩한 영이신 성령(πνεῦμα, pneuma, 프뉴마, the Spirit, 또는 πνεῦμα ἅγιον, pneuma hagion, 프뉴마 하기온, the Holy Spirit)께서 함께 역사하신다. 이런 점에서 교회는 성령의 전(殿, temple)이라고 할 수 있다.

[19] 너희 몸은 너희가 하나님께로부터 받은 바 너희 가운데 계신 성령의 전인 줄을 (your bodies are temples of the Holy Spirit) 알지 못하느냐 너희는 너희 자신의 것이 아니라 [20] 값으로 산 것이 되었으니 그런즉 너희 몸으로 하나님께 영광을 돌리라(고전 6:19-20).

둘째, 교회는 성도라고 부르심을 받은 자들이다. 여기에서 '성도(聖徒, saints)'에 해당되는 헬라어는 '하기오스(ἅγιος, sanctus, holy)'라는 단어의 남성 복수 형태로서 '거룩한 자들'을 의미한다. '성도(聖徒)'에서 '도(徒)'는 무리, 즉 사람들이라는 뜻을 지닌다. 그리고 '부르심을 받은'에 해당하는 헬라어는 클레토스(κλητός, kletos, called)이며 이것은 '부르다'라는 뜻을 지닌 동사 칼레오(καλέω, kaleo, call)에서 파생된 것이다.

여기에서 부르심은 하나님의 부르심인데 특히 성부 하나님의 부르심이다. 아브라함을 부르시고 이삭을 부르시고 야곱을 부르시는 것처럼 우리를 불러주시는 그러한 부르심이다. 교회는 성부 하나님의 부르심을 듣는 사람들이다. 그러기에 이런 점에서 교회는 하나님의 백성이다.

셋째, 교회는 주 예수 그리스도의 이름을 부르는 자들이다. 여기에서 '부르다'라는 동사는 에피칼레오(ἐπικαλέω επικαλεο, call upon/invoke)이다. 교회는 예수 그리스도의 이름을 부르는 자들, 즉 예수 그리스도를 믿고 의지하고 신뢰하는 자들을 가리킨다. 이런 점에서 교회는 예수 그리스도의 몸(body)이며 하나님의 백성과 성도는 그 몸의 지체(members)이다. 몸의 지체들은 몸을 움직이는 머리(head)의 지시에 따르기에 예수 그리스도는 교회의 머리(head)가 되신다.

몸의 지체인 성도는 머리 되신 예수 그리스도를 믿고 따르며 순종하며 살아가는 자들이다. 더 나아가 예수 그리스도를 중심으로 함께 고통을 받고 느끼며 또한 함께 영광을 누리고 즐거워한다.

> [12] 몸은 하나인데 많은 지체가 있고 몸의 지체가 많으나 한 몸임과 같이 그리스도 그러하니라 [13] 우리가 유대인이나 헬라인이나 종이나 자유인이나 다 한 성령으로 세례를 받아 한 몸이 되었고 또 다 한 성령을 마시게 하셨느니라 [14] 몸은 한 지체뿐만 아니요 여럿이니 … [26] 만일 한 지체가 고통을 받으면(suffer, πάσχω) 모든 지체가 함께 고통을 받고(suffer with, συμπάσχω) 한 지체가 영광을

얻으면 모든 지체가 함께 즐거워하느니라 ²⁷ 너희는 그리스도의 몸이요 지체의 각 부분이라(고전 12:12-14, 26-27).

위와 같은 점을 고려하면 하나님의 백성이며 성도인 교회는 성부 하나님, 성자 하나님, 성령 하나님과 모두 관련을 맺는다. 성부 하나님께서 불러주시고, 성자 하나님 예수 그리스도 안에서 성령 하나님을 통해 거룩해지며, 또한 예수 그리스도의 이름을 부르며 믿고, 의지하고, 신뢰하는 자들이다. 이러한 점에서 교회는 삼위일체 하나님에 의해 형성되는 사람들이며, 또한 이러한 하나님의 백성과 성도는 삼위일체 하나님 본연의 모습인 교제, 즉 코무니오에 참여하고 있음을 함의한다.

더 구체적으로 본다면, 성부 하나님께서 우리를 불러주시는 부르심이 있고, 우리가 그 부르심을 듣도록 성령 하나님께서 역사하시고, 또한 우리가 그 부르심에 따라 성령의 도우심으로 예수 그리스도를 믿어 성부와 성자와 성령의 이름으로 세례를 받는다. 이 세례를 통해 우리는 성령 하나님 안에서 예수 그리스도와 합하여 예수 그리스도와의 연합(Union with Jesus Christ)을 이룬다.

그런 다음에 성찬(the Holy Communion/Eucharist)에서 성령을 통해 실재적으로 임재하시는 예수 그리스도의 살과 피를 먹고 마심으로써 삼위일체 하나님의 교제, 즉 삼위일체의 코무니오(*communio Trinitatis*)에 깊이 참여한다.

제3장
에클레시아 교회의 적실성

– 세계/만물/우주와의 관계 –

　　교회의 정체성은 삼위일체 하나님의 부르심을 받은 '하나님의 백성(God's people)'이며 '성도(聖徒, saints)'이기에 교회의 핵심은 사람들을 가리킨다. 그런데 교회의 핵심인 사람들은 진공 속에서 또는 외딴섬에서 사는 것이 아니라 삼위일체 하나님께서 창조하신 세계 안에서 살아간다. 그러기에 교회는 세계와 어떤 식으로든 관계(relation)를 맺으며 존재하는 적실성(relevance)을 지닌다. 이러한 적실성을 어떻게 잘 드러내고 구현하는가 하는 것은 교회에 대한 온전한 이해와 깊이 관련되어 있다.

1. 삼위일체 하나님과 세계/만물/우주

　　삼위일체 하나님은 세계, 즉 만물과 우주를 창조하셨기에 이 모든 창조 세계는 누군가에 의해 만들어진 피조물(被造物)이며 피조세계(被造世界)이다. 세계는 삼위일체 하나님 자신 이외의 모든 것을 가리킨다.[1]

　　하나님의 창조에 관해 창세기 1장은 다음과 같이 시작한다.

1　백충현, 『성경의 키워드로 풀어가는 신학세계』, 30-31.

> ¹ 태초에 하나님이 천지를 창조하시니라 ² 땅이 혼돈하고 공허하며 흑암이 깊음 위에 있고 하나님의 영은 수면 위에 운행하시니라 ³ 하나님이 이르시되 빛이 있으라 하시니 빛이 있었고(창 1:1-3).

성부 하나님께서 하나님의 영이신 성령 안에서 말씀이신 성자 하나님을 통해 온 세계를 창조하셨다. 바로 삼위일체 하나님의 창조이다.

여기에서 천지(天地, the heavens and the earth)는 하늘에 있는 모든 것과 땅에 있는 모든 것을 아우르는 표현으로써 성경에서 만물(萬物)을 의미하며 또한 우주(宇宙, cosmos) 전체를 가리킨다. 그래서 창세기 2장 1절에서 "천지와 만물이 다 이루어지니라"(창 2:1)고 말씀한다.

만물은 히브리어로 '칼-사바암(כׇּל־צְבָאָם)'이다. 히브리어 성경을 헬라어로 옮긴 칠십인역(LXX)에서는 이 구절을 '파스 호 코스모스(πᾶς ὁ κόσμος, all the cosmos)', 즉 모든 우주로 번역했다. 헬라어 파스(πᾶς)는 형용사로서 '모든'이라는 의미이며 이것의 주성 복수 명사형이 '판타(πάντα panta)'이다.

삼위일체 하나님께서 자신 이외의 모든 것을 창조하실 때 아무렇게나 창조하시지 않으셨다.

창세기 1장 마지막 절에서는 다음과 같이 말씀한다.

> 하나님이 지으신 그 모든 것을 보시니 보시기에 심히 좋았더라 저녁이 되고 아침이 되니 이는 여섯째 날이니라(창 1:31).

여기에서 "보시기에 심히 좋았더라"는 히브리어로 '워힌네 토브 므온(וְהִנֵּה־טוֹב מְאֹד)'인데 영어로는 "and, behold, it was very good"(KJV)이다. 힌네(הִנֵּה)는 감탄사로서 보라(behold!, look!, see!)의 의미이다. 토브(טוֹב)는 아주 포괄적인 의미로 좋은(good)이라는 뜻이며 구체적으로 눈으로 보기에 기쁜/즐거운(pleasant) 등의 의미도 지닌다. 그리고 므온(מְאֹד)은 탁월하게/풍성하게/매우(exceedingly/abundantly/very) 등의 의미를 지닌다.

이런 점에서 삼위일체 하나님은 자신이 만드신 그 모든 것을 보시며 감탄하시고 그 모든 것이 탁월하게 기쁘고 즐거운 것이라고 느끼셨다. 그 모든 것은 바로 창조주 및 조물주이신 삼위일체 하나님의 작품으로서 창조는 심미적으로 아름다운 아트/예술(art)이다. 이런 점에서 삼위일체 하나님은 아티스트/예술가(artist)이시며 세계는 삼위일체 하나님의 아름다운 예술 작품(art work)이다.[2]

세계/만물/우주를 의미하는 헬라어 '판타(πάντα, panta, all things)'가 요한복음 1장에서도 사용되었다.

> 만물이 그[말씀/로고스]로 말미암아 지은 바 되었으니 지은 것이 하나도 그가 없이는 된 것이 없느니라(요 1:3).

여기에서 만물은 헬라어로 '판타(πάντα, panta)'이며 라틴어로는 옴니아(omnia)이고 한자로는 만유(萬有) 또는 범(凡, pan)이다. 골로새서 1장 16-17절에서도 '판타(πάντα, panta)'라는 단어가 사용되었다.

> [16] 만물(τὰ πάντα)이 그에게서 창조되되 하늘과 땅에서 보이는 것들과 보이지 않는 것들과 혹은 왕권들이나 주권들이나 통치자들이나 권세들이나 만물(τὰ πάντα)이 다 그로 말미암고 그를 위하여 창조되었고, [17] 또한 그가 만물보다 먼저(πρὸ πάντων) 계시고 만물(τὰ πάντα)이 그 안에 함께 섰느니라(골 1:16-17).

---

2 다니엘 L. 밀리오리, 『기독교 조직신학 개론』, 205-207.

삼위일체 하나님께서 세계/만물/우주를 창조하셨기에 이 안에 죄의 문제가 있을 때도 여전히 사랑으로 섭리하시며 죄의 문제를 해결하여 구원에 이르게 하고자 하신다. 요한복음 3장 16-17절은 죄의 문제가 있는 세계/세상과 하나님과의 긴밀한 관계를 분명하게 보여 준다.

> ¹⁶ 하나님이 세상(κόσμος, cosmos, the world)을 이처럼 사랑하사 독생자를 주셨으니 이는 그를 믿는 자마다 멸망하지 않고 영생을 얻게 하려 하심이라 ¹⁷ 하나님이 그 아들을 세상(κόσμος)에 보내신 것은 세상(κόσμος)을 심판하려 하심이 아니요 그로 말미암아 세상(κόσμος)이 구원을 받게 하려 하심이라(요 3:16-17).

즉, 예수 그리스도의 구원과 구속은 만물, 즉 세계/세상과 어떤 식으로든 관련을 맺는다.

그러기에 요한복음 1장 29절에서 세례 요한은 독생자(獨生子)이신 예수 그리스도를 가리켜 "… 보라 세상 죄(ἁμαρτία τοῦ κόσμου, the sin of the world)를 지고 가는 하나님의 어린 양이로다!"(요 1:29)라고 선언한다. 예수 그리스도는 세계/세상의 죄를 지시며 해결하고자 하시는 분이시다. 그리고 골로새서 1장 19-20절에 따르면, 성부 하나님은 성자 예수 그리스도의 십자가의 피를 통해 만물/세계/우주가 하나님 자신과 화목하게 되기를 바라신다.

> ¹⁹ 아버지께서는 모든 충만으로 예수 안에 거하게 하시고, ²⁰ 그의 십자가의 피로 화평을 이루사(εἰρηνοποιέω, make peace) 만물(τὰ πάντα, all things) 곧 땅에 있는 것들이나 하늘에 있는 것들이 그로 말미암아 자기와 화목하게(ἀποκαταλλάσσω, reconcile) 되기를 기뻐하심이라(골 1:19-20).

여기에서 '화평을 이루사'라는 것은 '에이레노포이에오(εἰρηνοποιέω)'로서 화평/평화(peace), 즉 헬라어로 '에이레네(εἰρήνη, eirene)' 및 히브리어로는 '샬롬(שָׁלוֹם, shalom)'이라는 '올바른 관계' 또는 '조화로운 관계를 만들다'라는 의미이다. 그리고 '화목하다(ἀποκαταλλάσσω, apokatallasso)'라는 동사의 명사형이 화목/회복이라는 뜻의 '아포카타스타시스(ἀποκατάστασις, apokatastasis)'인데 이것은 만물 회복(화목) 또는 만유 회복(화목)의 의미를 지닌다.

세계/만물/우주를 창조하셨던 삼위일체 하나님은 세상 안의 죄의 문제를 해결하여 만물과 하나님 자신과의 화목/화평을 통해 세계를 구원 및 구속으로 섭리하여 이끌어 가신다. 그리고 더 나아가 종말에서 세계/만물/우주를 새롭게 갱신하셔서 세계를 향한 삼위일체 하나님의 비전을 온전히 완성하고자 하신다.

요한계시록 21장 1-8절에 따르면, 하나님은 "보라 내가 만물을 새롭게 하노라!(ἰδοὺ καινὰ ποιῶ πάντα, I am making everything new!)"(계 21:5)고 말씀하신다. 하나님께서 만물을 새롭게 만드시기에 이전의 옛 천지(天地)가 새 천지(天地), 즉 신천지(新天地)/신세계(新世界)가 되도록 하신다.

> 모든 눈물을 그 눈에서 닦아 주시니 다시는 사망이 없고 애통하는 것이나 곡하는 것이나 아픈 것이 다시 있지 아니하리니 처음 것들이 다 지나갔음이러라 (계 21:4).

그런데 이러한 종말의 온전한 완성 모습의 핵심은 바로 삼위일체 하나님과 하나님의 백성 및 성도와의 친밀한 교제의 관계이다. "… 하나님이 그들과 함께 계시리니 그들은 하나님의 백성이 되고 하나님은 친히 그들과 함께 계셔서"(계 21:3)와 같이 되는 것 그리고 "… 나는 그의 하나님이 되고 그는 내 아들이 되리라"(계 21:7)와 같이 되는 것이다. 종말의 온전한 완성의 모습은 하나님과 세계와의 사이에 친교가 온전히 이루어지는 것인데, 그 핵심은 교회가 진정으로 하나님의 백성이 되는 것이며 또한 성도가 진정으로 하나님의 자녀가 되는 것이다.

이렇게 볼 때 삼위일체 하나님과 세계/만물/우주와의 관계는 창조로부터 구원/구속을 거쳐 종말에서의 온전한 완성에 이르기까지 매우 긴밀한 관계임을 알 수 있다. 그러기에 로마서 11장 36절은 삼위일체 하나님과 세계가 삼중적 관계를 맺고 있음을 함의한다.

> … 만물이 주에게서 나오고 주로 말미암고 주에게로 돌아감이라(롬 11:36).

이 구절을 한글 성경 표준새번역에서는 "만물이 그에게서 나왔고, 그로 말미암아 있고, 그를 위하여 있습니다"라고 번역한다.

그리고 이 구절이 헬라어로는 '에크 아우투 카이 디 아우트 카이 에이스 아우톤 타 판타(ἐξ αὐτοῦ καὶ δι' αὐτοῦ καὶ εἰς αὐτὸν τὰ πάντα·)'로 번역되는데 영어 성경에서는 "For from [of] him and through him and for [to] him are all things〈NIV 및 KJV〉)"로 번역되어 있다. 만물인 세계/우주는 성부 하나님으로부터 나왔고(from/of) 성자 하나님으로 말미암으며(through) 또한 성령 하나님에게로(for/to) 돌아간다(또는 성령 하나님을 위하여 존재한다).

2. 교회와 세계와의 관계

삼위일체 하나님과 세계/만물/우주와의 관계가 매우 긴밀하다면 삼위일체 하나님의 부르심을 받은 '하나님의 백성(God's people)'이며 '성도(聖徒, saints)'인 교회로서의 사람들은 또한 그러한 세계 안에서 살아간다. 삼위일체 하나님의 부르심은 세계 안에서의 부르심이지 세계 밖으로의 부르심이 아니다. 교회로서의 사람들은 세계 밖의 진공 속에서나 외딴섬에서 사는 것이 아니라 삼위일체 하나님의 창조 세계 안에서 살아간다. 그러기에 교회와 세계는 또한 밀접하고 긴밀한 관계를 맺는다. 삼위일체 하나님과 교회와의 관계가 밀접하고 삼위일체 하나님과 세계와의 관계가 긴밀하기에 교회와 세계와의 관계 또한 밀접하고 긴밀하다.

에베소서 1장 22-23절은 예수 그리스도와 세계/만물과 교회와의 관계에 관해 알려 준다.

> 22 또 만물을 그(예수 그리스도)의 발 아래에 복종하게 하시고 그를 만물 위에 교회의 머리(κεφαλὴν ὑπὲρ πάντα τῇ ἐκκλησίᾳ, head over all things to [for] the church (KJV, [NIV])로 삼으셨느니라 23 교회는 그의 몸이니 만물 안에서 만물을 충만하게 하시는 이의 충만함이니라(τὸ πλήρωμα τοῦ τὰ πάντα ἐν πᾶσιν πληρουμένου., the fulness of him that filleth all in all (KJV, 엡 1:22-23).

가장 먼저 주목할 점은 예수 그리스도와 교회와의 관계이다. 예수 그리스도는 교회의 머리(κεφαλή, 케팔레, head)이시다. 그리고 교회는 예수 그리스도의 몸(σῶμα, 소마, body)이다. 머리와 몸의 관계는 머리가 지시를 내리고 몸이 그것에 따라 움직이는 관계이다. 그러기에 예수 그리스도는 교회에 말씀하시고 교회는 그의 말씀에 따라 움직이며 살아간다.

다음으로 예수 그리스도와 세계/만물/우주와의 관계에 주목하면, 예수 그리스도는 세계/만물/우주를 창조하신 분이시기에 예수 그리스도는 세계/만물/우주 위에 존재하시는 분이다. 그리고 세계/만물/우주는 예수 그리스도의 발(ποῦς, 푸스, foot) 아래에 존재한다. 예수 그리스도는 세계/만물/우주를 창조하시고 이끌어 가시는 원리이시기에 세계/만물/우주는 자신의 원리를 잘 따라 움직여야 한다. 이런 점에서 세계/만물/우주는 예수 그리스도에게 복종하여야 하는 관계이다.

그러나 세계/만물/우주에 죄의 문제가 있다. 이것은 세계/만물/우주가 자신의 원리인 예수 그리스도에게 복종하지 않는 일이 있음을 의미한다. 그러한 일을 해결하기 위해 성부 하나님은 예수 그리스도를 교회의 머리로 삼으셨다. 그런데 교회의 머리이신 예수 그리스도는 세계/만물/우주 위에 존재하시는 분이시다. 그렇기 때문에 교회의 머리이신 예수 그리스도는 단지 교회만을 위한 존재가 아니라 또한 세계/만물/우주와 관련되신 분이시다. 이러한 점에서 교회와 세계는 예수 그리스도를 중심으로 간접적으로 연결된 관계를 맺는다.

그런데 이러한 간접적인 관계는 23절에서는 더욱 분명하게 직접적인 관계로 표현되어 있다. 왜냐하면, 예수 그리스도의 몸인 교회는 "만물 안에서 만물을 충만하게 하시는 이의 충만함"이기 때문이다. 충만함(πλήρωμα, 플레로마, fullness)이란 무언가를 가득 채우는 존재라는 의미이다. 세계/만물/우주 안에서 세계/만물/우주를 충만하게, 즉 가득 채우시는 분은 예수 그리스도이시다. 예수 그리스도는 세계/만물/우주를 삼위일체 하나님으로 충만하게 가득 채우시는 분이시다. 성령 안에서 예수 그리스도를 통해 세계/만물/우주가 삼위일체 하나님의 교제, 즉 코무니오(communio)에 참여한다는 의미이다.

교회가 이러한 예수 그리스도의 충만함이라면 교회는 세계/만물/우주를 예수 그리스도로 충만하게, 즉 가득 채우며, 또한 이를 통해 세계/만물/우주를 삼위일체 하나님으로 충만하게, 즉 가득 채운다는 의미이다. 이렇게 본다면 교회는 매우 중요하다. 왜냐하면, 교회는 세계/만물/우주를 예수 그리스도로, 또한 삼위일체 하나님으로 충만하게, 즉 가득 채우며, 이를 통해 세계/만물/우주가 삼위일체 하나님의 코무니오(communio)에 참여하기 때문이다.

골로새서 1장 18-20절은 화평 및 화목의 관점에서 예수 그리스도와 세계/만물/교회와의 관계에 관해 말씀한다.

> ¹⁸ 그(예수 그리스도)는 몸인 교회의 머리(κεφαλη,, 케팔레, head)시라 그가 근본(ἀρχή, 아르케, arche, principle/the beginning)이시요 죽은 자들 가운데서 먼저 나신 이시니 이는 친히 만물의 으뜸이 되려 하심이요 ¹⁹ 아버지께서는 모든 충만으로 예수 안에 거하게 하시고 ²⁰ 그의 십자가의 피로 화평을 이루사 만물 곧 땅에 있는 것들이나 하늘에 있는 것들이 그로 말미암아 자기와 화목하게 되기를 기뻐하심이라(골 1:18-20).

예수 그리스도는 교회의 머리이시며 교회는 예수 그리스도의 몸이다. 그리고 예수 그리스도는 아르케(*arche*)로서 만물의 근본, 원리, 시작이시며, 또한 자신의 죽음과 부활을 통해 부활의 첫 열매이시며 이를 통해 만물의 으뜸이 되고자 하신다. 그러기에 예수 그리스도와 만물/세계/우주는 밀접한 관련을 맺고 있다. 예수 그리스도 안에는 모든 충만(πᾶν τὸ πλήρωμά αλλ φυλλινεσσ)이 있다. 성부 하나님께서 모든 충만으로 예수 그리스도 안에 거하게 하시기 때문이다.

이러한 예수 그리스도는 만물/세계/우주에 삼위일체 하나님으로 충만하게, 즉 가득 채우시는 분이다. 예수 그리스도는 자신의 십자가 피로 화평을 이루시고, 또한 자신을 통해 세계/만물/우주가 하나님과 화목하게 되도록 하신다. 이를 통해 만물/세계/우주가 삼위일체 하나님의 코무니오(*communio*)에 참여하게 하신다.

그런데 이와 같은 일은 예수 그리스도의 몸인 교회에서 먼저 시작되지만 그렇다고 교회 안에서만 끝나는 것은 아니다. 예수 그리스도의 몸인 교회에서 먼저 시작되지만 세계/만물/우주에로 계속해서 확장된다. 이러한 의미에서 교회와 세계는 아주 긴밀한 관계를 맺는다.

성경은 교회와 세계와의 이러한 관계를 하나님께서 세계를 향한 하나님의 경륜의 관점으로 제시한다. 하나님의 경륜의 비전이 에베소서 1장 9-10절에서 분명하게 드러난다.

> ⁹ 그(하나님) 뜻의 비밀을 우리에게 알리신 것이요. 그의 기뻐하심을 따라 그리스도 안에서 때가 찬 경륜(οἰκονομία, 오이코노미아, *oikonomia*, economy)을 위하여 예정하신 것이니 ¹⁰ 하늘에 있는 것이나 땅에 있는 것이다 그리스도 안에서 통일되게 하려 하심이라(ἀνακεφαλαιώσασθαί, 엡 1:9-10).

여기에서 경륜을 의미하는 헬라어 '오이코노미아(οἰκονομία)'는 집을 의미하는 '오이코스(οἶκος)'와 법을 의미하는 '노모스(νόμος)'의 합성어로서 어느 집의 법을 의미한다. 집 안에 있는 자원들을 어떻게 사용할 것인가에 관한 법, 즉 경제를 의미한다. 가정의 법은 가정경제이며, 국가의 법이 국가경제이며, 이와 마찬가지로 하나님의 집의 법이 하나님의 경륜이다. 하나님의 집은 하나님께서 창조하신 우주만물 전체를 가리킨다. 우주 만물 전체를 어떻게 사용할 것인지에 관한 것이 하나님의 경제이며 하나님의 경륜이다.³

하나님의 경륜 비전은 하늘에 있는 것과 땅에 있는 만물, 즉 세계가 예수 그리스도 안에서 통일되게 하시는 것이다. 여기에서 '통일하다'를 의미하는 단어 '아나케팔라이오오(ἀνακεφαλαιόω)'는 '누군가를 머리(κεφαλὴ)되심을 인정하게 하다'를 뜻한다. 즉, 예수 그리스도의 머리되심을 세계가 인정하게 하다를 뜻한다. 그러한 일이 있게 하려고 하나님께서는 가장 중요한 자원이신 독생자를 세계로 파송하심으로써 성육신이 일어난다. 그래서 초대 교회에서는 오이코노미아라는 단어가 성육신을 의미했다.

---

3 백충현, 『성경의 키워드로 풀어가는 신학세계』, 59-60.

이렇게 본다면 교회와 세계/만물/우주는 아주 긴밀하고 밀접한 관계를 맺는다. 교회와 세계 사이에 이원론적 또는 이분법적인 분리가 전혀 없다. 교회와 세계가 구별될 수는 있어도 분리될 수는 없다. 교회가 세계와 분리된 채로 존재한다면 교회는 게토화될 것이다.

교회가 외딴섬처럼 존재한다면 교회 자체 안에서는 은혜가 넘칠 수도 있지만, 세계/만물/우주를 향한 교회의 함의는 매우 축소되거나 사라질 것이다. 더 나아가 교회는 세계/만물/우주보다도 더 못하거나 뒤처지는 현상도 많이 생겨날 것이다. 즉, 처치곤란(church 困難)의 상태가 될 것이다.

3. 삼위일체 하나님의 미시오/보내심(*missio Trinitatis*)에 참여

교회의 역사에서 교회와 세계 사이의 긴밀한 관계를 논의하게 된 계기는 19세기 선교의 확장과 발전으로 인하여 새롭게 요청된 교회 사이의 협력, 즉 에큐메니컬 운동이었다. 1910년 에딘버러에서 개최된 세계선교대회(World Missionary Conference, WMC)가 1921년 국제선교협의회(International Missionary Conference, IMC)로 발전되었다.

그리고 에딘버러 세계선교대회를 계기로 1925년에 '삶과 봉사(Life and Work)'로 창설되었고, 1927년에 '신앙과 직제(Faith and Order)'가 창설되었다. 그리고 '삶과 봉사'와 '신앙과 직제'가 연합하여 1948년 세계교회협의회(World Council of Churches, WCC)가 창설되었다. 국제선교협의회는 1961년에 세계교회협의회 제3차 뉴델리 총회에서 '세계선교와전도위원회(Commission on World Mission and Evangelism, CWME)'로 통합되었다.[4] 19세

---

4 이형기, 『에큐메니컬 운동사-세계교회협의회(WCC)가 창립될 때까지』(서울: 대한기독

기의 선교는 복음 전도 중심적이었고 회심에 초점을 두었다. 그리고 '하나님-교회-세계'의 패러다임이었다. 그러나 20세기 초부터의 새로운 논의는 교회와 세계와의 관계를 긴밀하게 맺기 위해 '하나님-세계-교회'의 패러다임으로 전환되었다.[5]

에큐메니컬 운동에서의 논의 중 가장 대표적인 것은 1952년 빌링겐에서 개최된 제5차 세계선교대회(IMC)이다. 여기에서 하나님의 선교라는 의미를 지닌 '미시오 데이(missio Dei)'라는 개념이 본격적으로 다루어지기 시작했다. 칼 바르트가 1932년 부란덴부르크 선교대회에서 선교를 삼위일체 하나님의 활동으로 처음으로 규정한 이후로 논의되기 시작한 '미시오 데이'라는 개념은 선교가 근본적으로 교회의 선교가 아니라 하나님의 선교라는 점을 강조한다. 삼위일체 하나님 자신이 선교 운동의 궁극적인 원인이라는 점을 강조한다.

성부 하나님께서는 세계를 향한 한없는 사랑으로 세계와 자신을 화해시키기 위해 성자와 성령을 파송하셨다. 삼위일체 하나님의 이러한 구속사적인 틀에서 교회는 세계 속으로 파송을 받는다. 그리고 교회는 하나님께서 행하시는 바들을 이 세계 속에서 증언하여야 한다.[6]

빌링겐의 '미시오 데이'는 에큐메니컬 진영뿐만 아니라 로마 가톨릭 진영과 동방정교회 진영에도 그리고 개신교의 복음주의 진영에까지 많은 영향을 끼쳤다. 호켄다이크(Johannes Christiaan Hoekendijk, 1912-1975)는 1964년에 저술한 『흩어지는 교회』에서 '미시오 데이' 개념을 급진적으로 확장하고 발전시켰다. 그는 교회중심의 선교관을 비판하고 온 세계를 지향하

교서회, 1994), 142. 다음의 책도 참조하라. 이형기, 『하나님의 나라와 교회-20세기 주요 신학의 종말론적 교회론』(서울: 한들출판사, 2005), 376-381. 백충현, "세계교회협의회(WCC)와 삼위일체-총회 보고서를 중심으로", 현요한·박성규 엮음. 『WCC 신학의 평가와 전망』(서울: 장로회신학대학교출판부, 2015), 33-63.
5 이형기, 『하나님의 선교』(파주: 한국학술정보, 2008), 78-83.
6 이형기, 『하나님의 선교』, 132-133.

는 선교를 주장한다. 즉, 교회는 하나님의 위대한 활동무대인 세계에 대한 하나님의 활동의 한 부분으로써 사용되는 범위에서만 참으로 교회이다.[7]

교회는 자신을 지향하지 않고 그 너머 하나님의 나라를 지향해야 하며, 세계 속에서 하나님의 나라를 위한 수단이며 도구이다. 교회는 하나님의 나라와 세계와의 유기적인 관계 속에서 그 위치를 차지한다. 그래서 교회는 그리스도의 활동이 되는 사도직을 수행할 때, 즉 하나님 나라의 복음을 세계 속에서 선포할 때만 존재 의의를 지닌다.[8]

'미시오 데이'의 개념을 받아들이면서 호켄다이크의 급진적인 적용을 어느 정도 완화시킨 자들로는 데이비드 보쉬(David J. Bosch, 1929-1992)와 레슬리 뉴비긴(Lesslie Newbigin, 1909-1998)과 대럴 구더(Darrell L. Guder, 1939년 출생) 등이 있다. 보쉬는 교회가 선교를 수행하는 것이 아니라 '미시오 데이'가 교회를 구성한다고 주장하면서,[9] 부상하고 있는 에큐메니컬 선교 패러다임의 요소를 다음과 같이 13가지로 정리한다.[10] 여기에서 교회와 세계 사이의 긴밀한 관계를 확인할 수 있다.

① 다른 사람들과 함께하는 교회로서의 선교
② '미시오 데이'로서의 선교
③ 구원을 중재하는 것으로서의 선교
④ 정의를 위한 추구로서의 선교
⑤ 복음으로서의 선교
⑥ 상황화로서의 선교

---

7   J. C. 호켄다이크 지음, 이계준 옮김. 『흩어지는 교회』(서울: 대한기독교서회, 1998), 39.
8   호켄다이크 지음. 『흩어지는 교회』, 42.
9   데이비드 J. 보쉬 지음, 김병길·장훈태 옮김, 『변화하고 있는 선교-선교 신학의 패러다임 변천』(서울: CLC, 2000), 763.
10   보쉬, 『변화하고 있는 선교-선교 신학의 패러다임 변천』, 547-749.

⑦ 해방으로서의 선교

⑧ 문화화로서의 선교

⑨ 공동 증거로서의 선교

⑩ 하나님의 전체 백성에 의한 사역으로서의 선교

⑪ 타 종교인에 대한 증거로서의 선교

⑫ 신학으로서의 선교

⑬ 소망의 활동으로서의 선교

뉴비긴과 구더는 '미시오 데이'의 개념을 받아들이면서 교회와 지역 사회와의 긴밀한 관계에 더 많은 초점을 둔 '선교적 교회론(Missional Church)'에 관한 논의를 시작했다. 뉴비긴은 인도에서 35년간 선교 활동을 한 이후인 1974년에 영국으로 귀국하였을 때 영국이 더 이상 기독교 사회의 모습을 찾아볼 수 없는 세속 사회가 된 것에 충격을 받았다. 이로 인해 영국과 유럽을 새로운 선교 현장으로 인식하게 되었다.

뉴비긴은 교회란 순례의 길을 걷는 하나님의 백성으로서, 모든 사람이 하나님과 화목하게 되기를 간절히 원하며 만인을 하나로 모을 그 주님을 만나기 위해 끝날까지 서둘러 길을 재촉하는 행진을 계속한다고 갈파한다.[11]

교회의 의미와 목적은 세계를 향해 사도적 증인의 사명을 수행하는 것인데, 복음서가 말하는 구원은 모든 것을 그리스도 안에서 하나 되게 하는 것임을 의미한다. 즉, 만물이 처음 창조되었을 때의 모습대로 하나님과 사람, 사람과 사람, 사람과 자연 사이의 조화를 온전히 회복하는 것으로서 포괄적이며 보편적이며 우주적인 범위를 지닌다. 삼위일체 하나님 안에 존재하는 완전한 사랑의 연합을 따라 온 창조 세계가 하나로 회복되

---

11 레슬리 뉴비긴 지음, 홍병룡 옮김, 『교회란 무엇인가?』(서울: 한국기독학생회출판부, 2010), 29.

는 것이다.[12]

구더는 교회의 본질을 선교로 새롭게 이해하고자 시도하기 위해 북미와 호주에서 선교적 교회론 운동, 즉 '복음과 문화 네트워크(The Gospel and Our Culture Network〈GOCN〉)' 운동을 추진했다.[13] 이 운동은 뉴비긴에 의하여 영국에서 시작된 GC(Gospel and Culture), 즉 복음과 문화에 관한 토론이 북미에서 지속된 것이다.

구더와 함께 활동하는 알란 록스버러(Alan J. Roxburgh)는 선교적 교회론의 핵심 방향을 다음과 같이 6가지로 정리한다.[14]

① 교회와 선교 사이의 역사적 이원론적 분열의 극복
② 삼위일체 하나님의 선교에 대한 인식
③ 교회중심적 선교로부터 하나님의 선교 패러다임으로의 전환
④ 선교의 목표로서의 하나님의 통치
⑤ 선교하는 하나님에 의해 세계로 파송을 받은 존재로서의 교회
⑥ 선교적 해석학의 방법론의 발전

여기에서도 교회와 세계 사이의 긴밀한 관계를 확인할 수 있다. 더 구체적으로, 구더는 예수 그리스도의 교회인 우리는 각자가 속해 있는 사회와 문화 가운데 선교적 교회가 되도록 부르심과 보내심을 받았음을 역설한다.[15]

로잔 운동에서 활동하고 있는 크리스토퍼 라이트(Christopher J. H. Wright, 1947년 출생)는 선교적 교회론의 성경적 근거를 제시하기 위한 선교적 해

---

12 뉴비긴, 『교회란 무엇인가?』, 171.
13 대럴 구더 엮음. 정승현 옮김. 『선교적 교회-북미 교회의 파송을 위한 비전』(인천: 주안대학원대학교출판부, 2013).
14 한국일, 『선교적 교회의 이론과 실제』(서울: 장로회신학대학교출판부, 2016), 40-41.
15 구더, 『선교적 교회-북미 교회의 파송을 위한 비전』, 31.

석학을 추구하면서 성경 전체를 하나님의 선교(the mission of God)의 거대 서사로 이해한다.
라이트는 성경과 선교에 대해 다음과 같이 정의한다.

> 성경은 하나님의 창조 세계 전체를 위해 하나님 나라에 관여하는 하나님의 백성을 통한 하나님의 선교 이야기다.[16]

> 선교는 우리가 하나님의 백성으로서 하나님의 부르심과 명령에 따라 하나님 자신의 역사 안에서 하나님의 피조물 구속을 위해 헌신적으로 참여하는 것을 의미한다.[17]

이러한 점을 조금 더 구체화하면서 라이트는 선교에 대해 다음과 같이 규정한다.

> 우리의 선교는 하나님의 선교에서 나오며, 하나님의 선교는 그분의 세상 전체-진실로 하나님의 창조 세계 전체-를 위한 것이다.[18]

이렇게 하나님의 선교, 즉 삼위일체 하나님의 선교는 교회와 세계와의 긴밀한 관계를 분명하게 드러내어 준다. 이러한 개념은 삼위일체 하나님께서 교회를 파송하시고 보내시지만, 세계/만물/우주 한가운데로 보내심을 의미한다. 그러기에 이러한 개념은 교회가 세상 한가운데에 존재하고 있음을 분명하게 의식하고 인지하고 깨닫도록 한다. 그럴 때 교회가 세계와 맺는 적실성이 온전히 구현되고 발휘될 수 있다.

---

16 크리스토퍼 라이트 지음, 정옥배·한화룡 옮김, 『하나님의 선교』(서울: IVP, 2010), 24.
17 크리스토퍼 라이트, 『하나님의 선교』, 25.
18 크리스토퍼 라이트 지음, 한화룡 옮김, 『하나님 백성의 선교』(서울: IVP, 2012), 22.

제4장
에클레시아 교회의 비전

삼위일체 하나님 형상의 회복과
삼위일체 하나님의 나라 구현

삼위일체 하나님의 부르심을 받은 '하나님의 백성(God's people)'이며 '성도(聖徒, saints)'로서의 정체성을 지닌 교회는 진공 속에서 또는 외딴섬에서 사는 것이 아니라 삼위일체 하나님께서 창조하신 세계 안에서 살아간다. 그러기에 교회는 세계와 어떤 식으로든 관계(relation)를 맺으며 존재하는 적실성(relevance)을 지닌다.

교회로서의 사람들이 세계/만물/우주 한가운데에 존재한다면 교회의 비전은 분명하게 드러난다. 교회의 비전은 하나님의 백성과 성도로서 살아가되 세계/만물/우주 한가운데에서 적절한 관계를 맺으며 살아가는 것이다. 이러한 비전은 삼위일체 하나님의 형상이 회복되는 것이며 또한 삼위일체 하나님의 나라 구현이 이루어지는 것이다.

1. 교회의 비전

비전(vision)이란 앞으로 이루어질 바람직한 이상적인 모습이다. 그러기에 교회의 비전은 앞으로 이루어질 교회의 바람직한 이상적인 모습이다. 교회의 초점이 하나님의 백성과 성도로서의 사람들이기에 교회의 비전은 교회로서의 사람들이 앞으로 어떤 모습으로 존재하고 살아야 하는지에 관한 바람직하고 이상적인 모습을 가리킨다.

'비전(vision)'이라는 단어는 한글 성경에 나타나지 않지만, 영어 성경에는 나타난다. 이 단어가 한글 성경에서는 '묵시(默示)' 또는 '환상(幻想)'으로 번역되어 있다. '비전(vision)', '묵시(默示)', '환상(幻想)'으로 번역되는 이 단어는 구약성경의 히브리어로 '하존(חָזוֹן, hazon)'(합 2:2-3), '마르아(מַרְאָה, marah, 민 12:6), '로에(רֹאֶה, roeh, 사 28:7) 등이며 신약성경의 헬라어로는 '호라마(ὅραμα, horama, 행 10:3, 17, 19)이다.

이 단어가 구약성경에서 사용된 가장 대표적인 예가 하박국이다. 하박국 2장에서 하나님께서 하박국 선지자에게 말씀하신다.

> ² 여호와께서 내게 대답하여 이르시되 너는 이 묵시(vision)를 기록하여 판에 명백히 새기되 달려가면서도 읽을 수 있게 하라 ³ 이 묵시(vision)는 정한 때가 있나니 그 종말이 속히 이르겠고 결코 거짓되지 아니하리라 비록 더딜지라도 기다리라 지체되지 않고 반드시 응하리라 ⁴ 보라 그의 마음은 교만하며 그 속에서 정직하지 못하나 의인은 그의 믿음으로 말미암아 살리라(합 2:2-4).

여기에서 '묵시(vision)'에 해당되는 히브리어 단어는 '하존(חָזוֹן, hazon)'이다. 이 단어는 '보다(see)'라는 뜻을 지닌 히브리어 동사 '하자(חָזָה, hazah)'에서 파생된 명사이다. 그리고 이러한 행위를 하는 사람을 히브리어로 '호제(חֹזֶה, hozeh)'라고 하는데 한글 성경에서는 선견자(先見者, seer)로 번역된다.' 선견자(先見者, seer)를 뜻하는 히브리어 단어로는 '로에(רֹאֶה, roeh)'도 있는데 (예를 들면, 삼상 9:9, 19) 이것은 또한 비전(vision)을 뜻하기도 한다. 선견자를 뜻하는 이 단어들은 예언자(預言者)/선지자(先知者, prophet)를 뜻하는 히브리어 '나비(נָבִיא, nabi)'와 상호교환적으로 사용되기도 한다.

그리고 '비전(vision)'이라는 단어가 신약성경에서 대표적으로 사용된 예는 사도행전 10장이다. 고넬료가 보았던 환상(10:3)과 베드로가 보았던 환상(행 10:17, 10:19)이 헬라어로 '호라마(ὅραμα, horama)'인데 영어 성경에서는 'vision(비전)'(NIV, KJV)으로 번역되어 있다. '호라마(ὅραμα, horama)'는 '눈으로 보다'라는 뜻을 지닌 동사 '호라오(ὁράω, horao)'에서 파생된 명사로서 '보여지는 내용' 또는 '보여지는 것이 이루어지는 행동이나 상태' 등을 의미한다.

성경에서 비전(vision)의 구체적인 내용을 살펴보면 교회의 비전(vision)이 무엇이어야 하는지를 알 수 있다. 먼저 하박국을 살펴보면 하박국 1장부터 3장까지 전체가 '비전(vision)'과 관련되어 있다. 그래서 한글 성경 개역개정에서는 1장 1절에서 "선지자 하박국이 묵시로 받은 경고라"(합 1:1)고 그리고 표준 새번역에서는 "이것은 예언자 하박국이 묵시로 받은 말씀이다"(합 1:1)라고 번역한다. 히브리어 원문으로는 "선지자/예언자 하박국이 보았던 말씀"인데 여기에서 "보았던"에 해당되는 동사의 원형이 '하자(חזה, hazah)'이며 이것의 명사형이 '하존(חזון, hazon)', 즉 비전(vision)이다. 그러기에 하박국 전체가 비전(vision)과 관련된다.

하박국 당시의 구체적인 시대적, 사회적 상황과 관련하여 하박국 1장 2-4절에 따르면 강포, 죄악, 패역, 겁탈, 변론, 분쟁, 율법의 해이가 있었고, 또한 불의, 즉 정의의 불시행과 왜곡이 넘쳐났다. 이러한 일들로 인하여 하박국이 하나님께 계속 부르짖었다. 이에 하나님께서 하박국 1장 5-11절에서 "사납고 성급한 백성 곧 땅이 넓은 곳으로 다니며 자기의 소유가 아닌 거처들을 점령하는 갈대아 사람"(합 1:6), 즉 바벨론제국을 통해 유대 나라의 죄악들을 다스릴 것이라고 말씀하셨다.

그러자 하박국이 1장 12-17절에서 유대 나라를 심판하기 위해 세우신 바벨론제국이 악하지 않느냐며 또 하나님께 호소하며 하나님의 응답을 계속 기다렸다.

그러는 중에 하나님께서 하박국에게 비전(vision)을 주시며 말씀하신다.

> ² 여호와께서 내게 대답하여 이르시되 너는 이 묵시(vision)를 기록하여 판에 명백히 새기되 달려가면서도 읽을 수 있게 하라 ³ 이 묵시(vision)는 정한 때가 있나니 그 종말이 속히 이르겠고 결코 거짓되지 아니하리라 비록 더딜지라도 기다리라 지체되지 않고 반드시 응하리라 ⁴ 보라 그의 마음은 교만하며 그 속에서 정직하지 못하나 의인은 그의 믿음으로 말미암아 살리라(합 2:2-4).

하나님께서 주시는 비전(vision)의 구체적인 내용은 하나님께서 악인을 언젠가 모두 심판하실 것이며 반면에 의인은 믿음으로 살 것이라는 점이다.

> 이는 물이 바다를 덮음 같이 여호와의 영광을 인정하는 것이 세상에 가득함이니라 (합 2:14).

> 오직 여호와는 그 성전에 계시니 온 땅은 그 앞에서 잠잠할지니라 하시니라 (합 2:20).

하나님께서 하박국에게 이러한 비전(vision)을 주시자 하박국은 감격하여 3장에서 기도하며 찬양한다.

> ¹ 시기오놋에 맞춘 선지자 하박국의 기도라 ² 여호와여 내가 주께 대한 소문을 듣고 놀랐나이다 여호와여 주는 주의 일을 이 수년 내에 부흥하게 하옵소서 이 수년 내에 나타내시옵소서 진노 중에라도 긍휼을 잊지 마옵소서 … ¹⁹ … 이 노래는 지휘하는 사람을 위하여 내 수금에 맞춘 것이니라(합 3:1-2, 19).

여기에서 "부흥하게 하옵소서"라는 동사가 사용되었는데 이것은 '살다(live), 생명을 지니다(have life)'는 뜻을 지닌 '하야(חיה, haya)'라는 원형동사의 피엘(piel) 형태로서 '살게 하다(let live), 생명을 주다(give life), 회복시키다(restore), 새롭게 하다/갱신하다(refresh, renew)' 등의 의미를 지닌다. 본문에서는 '하나님께서 하나님의 일을 생생하게 이루어지도록 하소서'라는 의미이다. 영어 성경 KJV에서는 revive(리바이브)라는 동사로 번역하였는데 이것의 명사형이 리바이블(revival), 즉 부흥(復興)이다.

그렇다면 하박국에서 비전(vision)의 핵심은 하나님께서 하나님의 일을 생생하게 이루어지도록 하시는 것으로서 곧 부흥이다. 부흥의 내용은 단지 사람들이 많이 모이고 건물이 커지고 더 큰 조직화와 대형화가 이루어지는 외형적인 성장과 확장이 아니다. 오히려 부흥의 내용은 질적으로 하나님의 일이 온전히 생생하게 이루어지는 것이다. 유대 사회의 많은 죄악과 바벨론 제국의 큰 악행 중에서도 하나님께서 심판하시며 회복하시는 놀라운 일들이 생생하게 이루어지는 것이다.

그러기에 하박국은 3장에서 부흥을 위해 기도하면서 또한 하나님의 심판과 회복을 기대하고 소망하는 찬양으로 마친다.

> [17] 비록 무화과나무가 무성하지 못하며 포도나무에 열매가 없으며 감람나무에 소출이 없으며 밭에 먹을 것이 없으며 우리에 양이 없으며 외양간에 소가 없을지라도 [18] 나는 여호와로 말미암아 즐거워하며 나의 구원의 하나님으로 말미암아 기뻐하리로다 [19] 주 여호와는 나의 힘이시라 나의 발을 사슴과 같게 하사 나를 나의 높은 곳으로 다니게 하시리로다 이 노래는 지휘하는 사람을 위하여 내 수금에 맞춘 것이니라(합 3:17-19).

신약성경 사도행전 10장에서는 비전(vision)과 관련하여 고넬료가 보았던 환상(행 10:3)과 베드로가 보았던 환상(행 10:17, 19)이 있다. 고넬료는 이탈리아 로마 군대의 백부장이지만 경건하여 하나님을 경외하며 백성을 많이 구제하고 하나님께 항상 기도하는 자이었다. 그는 어느 날 기도하는 중에 하나님께서 주시는 비전(vision)을 보았고 욥바의 무두장이 시몬의 집에 머물고 있는 베드로를 청해오라는 말씀을 들었다. 그래서 사람들을 그곳으로 보냈다.

그 이튿날 베드로도 기도하는 중에 비전(vision)을 보았는데 하늘에서 한 그릇이 내려오는데 그 안에 땅에 있는 각종 네 발 가진 짐승과 기는 것과 공중에 나는 것들이 있었다. 그것들을 잡아먹으라는 소리가 들리자, 베드로는 "… 주여 그럴 수 없나이다 속되고 깨끗하지 아니한 것을 내가 결코 먹지 아니하였나이다"(행 10:14)라고 대답했다. 그러자 "또 두 번째 소리가 있으되 하나님께서 깨끗하게 하신 것을 네가 속되다 하지 말라 하더라"(행 10:15)와 같은 일이 있었다. 이런 일이 세 번 있은 후 그릇이 하늘로 올려져 갔다.

베드로가 이러한 비전(vision)의 의미가 무엇인지 의아해할 때 고넬료가 보낸 사람들이 왔다. 또한, 베드로가 그 의미에 관해 생각할 때 성령 하나님께서 베드로에게 고넬료가 보낸 사람들과 함께 가라고 알려 주셨다.

베드로는 그 이튿날 고넬료에게로 갔고 그에게 다음과 같이 말했다.

> [28] 유대인으로서 이방인과 교제하며 가까이 하는 것이 위법인 줄은 너희도 알거니와 하나님께서 내게 지시하사 아무도 속되다 하거나 깨끗하지 않다 하지 말라 하시기로 [29] 부름을 사양하지 아니하고 왔노라 묻노니 무슨 일로 나를 불렀느냐 (행 10:28-29).

그리고 고넬료와 함께 모인 사람들에게 성부 하나님께서 주신 비전(vision)의 의미를 다음과 같이 말했다.

> [34] 베드로가 입을 열어 말하되 내가 참으로 하나님은 사람의 외모를 보지 아니하시고 [35] 각 나라 중 하나님을 경외하며 의를 행하는 사람은 다 받으시는 줄 깨달

앉도다 ³⁶ 만유의 주 되신 예수 그리스도로 말미암아 화평의 복음을 전하사 이스라엘 자손들에게 보내신 말씀 ³⁷ 곧 요한이 그 세례를 반포한 후에 갈릴리에서 시작하여 온 유대에 두루 전파된 그것을 너희도 알거니와 ³⁸ 하나님이 나사렛 예수에게 성령과 능력을 기름 붓듯 하셨으매 그가 두루 다니시며 선한 일을 행하시고 마귀에게 눌린 모든 사람을 고치셨으니 이는 하나님이 함께 하셨음이라 (행 10:34-38).

그러면서 베드로는 그들에게 복음의 말씀을 전하였고 이때 성령 하나님께서 임하여 역사하셨다. 그리고 베드로는 그들에게 예수 그리스도의 이름으로 세례를 베풀었다.

사도행전 10장에서 하나님께서 주신 비전(vision)에 따르면 성부 하나님은 사람을 외모로 가리는 분이 아니시다. 즉, 성부 하나님은 편애 또는 편파(favoritism)가 없으신 분이시다. 그러기에 어느 민족의 사람이든지 그를 두려워하며 의를 행하는 사람은 모두 받아들이시고 포용하신다. 이런 성부 하나님은 이스라엘 자손들을 포함하여 모든 사람에게 예수 그리스도를 통해 화평/평화의 복음을 전하셨다.

화평/평화는 헬라어로 '에이레네(εἰρήνη, eirene)'인데 구약의 히브리어로는 '샬롬(שָׁלוֹם, shalom)'으로 그 의미는 모든 관계의 온전함(completeness)을 의미하여 건강, 안전, 평온, 평화, 번성 등을 모두 포괄한다. '복음을 전하다'라는 동사의 원형은 '유앙겔리조(εὐαγγελίζω, euangelizo)'로서 이것의 명사형인 복음은 '유앙겔리온(εὐαγγέλιον, euangelion, Gospel/good news)'이다. 그러기에 복음(Gospel)의 중심적인 내용은 화평/평화로서 모든 관계가 온전해지는 것이다.

여기에서 성부 하나님은 성령 하나님과 그 능력을 예수 그리스도에게 기름 부으시고 함께 하셔서 놀라운 역사가 일어나도록 하셨다. 이런 점에서 예수 그리스도는 만유/만민의 주님(Lord of all)이시다. 헬라어로는 '판톤 퀴리오스(πάντων κύριος, panton kyrios)'인데 '판톤'은 '모든'을 뜻하는 파스(πᾶς, pas)의 남성 복수 소유격이거나 중성 복수 소유격이다. 전자의 경우에는 모든 사람, 즉 만민(萬民)으로 번역될 수 있으며, 후자의 경우에는 모든 것, 즉 만유(萬有)로 번역될 수 있다. 그러기에 사도행전 10장에서의 비전(vision)은 만민/만유를 위한 평화/화평의 복음이다.

하박국과 사도행전에서 살펴본 바와 같이 비전(vision)의 핵심은 하나님의 일들이 생생하게 이루어지는 것이며 단지 유대만이 아니라 이방을 포함하여 온 세계, 즉 온 만유와 온 만민에게 전해져서 모든 관계의 온전함이 이루어지는 것이다. 이것이 부흥이며 또한 평화/화평의 복음이다.

부흥은 단지 교회의 외형적인 성장과 확장을 가리키는 것이 아니라 질적으로 하나님의 일과 하나님의 말씀이 생생하게 이루어지는 것이다. 그러기에 교회의 비전은 성장화, 조직화, 제도화, 대형화와는 무관한 것이다. 이러한 것들은 교회 본래의 초점으로부터 멀리 있는 것으로서 이것들이 많을수록 교회의 초점이 희미해지고 상실된다.

반면에 하박국과 사도행전에서처럼 교회의 '비전(vision)'이 이루어진다면 한편으로는 삼위일체 하나님의 형상 회복이 있을 것이고, 다른 한편으로는 삼위일체 하나님의 나라 구현이 있을 것이다. 그리고 이 두 가지 각각에는 코무니오(communio)/교제와 미시오(missio)/보내심의 두 차원이 함께 있다.

2. 삼위일체 하나님의 형상 회복

　삼위일체 하나님께서는 사람/인간을 창조하실 때 자신의 형상, 즉 삼위일체 하나님의 형상(*imago Trinitatis*)으로 창조하셨다.[1] 삼위일체 하나님의 형상은 기본적으로 코무니오/교제이며 구체적으로 관계성과 공동체성이다. 그러기에 삼위일체 하나님의 형상으로 창조된 사람/인간은 근본적으로 관계적이며 공동체적인 존재이다. 더 구체적으로 말하면, 사람/인간은 하나님과 인간, 인간과 인간 사이의 관계 그리고 인간과 그 외 모든 피조물인 자연/세계/만물/우주와의 관계가 함께 온전히 맺어져 공동체를 이루는 존재이다.

　한자어 '인간(人間)'이라는 단어 자체가 그러한 관계성과 공동체성이 있음을 알려 준다. 인간(人間)이란 혼자 사는 존재가 아니라 다른 사람들과의 관계(間, betweenness)가 전제된 존재이다. 그러기에 인간은 혼자서 고립된 존재로서는 참다운 존재가 되기가 어렵다. 다른 사람들과의 관계가 있어야 참다운 존재가 될 수 있다.

　창세기 1-3장에서 삼위일체 하나님께서 사람을 창조하실 때 히브리어 '아담(אָדָם, Adam)'이라는 단어는 두 가지 의미를 모두 지닌다.

　첫째, 사람을 의미하는 일반명사로서의 의미이다. 창세기 1장 26절에서 삼위일체 하나님께서 "… 우리의 형상을 따라 우리의 모양대로 우리가 사람을 만들고[만들자] …"(창 1:26)라고 말씀하셨다. 여기에서의 사람은 일반명사로서의 의미이다. 그래서 영어 성경에서는 "Let us make mankind in our image, in our likeness"(NIV)에서처럼 인류(mankind)로 번역했다.

1　백충현, 『성경의 키워드로 풀어가는 신학 세계』, 39-55.

둘째, 구체적인 한 사람인 '아담(אָדָם, Adam)'을 가리키는 고유명사로서의 의미이다. 창세기 2장에서는 구체적인 한 사람을 언급하는데 그의 이름이 '아담'(אָדָם, Adam)이라고 되어 있다(창 2:19-25). 그리고 아담(Adam)과 서로 돕는 배필의 관계에 있는 사람이 있는데 그의 이름은 '하와(חַוָּה, Eve)'이다(창 3:20). 아담(Adam)과 하와(Eve)는 서로 돕는 배필의 관계를 맺는 존재이다.

첫 번째 경우이든 두 번째 경우이든 사람은 다른 사람들과의 관계를 맺으며 공동체를 이루는 존재이다. 특히, 두 번째 경우에 아담(Adam)과 하와(Eve) 사이의 관계가 매우 친밀하고 깊고 심오한 관계임을 보여 준다.

> 22 여호와 하나님이 아담에게서 취하신 그 갈빗대로 여자를 만드시고 그를 아담에게로 이끌어 오시니 23 아담이 이르되 이는 내 뼈 중의 뼈요 살 중의 살이라 이것을 남자에게서 취하였은즉 여자라 부르리라 하니라 24 이러므로 남자가 부모를 떠나 그의 아내와 합하여 둘이 한 몸을 이룰지로다 25 아담과 그의 아내 두 사람이 벌거벗었으나 부끄러워하지 아니하니라(창 2:22-25).

여기에서 아담(Adam)과 하와(Eve)는 "내 뼈 중의 뼈요 살 중의 살(bone of my bones and flesh of my flesh〈NIV〉, 창 2:23)과 같이 매우 친밀하고 깊고 심오한 관계이며 이러한 관계는 "남자가 … 그의 아내와 합하여 둘이 한 몸을 이루는(a man … is united to his wife, and they become one flesh〈NIV〉, 또는 a man … shall cleave unto his wife: and they shall be one flesh 〈KJV〉)" 관계에로까지 깊어진다(창 2:24). 이러한 관계에서는 서로 벌거벗어도 부끄러워하지 아니할 수 있는 상태이다.

히브리어로 보자면 "한 몸"에서 '몸(flesh)'은 바샤르(בָּשָׂר, bashar)이고 '한'은 에하드(אֶחָד, ehad)이다. 그리고 '합하다/연합하다(cling, cleave, keep close)'

는 동사의 원형은 '다바크(דבק, dabaq)'이다. 아담(Adam)도 하나의 몸/살(flesh)이며 하와(Eve)도 하나의 몸/살이기에 둘이 함께 있으면 신체적으로나 물리적으로 두 개의 몸/살이 될 수밖에 없다. 그렇지만 둘이 함께 연합할 때 하나의 몸/살이 될 수 있는 매우 친밀하고 깊고 심오한 관계가 된다.

둘 사이의 연합 관계의 모습은 하나의 몸/살을 이룰 정도로 코무니오/교제가 깊이 이루어지는 모습을 의미한다. 이것은 삼위일체 하나님 안에서의 하나 됨을 암시하고 반영한다. 히브리어로 '들으라(hear)'라는 뜻을 지닌 '쉐마(שמע, shema)'로 시작하여 '쉐마 구절'로 알려진 신명기 6장 4-5절에서는 다음과 같이 말씀한다.

> ⁴ 이스라엘아 들으라 우리 하나님 여호와는 오직 유일한 여호와이시니 ⁵ 너는 마음을 다하고 뜻을 다하고 힘을 다하여 네 하나님 여호와를 사랑하라(⁴ Hear, O Israel: The Lord our God, the Lord is one. ⁵ Love the Lord your God with all your heart and with all your soul and with all your strength〈NIV〉, 신 6:4-5).

여기에서 "오직 유일한(one)"에 해당되는 히브리어가 '에하드(אחד, ehad)'인데 아담(Adam)과 하와(Eve)가 연합하여 하나의 몸/살이 될 때의 '하나'와 동일한 단어이다. 이런 점에서 삼위일체 하나님의 '하나 됨(oneness)'은 단지 한 개(mono)의 신(神, theos)을 의미하는 단일신론(monotheism)이 아니라 그 이상의 깊은 의미가 있음을 알 수 있다. 또한, 아담(Adam)과 하와(Eve)가 연합하여 이루는 '하나 됨'은 삼위일체 하나님의 '하나 됨'을 반영하는 것이라고 여길 수 있다.

더 나아가 삼위일체 하나님의 형상으로 창조된 사람은 단지 진공 속이나 외딴섬에서 살아가게 되어 있는 것이 아니라 사람 이외의 모든 피조물, 즉 자연/세계/우주/만물과 함께 존재하며 그것들의 한가운데에서 살아가게 되어 있다. 이런 의미에서 삼위일체 하나님께서는 에덴동산(the Garden of Eden)을 만드시고 거기에서 살아가도록 두셨다. 즉, 에덴동산으로 사람을 보내시고 파송하셨다.

> [7] 여호와 하나님이 땅의 흙으로 사람을 지으시고 생기를 그 코에 불어넣으시니 사람이 생령이 되니라 [8] 여호와 하나님이 동방의 에덴에 동산을 창설하시고 그 지으신 사람을 거기 두시니라(창 2:7-8).

그러기에 사람은 삼위일체 하나님의 보내심을 받은 존재로서 에덴동산(the Garden of Eden)을 잘 관리하고 다스리고 섬기는 존재로 살게 되어 있었다.
이러한 점은 창세기 1장에서도 확인된다.

> [27] 하나님이 자기 형상 곧 하나님의 형상대로 사람을 창조하시되 남자와 여자를 창조하시고 [28] 하나님이 그들에게 복을 주시며 하나님이 그들에게 이르시되 생육하고 번성하여 땅에 충만하라, 땅을 정복하라, 바다의 물고기와 하늘의 새와 땅에 움직이는 모든 생물을 다스리라 하시니라(창 1:27-28).

삼위일체 하나님의 형상은 항상 다른 존재와 관계를 맺는 적실성을 본질에서 지닌다. 땅과의 관계와 모든 생물과의 관계가 온전히 이루어지는 관계를 근원적으로 지닌다.

이렇게 하여 하나님, 인간, 자연/세계/우주/만물 사이의 관계가 이루어지는 공동체일 때 그 안에서 모든 관계의 온전함이 이루어지는 샬롬, 즉 평화/화평이 이루어진다. 하나님, 인간, 자연/세계/우주/만물 사이에 코무니오/교제가 이루어지고 상호 사이에 미시오/보내심의 관계가 이루어진다.

그러나 인간의 죄악으로 인하여 아름다운 코무니오/교제가 깨어진다. 즉, 관계성과 공동체성이 깨어졌고, 또한 인간이 만유/만민에로 보내심을 받은 존재로서의 모습이 깨어졌다. 그래서 인간은 다른 것들을 마구 지배하고 함부로 착취하는 존재로서 살아가게 되었다. 이로 인하여 하박국에서처럼 당시 유대 사회 안에 강포, 죄악, 패역, 겁탈, 변론, 분쟁, 율법의 해이가 있었고, 또한 불의, 즉 정의의 불시행과 왜곡이 넘쳐났다.

그리고 유대 사회 밖으로는 악한 제국들이 등장하여 모든 관계와 공동체의 파괴가 심각하게 일어났다. 그러기에 하박국에서의 비전은 그러한 모든 잘못된 것이 고쳐지고, 회복되고, 치유되고, 갱신되고, 다시 살아나 생명력을 지니는 부흥의 모습을 이야기해 주고 있다. 그리고 이러한 부흥의 모습은 하나님의 나라와 연결된다.

3. 삼위일체 하나님의 나라 구현

하박국과 사도행전에서처럼 교회의 '비전(vision)'이 이루어진다면 삼위일체 하나님의 형상 회복이 있을 것인데 이것은 곧 삼위일체 하나님의 나라 구현과 연결된다. 삼위일체 하나님의 형상으로 창조된 사람/인간은 근본적으로 관계적이며 공동체적인 존재이다.

따라서 삼위일체 하나님의 형상 회복은 하나님과 인간, 인간과 인간 사이의 관계 그리고 인간과 그 외 모든 피조물인 자연/세계/만물/우주와의 관계로 확장되고 심화한다. 코무니오(*communio*)/교제와 미시오(*missio*)/보내심의 두 차원에서 계속 확장되고 심화한다. 그러한 가운데 삼위일체 하나님의 뜻이 온전히 이루어지는 삼위일체 하나님의 나라가 구현되며 또한 그 완성을 향해 나아간다.

'하나님의 나라'는 예수 그리스도가 선포했던 복음의 핵심이었다.

> ¹⁴ 요한이 잡힌 후 예수께서 갈릴리에 오셔서 하나님의 복음을 전파하여 ¹⁵ 이르시되 때가 찼고 하나님의 나라가 가까이 왔으니 회개하고 복음을 믿으라 하시더라(The time has come … The kingdom of God has come near. Repent and believe the good news! 〈NIV〉, 막 1:14-15).

예수 그리스도의 길을 준비하기 위해 유대 광야에서 활동했던 세례 요한의 메시지의 핵심도 '하나님의 나라', 즉 '천국'이었다.

> 회개하라 천국이 가까이 왔느니라 … (Repent, for the kingdom of heaven has come near. 〈NIV〉, 마 3:2)

여기에서 '복음(福音, Gospel)'은 헬라어로 '유앙겔리온(εὐαγγέλιον, euangelion)'으로서 '좋고 기쁜 소식(good news)'이라는 뜻을 지닌다. 이 복음의 핵심이 '하나님의 나라'인데 헬라어로 '헤 바실레이아 투 테우(ἡ βασιλεία τοῦ θεοῦ, he basileia tou theu, the kingdom of God)'로서 '신국(神國)'이라고도 한다.

또한, '천국(天國)'이라는 표현도 있는데 헬라어로 '헤 바실레이아 톤 우라논(ἡ βασιλεία τῶν οὐρανῶν, he basileia ton ouranon, the kingdom of heaven)'이다. 문자적으로 '하늘(天)'을 뜻하는 헬라어 남성명사 '우라노스(οὐρανός)'의 복수소유격 형태인 '우라논(οὐρανῶν)'이 사용되어 '하늘의 나라', 즉 '천국(天國)'이라는 뜻을 지닌다. '하나님의 나라', 즉 '신국(神國)'과 '하늘의 나라', 즉 '천국(天國)'은 표현이 다르지만, 의미는 같다.

'나라', 즉 '국가(國家)'에는 세 가지가 필수적으로 중요한데, 땅/영토(領土), 사람/국민(國民), 뜻/주권(主權)이다. 땅도 중요하지만, 더 중요한 것은 사람/국민이며 가장 중요한 것은 뜻/주권이다.

나라라고 하더라도 나라의 뜻/주권이 군주(君主)에게 있으면 군주정(君主政), 왕(王)에게 있으면 왕정(王政), 황제(皇帝)에게 있으면 제정(帝政), 귀족에게 있으면 귀족정(貴族政)이다. 그리고 독재자가 마음대로 통치하면 독재정(獨裁政)이다. 또한, 나라의 주권이 국민에게 있으면 민주정(民主政) 또는 공화정(共和政)이라고 한다.

이와 관련하여 에이브러햄 링컨(Abraham Lincoln)은 남북전쟁(1861-1865) 중인 1863년에 미국 게티즈버그(Gettysburg)에서 다음과 같이 연설했다.

> 국민의, 국민에 의한, 국민을 위한 정부/통치는 지상에서 멸망하지 않을 것입니다(Government of the people, by the people, for the people, shall not perish from the earth).

하나님의 나라와 천국은 하나님의 뜻, 즉 하나님의 통치가 가장 중요한 나라이다. 하나님의 나라와 천국의 핵심은 하나님께서 창조하시고 다스리시고 이끌어 가시며 완성해 가시는 뜻이 이루어지는 것이다. 그러기에 예수님께서는 제자들이 제대로 기도할 수 있도록 알려 주신 기도문, 즉 주기도문(主祈禱文, the Lord's Prayer)에서 다음과 같이 기도하도록 가르치셨다.

> [9] ... 하늘에 계신 우리 아버지여 이름이 거룩히 여김을 받으시오며 [10] 나라가 임하시오며 뜻이 하늘에서 이루어진 것같이 땅에서도 이루어지이다([9] ... Our Father in heaven, hallowed be your name, [10] your kingdom come, your will be done, on earth as it is in heaven〈NIV〉, 마 6:9-10).

하나님의 나라가 오기를 기도하도록 하시면서, 또한 하나님의 뜻이 하늘에서 온전히 이루어지는 것처럼 땅에서도 온전히 이루어지기를 기도하도록 가르치셨다.

하나님의 나라와 천국의 핵심이 하나님의 뜻이 온전히 이루어지는 것이며 하나님의 통치가 이루어지는 것이라면 어느 시간에서든지 하나님의 나라와 천국이 임할 수 있다. 하나님의 나라와 천국을 시간상으로 제한하거나 한정할 수는 없다. 삼위일체 하나님은 모든 시간의 주님이시기 때문이다.

이런 의미에서 하나님의 나라와 천국은 단지 죽음 이후의 '저세상', '저승', '사후세계(死後世界)', '내세(來世)'에서만 임하는 것이 아니다. 이러한 의미로 하나님의 나라와 천국은 사람이 죽어서 간다고 여겨지는 '천당(天堂)'만을 가리키지 않는다. 죽음 이후에 있을 그것을 포함하여 현재의 '이세상', '이승', '현세(現世)'를 함께 가리킨다.

또한, 하나님의 나라와 천국의 핵심이 하나님의 뜻이 온전히 이루어지는 것이며 하나님의 통치가 이루어지는 것이라면 어느 공간에서든지 하나님의 나라와 천국이 임할 수 있다. 하나님의 나라와 천국을 공간적으로 제한하거나 한정할 수는 없다. 삼위일체 하나님은 모든 공간의 주님이시기 때문이다.

이런 의미에서 하나님의 나라와 천국은 단지 어떤 특정한 공간이나 건물로 제한하는 '천당(天堂)'만을 가리키지 않는다. '당(堂)'은 집 또는 건물을 가리키기에 '천당(天堂)'은 하나님의 나라와 천국의 의미를 공간적으로 제한하는 특성이 강하다. 그래서 '천당(天堂)'은 하나님의 나라와 천국의 의미를 매우 축소하거나 협소하게 만드는 경향이 많다.

성경에서 하나님의 나라는 삼위일체 하나님의 나라이다. 성부 하나님의 나라만도 아니며 성자 하나님의 나라만도 아니고 성령 하나님의 나라만도 아니다. 예를 들어, 독일의 신학자 아돌프 폰 하르나크에게 하나님의 나라는 오직 성부 하나님의 나라인데 성자 하나님과 성령 하나님은 배제되는 나라이다.[2] 하나님은 삼위일체 하나님이시기에 하나님의 나라는

---

[2] 백충현, "아돌프 폰 하르나크(Adolf von Harnack)의 복음과 문화와의 관계에 대한 비판적 고찰," 「신학논단」 100집 (2020년 6월), 93-94. 이 논문은 다음의 책에 실려있다. 백충현, 『삼위일체신학의 핵심과 확장 II-인간·복음·세계·선교·평화·과학』 (서울: 장로회신학대

성부 하나님, 성자 하나님, 성령 하나님께서 함께 창조하시고 다스리시고 이끌어 가시며 완성해 가시는 삼위일체 하나님의 나라이다. 더 구체적으로 보자면, 삼위일체 하나님의 뜻은 성부 하나님에게서 시작하되 성자 하나님 예수 그리스도를 통해 성령 하나님 안에서 드러나고 이루어진다.

그렇다면 삼위일체 하나님의 뜻은 무엇인가?

바로 삼위일체 하나님께서 자신의 형상으로 창조하신 사람/인간이 삼위일체 하나님의 형상을 온전히 회복하여 살아가는 것이며, 또한 삼위일체 하나님의 뜻이 온전히 이루어지는 삼위일체 하나님의 나라를 드러내며 살아가는 것이다.

그러기에 삼위일체 하나님의 나라는 '나라'이기는 하지만, 하나의 위계적인 조직이나 집단이나 단체로서 어떤 집단주의나 전체주의나 독재주의가 전혀 아니다. 오히려 삼위일체 하나님 나라의 초점은 삼위일체 하나님의 형상으로 창조된 사람들에게 있다. 삼위일체 하나님의 뜻이 중요하고 그 뜻은 하나의 '통치/다스림'이긴 하지만, 그 뜻의 초점은 지배나 군림이나 억압이 아니라 삼위일체 하나님의 형상으로 창조된 사람들이 그 형상대로 온전히 살아가는 것에 있다.

따라서 삼위일체 하나님의 나라는 어떤 의미에서 신(神)의 뜻이 이루어진다는 의미에서 신정(神政)이라고 할 수는 있으나 그 통치 형태는 과거의 군주정(君主政), 왕정(王政), 제정(帝政), 귀족정(貴族政)이 전혀 아니며 독재정(獨裁政)이나 전제정(專制政) 또한 전혀 아니다.

오히려 삼위일체 하나님의 나라는 신(神)의 뜻이 이루어지되 삼위일체 하나님의 형상으로 창조된 사람들이 그 형상대로 온전히 살아가는 것이기에 그 통치 형태는 민주정(民主政) 또는 공화정(共和政)에 가깝다고 할 수 있다. 삼위일체 하나님의 나라 안에서는 성부 하나님과 성자 하나님과

교출판부, 2024), 29-47.

성령 하나님이 함께 존재하시고 함께 활동하시되 자신이 창조하신 자연/세계/우주/만물을 위해 활동하시며 자신의 형상으로 창조하신 사람들을 위해 활동하시기 때문이다. 그리고 자신의 형상으로 창조하신 사람들이 삼위일체 하나님의 코무니오/교제에 참여할 수 있기 때문이며, 또한 이러한 코무니오/교제가 온 자연/세계/우주/만물로 확장되고 그 영향이 미치기 때문이다.

제5장
에클레시아 교회의 삶

– 삼위일체 하나님의 증인으로 사는 삶 –

삼위일체 하나님의 부르심을 받은 '하나님의 백성(God's people)'이며 '성도(聖徒, saints)'로서의 정체성을 지닌 교회는 진공 속에서 또는 외딴섬에서 사는 것이 아니라 삼위일체 하나님께서 창조하신 세계 안에서 살아간다. 그러기에 교회는 세계와 어떤 식으로든 관계(relation)를 맺으며 존재하는 적실성(relevance)을 지닌다.

교회로서의 사람들이 세계/만물/우주 한가운데에 존재한다면 교회의 비전, 즉 삼위일체 하나님의 형상을 온전히 회복해 가고 또한 자연/세계/만물/우주 한가운데에서 삼위일체 하나님의 나라를 구현이 이루어지는 것을 분명하게 바라보면서 그 비전에 따라 삼위일체 하나님을 증언하는 증인으로 사는 삶을 사는 것이다.

이 증언은 '코무니오/교제'와 '미시오/보내심'이라는 두 초점을 중심으로 움직이는데, 전자는 교회 내적인 방향으로 나아가며 후자는 교회 외적인 방향으로 나아간다. 이 두 가지는 동시에 이루어진다. 그리고 이 증언은 교회의 네 가지 고전적 표지인 일치성(unity), 거룩성(holiness), 보편성(catholicity/universality), 사도성(apostolicity)에 따라 표현되고 드러난다.

1. 증인(證人, Witness)

증인(證人, witness)은 증언하는(witness) 사람, 즉 증언(證言, testimony/testament)의 행위를 하는 사람을 가리킨다. 증언한다는 것은 있는 그대로, 즉 보고, 듣고, 아는 진실 그대로 드러내는 것이다. 말과 같이 언어적 방법으로 증언할 수도 있지만, 말이 아닌 그림, 몸짓과 같이 비언어적 방법으로도 증언할 수 있다. 헬라어로 '증언하다'라는 동사는 '마르튀레오(μαρτυρέω, martyreo, (bear) witness)'이며, '증언'이라는 명사는 '마르튀리아(μαρτυρία, martyria, testimony/testament)'이다. 그리고 증언을 뒷받침하는 자료인 '증거'는 '마르튀리온(μαρτύριον, martyrion, proof/testimony/testament)'이다. 성경에서 '증언하다'라는 동사에는 '마르튀레오(μαρτυρέω, martyreo)'와 함께 '마르튀로마이(μαρτύρομαι, martyromai)'와 '디아마르튀로마이(διαμαρτύρομαι, diamartyromai)'가 사용되었다.

그리고 증언을 하는 사람인 '증인'은 헬라어로 '마르튀스(μάρτυς, martys, witness)'이다. 바로 이 단어 '마르튀스'에서 영어 단어 '마튀어(martyr)'가 나왔는데 순교자(殉敎者)라는 의미를 지닌다. 이러한 의미로 보아 증인이 되어 증언한다는 것은 목숨을 내걸고 행하는 것이며 때로는 증언의 결과로 목숨을 잃는 순교자가 되기까지 한다는 점을 의미한다.

성경에서 '증인'이라는 단어가 사용되는 가장 대표적인 예가 사도행전 1장 8절이다. 부활하신 예수 그리스도께서 승천하실 때 제자들/사도들이 "… 주께서 이스라엘 나라를 회복하심이 이때니이까 …"(행 1:6)라고 여쭈었다. 예수 그리스도께서는 다음과 같이 말씀하셨다.

> [7] 이르시되 때와 시기는 아버지께서 자기의 권한에 두셨으니 너희가 알 바 아니요 [8] 오직 성령이 너희에게 임하시면 너희가 권능을 받고 예루살렘과 온 유대와 사마리아와 땅 끝까지 이르러 내 증인[들]이 되리라 하시니라(행 1:7-8).

여기에서의 '증인'이 헬라어로 '마르튀스(μάρτυς, martys)'로서 영어로는 이후 '순교자'라는 뜻을 지니게 되는 '마튀어(martyr)'가 된다.

예수 그리스도의 말씀에서 성령이 임하시고 제자들/사도들이 권능을 받는다는 것은 구체적으로 사도행전 2장의 오순절 성령강림을 가리키며 이를 통해 교회가 형성되는 것을 가리킨다. 예수 그리스도는 제자들/사도들이 성령 하나님이 임하실 때 성령 하나님의 권능을 받아 교회로 모이고 형성되어 이들이 세계 모든 곳에 이르러 예수 그리스도의 증인[들]이 될 것이라고 말씀하셨다. 이것은 교회의 삶의 초점이 증인이 되는 것, 즉 하나님의 백성과 성도로서 교회의 초점이 세계 속에서 증언하는 것임을 의미한다.

증언은 삼위일체 하나님 안에서 일어난다. 성부 하나님과 성자 하나님은 서로를 위해 증언하신다. 요한복음에 따르면 예수 그리스도는 자신을 위하여 증언하시는 이가 따로 있다고 말씀하신다.

> [31] 내가 만일 나를 위하여 증언하면 내 증언은 참되지 아니하되 [32] 나를 위하여 증언하시는 이가 따로 있으니 나를 위하여 증언하시는 그 증언이 참인 줄 아노라 (요 5:31-32).

> 또한 나를 보내신 아버지께서 친히 나를 위하여 증언하셨느니라 … (요 5:37).

예수 그리스도는 말씀하시며 자신을 위하여 증언하시는 이는 성부 하나님이라고 알려 주신다.

> 내가 나를 위하여 증언하는 자가 되고 나를 보내신 아버지도 나를 위하여 증언하시느니라(요 8:18).

요한일서에 따르면 성부 하나님은 성자 하나님에 대하여 증언하시는 분이시다.

> ⁹ 만일 우리가 사람들의 증언을 받을진대 하나님의 증거는 더욱 크도다 하나님의 증거는 이것이니 그의 아들에 대하여 증언하신 것이니라 ¹⁰ 하나님의 아들을 믿는 자는 자기 안에 증거가 있고 하나님을 믿지 아니하는 자는 하나님을 거짓말하는 자로 만드나니 이는 하나님께서 그 아들에 대하여 증언하신 증거를 믿지 아니하였음이라(요일 5:9-10).

성부 하나님이 성자 하나님을 위하여 증언하시는 것처럼 성자 하나님이신 예수 그리스도도 성부 하나님을 위하여 증언한다. 다만 성자 하나님의 증언 방식은 성부 하나님께서 맡기신 일을 행함으로써 그 일들을 통해 성부 하나님을 위하여 증언한다.

> 내게는 요한의 증거보다 더 큰 증거가 있으니 아버지께서 내게 주사 이루게 하시는 역사 곧 내가 하는 그 역사가 아버지께서 나를 보내신 것을 나를 위하여 증언하는 것이요(요 5:36).

그리고 성령 하나님께서도 증언에 참여하셔서 성자 하나님 예수 그리스도를 증언하신다.

> 내가 아버지께로부터 너희에게 보낼 보혜사 곧 아버지께로부터 나오시는 진리의 성령이 오실 때에 그가 나를 증언하실 것이요(요 15:26).

세상을 이기는 승리는 예수 그리스도가 하나님의 아들을 믿는 믿음인데 성령 하나님은 그러한 예수 그리스도를 증언하신다.

⁵ 예수께서 하나님의 아들이심을 믿는 자가 아니면 세상을 이기는 자가 누구냐 ⁶ 이는 물과 피로 임하신 이시니 곧 예수 그리스도시라 물로만 아니요 물과 피로 임하셨고 증언하는 이는 성령이시니 성령은 진리니라(요일 5:5-6).

삼위일체 하나님 안에서의 자기 증언은 성령 하나님을 통해 사람들에게로 전달된다. 즉, 성령 하나님께서는 사람들에게 임하셔서 권능을 주시고 교회가 형성되도록 하시며 증언하도록 하신다.

오직 성령이 너희에게 임하시면 너희가 권능을 받고 예루살렘과 온 유대와 사마리아와 땅끝까지 이르러 내 증인[들]이 되리라 하시니라(행 1:8).

그리고 이러한 성령의 임하심은 제자들/사도들에게만 한정되지 않고 이방인들에게도 확대되고 확장된다. 이방인의 믿음과 구원에 관한 논쟁으로 모인 예루살렘 회의에서 베드로는 성부 하나님께서 성령 하나님을 이방인들에게도 주신다는 것, 즉 성령 하나님을 주시는 일에는 아무런 차별이 없다는 것을 확증했다.

⁶ 사도와 장로들이 이 일을 의논하러 모여 ⁷ 많은 변론이 있은 후에 베드로가 일어나 말하되 형제들아 너희도 알거니와 하나님이 이방인들로 내 입에서 복음의 말씀을 들어 믿게 하시려고 오래전부터 너희 가운데서 나를 택하시고 ⁸ 또 마음을 아시는 하나님이 우리에게와 같이 그들에게도 성령을 주어 증언하시고 ⁹ 믿음으로 그들의 마음을 깨끗이 하사 그들이나 우리나 차별하지 아니하셨느니라(행 15:6-9).

이러한 증언은 한시적이지 않고 세상의 끝날 때까지 일어날 것이다.

세상 끝의 징조에 관한 제자들의 질문에 대해 예수 그리스도는 다음과 같이 말씀하신다.

> 이 천국 복음이 모든 민족에게 증언되기 위하여 온 세상에 전파되리니 그제야 끝이 오리라(마 24:14).

즉, 천국 복음이 온 세상에 전파되어 모든 민족에게 증언되도록 할 때까지 일어날 것이다.

그렇다면 삼위일체 하나님께서 사람들에게 성령 하나님을 통해 권능을 주셔서 증언하게 하실 때 그 증언의 내용은 무엇인가?

마태복음 24장에서의 예수 그리스도의 말씀에처럼 천국 복음, 즉 하나님 나라의 복음이다.

> 이 천국 복음이 모든 민족에게 증언되기 위하여 온 세상에 전파되리니 그제야 끝이 오리라(마 24:14).

사도 바울에게 증언의 내용은 예수 그리스도에 관한 것이다. 그는 고린도에서 강론하고 권면하면서 예수가 그리스도이심을 증언했다.

> ⁴ 안식일마다 바울이 회당에서 강론하고 유대인과 헬라인을 권면하니라 ⁵ 실라와 디모데가 마게도냐로부터 내려오매 바울이 하나님의 말씀에 붙잡혀 유대인들에게 예수는 그리스도라 밝히 증언하니(행 18:4-5).

여기에서 '증언하다'에 해당되는 헬라어 동사는 '디아마르튀로마이(διαμαρτύρομαι, *diamartyromai*)'인데 '마르튀로마이(μαρτύρομαι, *martyromai*)'와 '마르튀레오(μαρτυρέω, *martyreo*)'와 동일한 의미를 지닌다.

'부활장'으로 알려진 고린도전서 15장에서 사도 바울은 예수 그리스도의 부활과 죽은 자들의 부활을 논증하면서 성부 하나님께서 예수 그리스도를 다시 살리셨음을 증언하였다고 말한다. 여기에서 증언의 내용은 예수 그리스도의 부활이다.

> ¹⁴ 그리스도께서 만일 다시 살아나지 못하셨으면 우리가 전파하는 것도 헛것이요 또 너희 믿음도 헛것이며 ¹⁵ 또 우리가 하나님의 거짓 증인으로 발견되리니 우리가 하나님이 그리스도를 다시 살리셨다고 증언하였음이라 만일 죽은 자가 다시 살아나는 일이 없으면 하나님이 그리스도를 다시 살리지 아니하셨으리라 (고전 15:14-15).

여기에서 '증언하다'는 동사에는 헬라어 '마르튀레오(μαρτυρέω, martyreo)'가 사용되었다. 사도 바울에게 이러한 증언의 내용은 하나님 은혜의 복음이었다. 그는 에베소에서 교회 장로들에게 고별설교를 하면서 다음과 같이 말했다.

> ²³ 오직 성령이 각 성에서 내게 증언하여 결박과 환난이 나를 기다린다 하시나 ²⁴ 내가 달려갈 길과 주 예수께 받은 사명 곧 하나님의 은혜의 복음을 증언하는 일을 마치려 함에는 나의 생명조차 조금도 귀한 것으로 여기지 아니하노라 (행 20:23-24).

여기에서도 '증언하다'는 동사에 해당되는 헬라어로 '디아마르튀로마이(διαμαρτύρομαι, diamartyromai)'가 사용되었다. 그리고 사도 바울에게 하나님의 은혜의 복음은 곧 하나님의 나라에 관한 것이었다. 사도 바울은 로마로 잡혀갔지만 그곳에서도 하나님의 나라를 증언했다.

> 그들이 날짜를 정하고 그가 유숙하는 집에 많이 오니 바울이 아침부터 저녁까지 강론하여 하나님의 나라를 증언하고 모세의 율법과 선지자의 말을 가지고 예수에 대하여 권하더라(행 28:23).

여기에서도 '증언하다'는 동사에 해당되는 헬라어는 '디아마르튀로마이(διαμαρτύρομαι, diamartyromai)'이다.

증언의 내용에는 성부 하나님께서 성자 하나님 예수 그리스도를 세상의 구주로 보내신 것도 포함된다. 또한, 이를 통해 우리는 성령 안에서 성자 하나님 예수 그리스도를 믿어 성부 하나님 안에 거한다.

> 13 그[성부 하나님]의 성령을 우리에게 주시므로 우리가 그 안에 거하고 그가 우리 안에 거하시는 줄을 아느니라 14 아버지가 아들을 세상의 구주로 보내신 것을 우리가 보았고 또 증언하노니 15 누구든지 예수를 하나님의 아들이라 시인하면 하나님이 그의 안에 거하시고 그도 하나님 안에 거하느니라(요일 4:13-15).

여기에서 '보내다'에 해당하는 헬라어 동사는 '아포스텔로(ἀποστέλλω, apostello)'이며 이것의 라틴어가 '미토(mitto)'이다. 그리고 '증언하다'라는 동사에는 헬라어 '마르튀레오(μαρτυρέω, martyreo)'가 사용되었다.

위의 구절 15절에서 하나님(A)이 사람(B) 안에 거하다는 표현에는 헬라어 전치사 '엔(ἐν, en)'이 사용되었는데 A와 B 사이의 친밀한 교제가 있음을 의미한다. 또한, 사람(B)이 하나님(A) 안에 거하다는 표현이 함께 나온다. 그러기에 15절 후반부는 문자적으로 'A in B and B in A'이기에 A와 B 사이의 상호 거주(mutual indwelling), 즉 페리코레시스(perichoresis)가 있음을 가리키며 이는 하나님과 인간 사이의 코무니오/교제가 심화함을 의미한다.

그러기에 증언은 단지 증언을 하느냐 하지 않느냐의 문제가 아니라 증언을 통해서 사람들이 삼위일체 하나님과 깊고 친밀한 교제와 사귐으로 들어가는 것이기에 증언은 매우 중요하다. 즉, 증인으로 사는 삶을 산다는 것은 나뿐만이 아니라 나의 증언을 듣는 모든 사람이 삼위일체 하나님과의 교제와 사귐과 관련된 문제이기에 매우 중요하다.

초대 교회에서는 이러한 증언과 관련하여 제2차 콘스탄티노플 에큐메니컬 공의회에서 중요한 결정을 했다. 바로 교회의 네 가지 고전적 표지(the classical marks of church)를 정하여 선포한 것이다. 교회의 표지는 교회됨과 교회다움을 보여 주는 특징을 가리킨다.

313년에 로마 황제가 밀라노칙령을 공포함으로써 로마제국의 모든 교회의 대표가 모일 수 있게 되어 제1차 니케아 에큐메니컬 공의회가 개최될 수 있었다. 여기에서 니케아 신조/신경(the Nicene Creed)을 결정하였고 예수 그리스도이신 성자가 성부와 '동일본질(*homoousia*, 호모우시아)'로서 신성을 지니신 하나님이심을 확정했다. 즉, 기독론의 교리를 확정했다.

381년에는 제2차 콘스탄티노플 에큐메니컬 공의회가 개최되었고 여기에서 니케아-콘스탄티노플 신조/신경(the Nicene-Constantinopolitan Creed)"을 결정하였고 이것을 통상 니케아 신조/신경이라고도 한다. 여기에서는 성령의 신성, 즉 성령의 하나님 되심을 확정함으로써 성령론의 교리를 확정했다. 또한, 삼위일체 하나님에 관한 공식적인 교리를 명시적으로 확정했다.

니케아-콘스탄티노플 신조/신경에서 교회론과 관련하여 주목할 점은 성령론의 항목 안에서 교회의 네 가지 고전적 표지(the classical marks of church)을 제시하였다는 점이다.

참고로 니케아-콘스탄티노플 신조(신경)의 전문을 소개하면 다음과 같다.[1]

> 우리는 한 분 하나님을 믿습니다. 그분은 전능하사 천지를 창조하시고,
> 보이는 것과 보이지 않는 모든 것을 지으신 아버지이십니다.
> 우리는 한 분 예수 그리스도를 믿습니다.
> 그분은 영원히 아버지로부터 나신 하나님의 독생자로서
> 빛으로부터 오신 빛이시오, 참 하나님으로부터 오신 참 하나님이십니다.
> 그분은 피조된 것이 아니라 나셨기 때문에 아버지와 본질이 동일하십니다.
> 만물은 그로 말미암아 지은 바 되었습니다.
> 그분은 우리 인류와 우리의 구원을 위해서 하늘로부터 내려오사,
> 성령과 동정녀 마리아를 통하여 성육신하셔서 인간이 되셨습니다.
> 그분은 우리를 위하여 본디오 빌라도에 의하여 십자가에 못 박히시사,
> 고난을 받으시며 장사지낸 바 되셨습니다.
> 그리고 그분은 성경대로 사흘 만에 죽은 자 가운데서 부활하사
> 하늘에 오르시고, 하나님 우편에 앉으셨습니다.
> 그분은 살아 있는 자와 죽은 자를 심판하기 위하여
> 영광 가운데 재림하시고 그의 나라는 영원무궁할 것입니다.
> 우리는 주님이시고, 생명의 부여자이신 성령님을 믿습니다.
> 그분은 아버지로부터 나오시고,
> 아버지와 아들과 더불어 동일한 예배와 영광을 받으십니다.
> 이 성령님은 예언자들을 통하여 말씀하셨습니다.
> 우리는 또한 하나의 거룩하고 보편적이며 사도적인 교회를 믿습니다.

---

1 대한예수교장로회(예장통합) 총회, 『헌법(개정 3판)』, 232-233. 양정호, 『신앙, 무엇을 믿는가?-교리와 논쟁, 신조의 역사 [고대와 중세 편]』, 91-92.

우리는 죄 사함을 위한 하나의 세례만을 인정합니다.

우리는 죽은 자들의 부활과 장차 임할 세상에서의 영생을 바라봅니다.

2. 삼위일체 하나님의 증인으로 사는 삶 ①-일치성

니케아-콘스탄티노플 신경/신조에서 교회의 고전적 표지 네 가지 중에서 첫 번째인 일치성(unity)은 '하나의 교회(one church)'를 의미하는데 헬라어로 '미아 에클레시아(μία ἐκκλησία, mia ekklesia)'이며 라틴어로 '우나 에클레시아(una Ecclesia)'이다.[2] '하나의 교회'는 삼위일체 하나님의 부르심을 받은 '하나님의 백성(God's people)'이며 '성도(聖徒, saints)'로서의 교회의 하나 됨, 즉 교회로서의 사람들의 하나 됨을 의미한다.

이러한 교회의 일치성, 즉 교회의 하나 됨은 근원적으로 삼위일체 하나님의 하나 됨에 근거한다. 성부 하나님도 한 분, 성자 하나님도 한 분, 성령 하나님도 한 분이시다.

> [4] 몸이 [교회가] 하나요 성령도 한 분이시니 이와 같이 너희가 부르심의 한 소망 안에서 부르심을 받았느니라 [5] 주도 [성자도] 한 분이시요 믿음도 하나요 세례도 하나요 [6] [성부] 하나님도 한 분이시니 곧 만유의 아버지시라 만유 위에 계시고 만유를 통일하시고 만유 가운데 계시도다(엡 4:4-6).

그런데 성부 하나님도 한 분, 성자 하나님도 한 분, 성령 하나님도 한 분이시지만 그렇다고 세 신(神)이 존재한다고 주장하는 삼신론(三神論, tritheism)이 아니며 단 하나의 신(神)이 시간을 달리하여 세 양태로 나타난

---

2 https://www.earlychurchtexts.com/public/nicene_creed.htm.

다고 주장하는 양태론(樣態論, modalism)도 아니다. 이와는 달리 성부 하나님, 성자 하나님, 성령 하나님으로 존재하시지만 서로 안에 존재하는 페리코레시스(*perichoresis*), 즉 상호내재(相互內在)/상호통재(相互通在)를 통해 하나 되어 일치를 이루시는 삼위일체 하나님이시다.

이러한 삼위일체 하나님 사이에서는 코무니오/교제가 있기에 하나 됨이 이루어진다. 그러기에 성부 하나님은 성령 하나님 안에서 우리를 부르셔서 성자 하나님 예수 그리스도와의 코무니오/교제를 맺게 하시며 이를 통해 삼위일체 하나님의 코무니오/교제에 참여하도록 부르신다.

> 너희를 불러 그의 아들 예수 그리스도 우리 주와 더불어 교제하게 하시는 하나님은 미쁘시도다(God is faithful, who has called you into fellowship with his Son, Jesus Christ our Lord〈NIV〉, 고전 1:9).

여기에서 '교제(fellowship)'가 헬라어로 코이노니아(κοινωνία, *koinonia*)이며 라틴어로 코무니오(*communio*)이다. 따라서 삼위일체 하나님의 부르심을 받은 교회로서의 사람들은 삼위일체 하나님의 코무니오/교제에 참여하며 또한 그러한 코무니오/교제를 반영한다.

하나님이 바로 이러한 분이시기에 몸이 하나이며 부르심의 소망도 하나이며 믿음도 하나이며 세례도 하나이다. 여기에서의 몸은 예수 그리스도의 몸으로서 교회를 가리킨다. 예수 그리스도는 교회의 머리이시며 교회는 예수 그리스도의 몸이다.

> [22] 성부 하나님께서 또 만물을 그의 [성자 하나님 예수 그리스도의] 발 아래에 복종하게 하시고 그를 만물 위에 교회의 머리로 삼으셨느니라 [23] 교회는 그의 몸이니 만물 안에서 만물을 충만하게 하시는 이의 충만함이니라(엡 1:22-23).

몸이 하나라고 하는 것은 교회의 하나 됨, 즉 삼위일체 하나님의 백성과 성도로서 교회의 사람들이 하나 됨을 의미한다.

삼위일체 하나님이 하나이시기에 성자 하나님 예수 그리스도는 요한복음 17장에 있는 대제사장적 기도(Priestly Prayer)에서 하나 됨, 즉 일치를 위한 기도를 하셨다.

> ¹¹ 나는 세상에 더 있지 아니하오나 그들은 세상에 있사옵고 나는 아버지께로 가옵나니 거룩하신 아버지여 내게 주신 아버지의 이름으로 그들을 보전하사 우리와 같이 그들도 하나가 되게 하옵소서(요 17:11).

> ²¹ 아버지여, 아버지께서 내 안에, 내가 아버지 안에 있는 것같이 그들도 다 하나가 되어 우리 안에 있게 하사 세상으로 아버지께서 나를 보내신 것을 믿게 하옵소서 ²² 내게 주신 영광을 내가 그들에게 주었사오니 이는 우리가 하나가 된 것같이 그들도 하나가 되게 하려 함이니이다(요 17:21-22).

하나 됨, 즉 일치를 위한 예수 그리스도의 기도는 삼위일체 하나님 안에서의 코무니오/교제에 근거한다. 예수 그리스도는 삼위일체 하나님 안에서의 코무니오/교제가 교회로서의 사람들에게로 확장되고, 또한 더 나아가 믿지 아니하는 사람들에게로 확장되어 갈 것을 위해 기도하신다. 그리하여 교회로서의 사람들이 삼위일체 하나님의 코무니오/교제 안에 참여하기를 원하신다.

교회로서의 사람들은 삼위일체 하나님의 은혜로 하나님의 백성과 성도가 되어 삼위일체 하나님께 예배(禮拜, worship)드린다. 함께 예배하면서 성령 하나님 안에서 성자 하나님 예수 그리스도를 통해 성부 하나님께로 나아간다.

> ²³ 아버지께 참되게 예배하는 자들은 영과 진리로 예배할 때가 오나니 곧 이때라 아버지께서는 자기에게 이렇게 예배하는 자들을 찾으시느니라 ²⁴ 하나님은 영이시니 예배하는 자가 영과 진리로 예배할지니라(요 4: 23-24).

예수 그리스도는 사마리아 여인을 만나 대화를 나누실 때 어디서 예배드려야 하는지에 관한 사마리아 여인의 질문에 대해 참된 예배에 관하여 말씀하셨다.

예수 그리스도의 말씀에 따르면, 참된 예배를 위한 기준은 예루살렘이나 사마리아와 같은 장소(where)가 아니다. 참된 예배의 기준은 어떻게(how) 예배드리는가인데 영과 진리로 예배하는 것이다. 여기에서 "영과 진리로(in the Spirit and in truth)"는 헬라어로 "엔 프뉴마티 카이 알레테이아(ἐν πνεύματι καὶ ἀληθείᾳ, en pneumati kai aletheia)"인데 '영(πνεῦμα, 프뉴마)'은 성령을 가리키고 '진리(ἀλήθεια, 알레테이아)'는 진리의 말씀이신 예수 그리스도를 가리킨다. 그러므로 참된 예배는 성령 안에서 그리고 진리이신 말씀 안에서 성부 하나님께 드리는 예배이다. 예루살렘이든 사마리아이든 그 어디에서든 성령 하나님 안에서 그리고 진리의 말씀인 성자 하나님 안에서 성부 하나님께 드리면 그것이 참된 예배이다.

삼위일체 하나님께 드리는 예배에서 교회로서의 사람들은 함께 하나님의 말씀을 들으며 기도하고 찬양하고 영광을 돌린다. 그리고 예수 그리스도께서 친히 제정하신 성례(聖禮, sacrament), 즉 세례(洗禮, baptism)와 성찬(聖餐, Holy Communion/Eucharist)에 참여한다. 이러한 예배를 통해 삼위일체 하나님의 코뮤니오/교제에 더욱 깊이 참여한다.

이런 점에서 예배는 교회의 일치성을 드러내고 표현하며 또한 교회의 일치성을 심화시킨다. 특히, 세례를 통해 예수 그리스도의 의(義)의 옷을 입어 의롭게 되어 예수 그리스도와 합하여 연합하고, 성찬(聖餐, Holy Communion/Eucharist)을 통해 예수 그리스도의 살을 먹고 피를 마시며 삼위일체 하나님과의 교제에 참여한다. 이렇게 해서 예배를 통해 삼위일체 하나님의 코무니오/교제가 더욱 깊어지고 심화되며 또한 더욱 풍성해진다.

교회의 일치성과 하나 됨에 관해 갈라디아서는 다음과 같이 말씀한다.

> ²⁶ 너희가 다 믿음으로 말미암아 그리스도 예수 안에서 하나님의 아들이 되었으니 ²⁷ 누구든지 그리스도와 합하기 위하여 세례를 받은 자는 그리스도로 옷 입었느니라 ²⁸ 너희는 유대인이나 헬라인이나 종이나 자유인이나 남자나 여자나 다 그리스도 예수 안에서 하나이니라(갈 3:26-28).

교회의 일치성과 하나 됨에는 민족이든 인종이든 계급이든 신분이든 성별이든 어떤 차별(discrimination)도 없다. 또한, 재력이든 권력이든 나이든 문화이든 어떤 차별도 없다. 삼위일체 하나님의 부르심을 받은 자는 누구든지 하나님의 백성이며 성도이며 또한 이들 모두 삼위일체 하나님께 드리는 예배에 참여한다.

이와 같은 교회의 일치성과 하나 됨은 하나님의 백성과 성도인 교회로서의 사람들 사이의 동등하고 평등하며 수평적인 관계를 의미한다. 이러한 관계가 예배에서뿐만 아니라 교회의 구조, 조직, 제도 등에 온전히 반영되어야 한다. 그래야 교회의 일치성과 하나 됨이 더 온전하고 풍성하게 드러나며 역동적으로 살아 있는 것이 된다. 그렇지 않다면 겉으로 무늬만 하나일 뿐이고 실제로는 전혀 그렇지 않게 된다. 그러므로 교회의 구조, 조직, 제도 등에 있어서 교회의 일치성과 하나 됨이 역동적으로 살아 있는 것이 되도록 관심을 기울이고 힘써야 한다.

특히, 교회의 직분이나 직무는 바로 하나님의 백성과 성도인 교회로서의 사람들 사이의 동등하고 평등하며 수평적인 관계를 바탕으로 이루어져야 한다. 목사, 장로, 권사, 집사 등의 여러 직분이 있을 수 있지만, 이러한 직분은 결코 수직적이거나 위계적인 신분이나 계급은 전혀 아니다.

어떤 교회에서는 목사나 장로, 권사, 집사가 아니면 성도라고 호칭한다고 하는데 이것은 성도에 대해 매우 잘못되고 왜곡된 태도이다. 왜냐하면, 목사도, 장로도 성도이며 권사도, 집사도 성도이기 때문이다. 모두가 하나님의 백성이며 기본적으로 성도로써 이를 바탕으로 교회 내의 여러 직분이 주어지는 것이기 때문이다.

그러기에 목회자와 평신도 사이에 수직적이거나 위계적인 관계가 성립되지 않는다. 목회자이든 평신도이든 모두가 기본적으로 성도이며 하나님의 백성이며, 다만 목회의 직분과 직무에 있어서 구별되기 때문이다. 목회자가 필요 없다는 무용론은 전혀 아니다. 오히려 목회를 위해 전문적으로 배우고 훈련받은 목회자들이 필요하다. 다만 목회자가 된다고 해서 다른 이들 위에 군림하거나 지배하는 것은 아니다.

또한, 목회자들 안에서도 담임목사/위임목사, 부목사, 교육목사, 전임전도사, 교육전도사 등의 직분이 있을 수 있지만, 이러한 직분은 결코 수직적이거나 위계적인 계급이나 신분이 전혀 아니다. 목회자라고 하더라도 모두가 기본적으로 성도이고 하나님의 백성이며 단지 각자에게 맡겨진 직분과 직문에서 구별되기 때문이다.

이런 점에서 하나님의 백성과 성도로서 교회의 사람은 모두 동등하고 평등하고 수평적인 관계에 있다. 직분과 직무는 이러한 관계 위에서 각자 겸손하게 섬기는 것이지 그것이 계급이나 신분을 나타내는 것은 결코 아니다.

그리고 교회의 일치성과 하나 됨은 교회의 예배, 구조, 조직, 제도 등에서뿐만 아니라 교회의 일반적인 삶 전반에 온전히 반영되어야 한다. 사도행전 2장에서 오순절 성령강림을 통해 교회가 형성되었는데 여기에서는 교회의 일치성과 하나 됨이 잘 드러나 있다.

> ⁴³ 사람마다 두려워하는데 사도들로 말미암아 기사와 표적이 많이 나타나니 ⁴⁴ 믿는 사람이 다 함께 있어 모든 물건을 서로 통용하고 ⁴⁵ 또 재산과 소유를 팔아 각 사람의 필요를 따라 나눠 주며 ⁴⁶ 날마다 마음을 같이하여 성전에 모이기를 힘쓰고 집에서 떡을 떼며 기쁨과 순전한 마음으로 음식을 먹고 ⁴⁷ 하나님을 찬미하며 또 온 백성에게 칭송을 받으니 주께서 구원 받는 사람을 날마다 더하게 하시니라(행 2:43-47).

이러한 초대 교회의 모습 안에 삼위일체 하나님의 코무니오/교제가 반영되어 있다. 44절의 "모든 물건을 서로 통용하고"는 헬라어로 하판타 코이나(ἄπαντα κοινα, hapanta koina)인데 여기에서 하판타(ἄπαντα)는 형용사 하파스(ἄπας, hapas)의 중성 복수 형태로서 '모든'이라는 의미이다. 형용사 하파스(ἄπας, hapas)는 형용사 파스(πᾶς, πασ)의 강조 형태이다. 그리고 코이나(koina)는 형용사 코이노스(κοινός, koinos, common)의 중성 복수 형태로서 '공통적인 것들'을 의미한다. 교회로서의 사람들이 모든 공통적인 것을 함께 가지기에 서로 통용하는 코이노니아(κοινωνία, koinonia)의 모습이다. 즉, 코무니오(commmnio)/교제의 모습이다.

이러한 교회로서의 사람들은 자신의 소유를 팔아 함께 나누고, 한마음으로 성전에 함께 모이기를 힘쓰고, 또한 집에서 모여 떡을 떼고, 기쁘고 순전한 마음으로 식사하며 하나님을 찬미했다. 이렇게 함으로써 하나 됨의 모습을 드러내어 보여 주었고 주위의 모든 백성에게 칭송을 받았으며 이를 통해 구원받는 사람이 날마다 늘어났다.

이런 점에서 교회로서의 사람들에게는 하나 되는 일치의 모습이 매우 중요하다. 교회의 일치성은 교회로서의 사람들이 삼위일체 하나님의 모습을 닮아가는 모습일 뿐만 아니라, 또한 교회 밖의 사람들로부터는 칭송을 받는 모습이 되어 이를 통해 구원받는 자들이 늘어나도록 하기 때문이다.

이처럼 교회의 일치성 또는 하나 됨은 매우 중요하다. '하나의 교회(one church)'는 삼위일체 하나님의 코무니오/교제에 참여할 뿐만 아니라 또한 그것을 드러내고 반영하기 때문이며, 또한 그것이 교회의 모든 모습을 통해 표현되기 때문이다. 이런 점에서 '하나의 교회(one church)'가 여러 분파로 나누어지고 분열되는 것은 교회다움을 상실해 가는 것이다.

물론, 시간이 지나면서 교회가 성장하고 확장되어 가는 중에 교회로서의 사람들 사이에 긴장과 갈등과 충돌과 심지어 분열이 있을 수 있다. 그럴 때마다 교회로서의 사람들이 교회의 일치성과 하나 됨을 재확인하면서 교회의 모습이 수직적이거나 위계적이거나 차별적이거나 배타적인 것은 없는지를 살피며, 삼위일체 하나님의 코무니오/교제를 교회의 삶에서 어떻게 더 잘 심화시키고 또한 어떻게 더 잘 반영할 수 있는지를 고민하며 해결책을 찾아야 한다. 특히, 교회의 조직구조(structure)가 수직적이거나 위계적이거나 차별적이거나 배타적인 것은 아닌지를 깊이 성찰해야 한다.

사도행전 6장 1-7절에 따르면 예루살렘교회 안에서도 긴장과 갈등이 있었다.

> 그 때에 제자가 더 많아졌는데 헬라파 유대인들이 자기의 과부들이 매일의 구제에 빠지므로 히브리파 사람을 원망하니(행 7:1).

특히, 교회의 구제 활동과 관련하여 헬라파 유대인들과 히브리파 유대인들 사이에 긴장과 갈등이 있었다. 힘들고 어렵게 사는 성도가 구제에서 빠지거나 배제되지 않고 제대로 도움을 받아야 공평한데 헬라파이냐 히브리파이냐에 따라, 즉 친소 관계에 따라 구제 활동이 왜곡되어 있었기 때문이다.

이러한 긴장과 갈등이 있을 때 열두 사도는 공평한 구제 활동이 되게 하려고 교회의 조직구조에 변화를 주었다. 자신들의 기득권을 유지하거나 더 많은 이권을 챙기기 위해서가 아니라 힘들고 어렵게 사는 성도를 공평하게 구제하도록 하기 위함이었다.

> ² 열두 사도가 모든 제자를 불러 이르되 우리가 하나님의 말씀을 제쳐 놓고 접대를 일삼는 것이 마땅하지 아니하니 ³ 형제들아 너희 가운데서 성령과 지혜가 충만하여 칭찬 받는 사람 일곱을 택하라 우리가 이 일을 그들에게 맡기고 ⁴ 우리는 오로지 기도하는 일과 말씀 사역에 힘쓰리라 하니(행 6:2-4).

열두 사도의 제안에 따라 일곱 집사를 선출하여 구제 활동을 담당하도록 했다. 그리고 열두 사도는 기도와 말씀 사역에 더 힘쓰고자 했다. 이렇게 할 때 모든 사람이 기뻐하고 좋아했다. 그 결과 교회의 긴장과 갈등이 더 커지지 않고 오히려 모든 이들이 기뻐하고 즐거워하고 하나가 되었으며, 이를 통해 하나님의 말씀이 더 많이 전파되고 구원받는 자들이 더욱 많아졌다.

> ⁵ 온 무리가 이 말을 기뻐하여 믿음과 성령이 충만한 사람 스데반과 또 빌립과 브로고로와 니가노르와 디몬과 바메나와 유대교에 입교했던 안디옥 사람 니골라를 택하여 ⁶ 사도들 앞에 세우니 사도들이 기도하고 그들에게 안수하니라 ⁷ 하나님의 말씀이 점점 왕성하여 예루살렘에 있는 제자의 수가 더 심히 많아지고 허다한 제사장의 무리도 이 도에 복종하니라(행 6:5-7).

그런데 고린도전서 1장에 따르면 고린도 교회의 분쟁이 심각했다. '하나의 교회(one church)'임에도 불구하고 교회의 사람들이 여러 분파로 나뉘어져 있었다.

> ¹¹ 내 형제들아 글로에의 집 편으로 너희에 대한 말이 내게 들리니 곧 너희 가운데 분쟁이 있다는 것이라 ¹² 내가 이것을 말하거니와 너희가 각각 이르되 나는 바울에게, 나는 아볼로에게, 나는 게바에게, 나는 그리스도에 속한 자라 한다는 것이니(고전 1:11-12).

고린도 교회가 바울파, 아볼로파, 게바파, 그리스도파로 나뉘어 분쟁하고 있었다. 그래서 사도 바울은 고린도 교회의 사람들에게 분쟁이 없이 같은 마음과 같은 뜻으로 온전히 합하라고 권면했다.

> 형제들아 내가 우리 주 예수 그리스도의 이름으로 너희를 권하노니 모두가 같은 말을 하고 너희 가운데 분쟁이 없이 같은 마음과 같은 뜻으로 온전히 합하라 (고전 1:10).

교회의 일치성과 하나 됨은, 즉 '하나의 교회(one church)'는 단지 하나의 개교회/지역교회(個敎會/地域敎會, local church) 안에서만 적용되는 것이 아니다. 세계에 있는 모든 교회 사이에도 적용된다. 왜냐하면, 세계 있는 모든 교회가 전체로서 '하나의 교회(one church)'이기 때문이다.

초대 교회 시대에 예루살렘에서부터 교회가 형성되고, 성장하고, 확장되었다. 사마리아를 비롯하여 당시의 온 세계인 로마제국 내로 확산했다. 그러면서 하나의 개교회 또는 지역교회(local church)가 커가면서 지역 내의 여러 교회가 모여 교구(diocese)/대교구(archidiocese)와 총대교구(patriarchate)가 형성되었다. 초대 교회 당시에는 예루살렘, 안디옥, 알렉산드리아, 로마, 콘스탄티노플에 다섯 개의 총대교회가 형성되었다. 그렇지만 이들을 중심으로 여전히 '하나의 교회(one church)'이었다.

즉, 어느 지역에 있든지, 어느 교구/대교구에 있든지, 어느 총대교구에 있든지 모든 교회의 사람들은 하나님의 백성과 성도로서 하나 됨을 유지했다. 물론, 미시적으로 일부 지역에서는 교회로서의 사람들 사이에 긴장과 갈등과 충돌과 분쟁이 있었으며, 또한 그 결과로 분열이 일어나기도 했다. 그런데도 거시적으로 그리고 전체적으로는 '하나의 교회(one church)'를 이루고 있었다.

그런데 오랜 시간이 지나면서 긴장과 갈등과 충돌과 분쟁이 누적되고 심화하면서 결국 1054년에 교회의 역사에서 대분열(the Great Schism)이 일어났다. 예루살렘, 안디옥, 알렉산드리아, 콘스탄티노플을 중심으로 하는 동방정교회(Eastern Orthodox Church)와 로마를 중심으로 하는 서방교회, 즉 로마가톨릭교회(Western Roman Catholic Church)로 대분열이 일어났다. 더 나아가서 서방교회 안에서는 1517년 독일 마르틴 루터의 종교개혁(Reformation)을 계기로 로마가톨릭교회/천주교회(Roman Catholic Church)와 개신교회(Protestant Church)로 분열되었다.

또한, 개신교회 안에서는 루터교회, 개혁교회/장로교회, 침례교회, 성공회, 감리교회, 성결교회, 오순절교회 등으로 분열되었다. 또한, 각 교단 안에서도 여러 갈래로 계속 분열되었다. 한국 교회는 심한 분열로 몸살을 계속 앓고 있는데 하나의 장로교회가 수백 개의 교단으로 분열된 현실이다.

20세기에 들어오면서 1910년 에든버러 세계선교대회를 계기로 선교(Mission) 분야에서의 일치와 연합과 협력이 추구되었고, 이후 신앙과 직제(Faith and Order) 분야와 삶과 봉사(Life and Work) 분야에서도 연합과 협력이 추구되었다. 그래서 개신교회에서는 1948년 세계교회협의회(the World Council of Churches, WCC)가 설립되어 교회의 일치와 연합과 협력을 추구해 오고 있으며 주일학교(Sunday School) 분야에로까지 확대되었다.

그렇지만 여기에 참가하지 않는 많은 교회가 또한 존재한다. 용어상의 혼란스러운 점이 여전히 있지만, 전자를 에큐메니컬(ecumenical) 진영으로, 후자를 에반젤리컬/복음주의적(evangelical) 진영으로 구분하여 표현하기도 한다.

세계교회협의회의 교회 일치 추구에 영향을 받은 로마가톨릭교회/천주교회에서는 세계교회협의회에 제한적으로나마 참석도 하고 신앙과 직제(Faith and Order)에는 참여하기도 했다. 그리고 1962-1965년에 개최된 제2차 바티칸공의회(Vatican II)를 계기로 교회를 현대화하고 교회의 일치와 협력에 더 열린 태도를 보이게 되었다.

　이러한 변화 속에서 로마가톨릭교회는 동방정교회와 만나 1054년에 있었던 상호 파문을 철회했고, 루터교회와도 많은 대화와 논의를 거쳐 1999년에 '칭의/의화론에 관한 공동선언문(Joint Decalaration on the Doctrine of Justification, JDDJ)'을 선포하게 되었다. 이후 이 공동선언문에 감리교회와 개혁교회/장로교회가 추가로 서명했다.[3]

　교회의 일치성과 하나 됨은 오늘날 직면하는 많은 사회적인 문제를 해결할 수 있는 좋은 방향을 제시한다. 다문화 이주민이 많은 다문화 시대에, 여러 정치적 경제적 군사적 이유로 난민이 많이 생겨나는 난민 시대에, 특히 한국에서는 북한의 어려움으로 인해 북한이탈주민/탈북민이 한국으로 많이 들어오는 시대에 교회의 일치성은 더욱 포용적으로 열린 태도와 자세를 요구한다. 그렇지 않으면 배타적이며 차별적인 교회로 전락할 것이기 때문이다.

3　백충현, "『칭의론에 관한 공동선언문』(JDDJ)을 넘어서 - 칭의와 관련된 인간의 상태에 관한 쟁점 분석과 해결 모색", 「장신논단」 50권 2호(2018년 6월): 117-143.

3. 삼위일체 하나님의 증인으로 사는 삶 ②-거룩성

니케아-콘스탄티노플 신경/신조에서 교회의 고전적 표지 네 가지 중에서 두 번째인 거룩성(holiness)은 '거룩한 교회(holy church)'를 의미하는데 헬라어로 '하기아 에클레시아(ἀγία ἐκκλησία, hagia ekklesia)'이며 라틴어로 '상크타 에클레시아(sancta Ecclesia)'이다.[4] '거룩한 교회'는 삼위일체 하나님의 부르심을 받은 '하나님의 백성(God's people)'이며 '성도(聖徒, saints)'로서의 교회의 거룩함, 즉 교회로서의 사람들의 거룩함을 의미한다.

이러한 교회의 거룩성은 근원적으로 삼위일체 하나님의 거룩성에 근거한다. 즉, 성부 하나님, 성자 하나님, 성령 하나님으로 존재하시지만 하나 되어 일치를 이루시고 거룩하신 삼위일체 하나님의 거룩성에 근거한다. 예언자/선지자 이사야는 하나님의 부르심을 받을 때 보았던 비전(vision)에서 삼위일체 하나님의 거룩성을 보았다.

그는 각기 여섯 날개를 지닌 스랍들이 다음과 같이 말하는 것을 들었다.

> 서로 불러 이르되 거룩하다 거룩하다 거룩하다 만군의 여호와여 그의 영광이 온 땅에 충만하도다 하더라(사 6:3).

이것을 근거로 초대 교회에서부터 예배 때에 "거룩하시다 거룩하시다 거룩하시다(sanctus, sanctus, sanctus; 상투스, 상투스, 상투스)"라고 삼위일체 하나님의 거룩하심을 세 번 찬미하는 삼성창(三聖唱)이라는 찬송이 불리고 있다.

'거룩하다'로 번역된 형용사 '거룩한(holy)'은 히브리어로 '카도쉬(קָדוֹשׁ, qadosh)'인데 이 동일한 단어가 세 번 반복되었다. 이 단어는 '구별되다(be

---

4　https://www.earlychurchtexts.com/public/nicene_creed.htm.

set apart)'의 뜻을 지닌 히브리어 동사 '카다쉬(קָדַשׁ, qadash)'에서 나온 형용사로 '구별된(set apart), 성별 된(consecrated)'이라는 의미를 지닌다. 헬라어로 형용사 '거룩한(holy)'의 남성형은 '하기오스(ἅγιος, hagios)'이며 여성형은 '하기아(ἁγία hagia)'이고 중성형은 '하기온(ἅγιον, hagion)'이다. 그리고 라틴어로 형용사 '거룩한(holy)'의 남성형은 '상투스(sanctus)'이며 여성형은 '상크타(sancta)'이고 중성형은 '상크툼(sanctum)'이다.

삼위일체 하나님, 즉 성부 하나님, 성자 하나님, 성령 하나님은 모두 거룩하시다. 구약에서 하나님은 자신이 거룩함을 계속해서 말씀하신다.

> 44 나는 여호와 너희의 하나님이라 내가 거룩하니 너희도 몸을 구별하여 거룩하게 하고 땅에 기는 길짐승으로 말미암아 스스로 더럽히지 말라 45 나는 너희의 하나님이 되려고 너희를 애굽 땅에서 인도하여 낸 여호와라 내가 거룩하니 너희도 거룩할지어다(레 11:44-45).

> 1 여호와께서 모세에게 말씀하여 이르시되 2 너는 이스라엘 자손의 온 회중에게 말하여 이르라 너희는 거룩하라 이는 나 여호와 너희 하나님이 거룩함이니라(레 19:1-2).

성자 하나님 예수 그리스도는 요한복음 17장의 대제사장적 기도(Priestly Prayer)에서 성부 하나님을 "거룩하신 아버지(πάτερ ἅγιε, pater hagie/파테르 하기에, Holy Father)"로 부른다. 여기에서 '하기에(ἅγιε)'는 형용사 '거룩한(holy)'의 남성형인 '하기오스(ἅγιος, hagios)'의 호격(呼格) 형태이다.

> 나는 세상에 더 있지 아니하오나 그들은 세상에 있사옵고 나는 아버지께로 가옵나니 거룩하신 아버지여 내게 주신 아버지의 이름으로 그들을 보전하사 우리와 같이 그들도 하나가 되게 하옵소서(요 17:11).

또한, 성부 하나님이 거룩하신 아버지이시기에 예수 그리스도께서는 제자들에게 주신 기도문, 즉 주기도문(The Lord's Prayer)에서 "… 하늘에 계신 우리 아버지여 이름이 거룩히 여김을 받으시오며(Our Father in heaven, hallowed be your name, 마 6:9)라고 기도하도록 가르치신다. 여기에서 '거룩히 여김을 받으시오며'에 해당되는 헬라어 원문은 '하기아스쎄토(ἁγιασθήτω)'인데, 이 단어는 '거룩하게 하다(sanctify, hallow)'는 뜻을 지닌 원형동사 '하기아조(ἁγιάζω)'에서 파생된 것이다.

그리고 예수 그리스도는 자신을 성부 하나님이 거룩하게 하사 세상에 보내신 자로 이해하신다.

> 하물며 아버지께서 거룩하게 하사(hath sanctified) 세상에 보내신 자가 나는 하나님의 아들이라 하는 것으로 너희가 어찌 신성모독이라 하느냐(요 10:36).

여기에서 '거룩하게 하사'에 해당되는 헬라어 원문이 '헤기아센(ἡγίασεν)'인데, 이 단어 또한 '거룩하게 하다(sanctify, hallow)'는 뜻을 지닌 원형동사 '하기아조(ἁγιάζω)'에서 파생된 것이다. 베드로는 예수 그리스도에게 "우리가 주는 하나님의 거룩하신 자이신 줄(you are the Holy One of God) 믿고 알았사옵나이다"(요 6:69)라고 고백했다. 여기에서 '하나님의 거룩하신 자(the Holy One of God)'는 헬라어 원문으로 '호 하기오스 투 테우(ὁ ἅγιος τοῦ θεοῦ)'로서 '호 하기오스(ὁ ἅγιος)'는 '거룩한 자(the holy one)'를 의미한다.

성령 하나님의 경우에는 대개 '거룩한'이라는 형용사가 함께 붙어 있다. 문자적으로 '거룩한 영(靈)'이라는 뜻을 지니는 '성령(聖靈, the Holy Spirit)'은 히브리어로 '루아흐 카도쉬(רוּחַ קָדוֹשׁ, ruah qadosh)' 또는 '루아흐 하코데쉬(רוּחַ הַקֹּדֶשׁ, ruah haqodesh)'이다. 헬라어로는 형용사 '거룩한(holy)'의 중성 형태인 '하기온(ἅγιον, hagion)'이 사용되어 '토 프뉴마 토 하기온(τὸ πνεῦμα τὸ ἅγιον, to penuma to hagion)'이라고 표현한다. '성령(the Holy Spirit)'은 라틴어로는 남성형으로서 '스피리투스 상투스(*Spiritus Sanctus*)'로 표현된다.

삼위일체 하나님께서 거룩하시기에 하나님은 우리를 부르실 때 우리가 거룩하게 되기를 원하신다.

> 하나님이 우리를 부르심은 부정하게 하심이 아니요 거룩하게 하심이니(살전 4:7).

여기에서 '거룩하게 하심(sanctification)'은 헬라어로 '하기아스모스(ἁγιασμός)'인데 '거룩하게 하다'는 뜻을 지니는 동사 '하기아조(ἁγιάζω)'의 명사형이다.

'거룩하게 하심(sanctification)'은 신학적인 용어로 '성화(聖化)'라고 한다. '성화'는 삼위일체 하나님의 은혜로 죄의 '용서(容恕, forgiveness)'를 통해 거듭남/중생(重生, regeneration)을 경험함으로써 깨끗하고 순결하게 되는 정화/정결(淨化/淨潔, purification)을 경험한다. 그리고 예수 그리스도의 의(義)를 옷 입음으로써 의롭게 되는 칭의(稱義, justification)가 성화와 함께 일어난다. 칭의와 성화는 동전의 양면처럼 분리되지 않고 동시에 일어난다.[5]

여기에서 의(義)는 '디카이오쉬네(δικαιοσύνη, dikaiosyne)'로서 영어로는 라이처스니스(righteousness)와 저스티스(justice)를 모두 의미한다. 의로운(righteous/just) 자로 여겨지고 불리기에 칭의(稱義, justification)라고 표현한다. 이를 통해 성령 하나님의 빛(light)의 비추심을 더 환하게 받아 밝히 보게 되는 조명(照明, illumination)이 일어나며 이를 거쳐 마지막으로 영화로운 상태에 이르는 영화(榮化, glorification)로 나아간다. 이러한 과정에서 우리는 삼위일체 하나님과의 코이노니아/교제가 점점 더 확장되며 깊어진다.

삼위일체 하나님은 우리를 '거룩하게 하심', 즉 성화에로 부르신다. 그러기에 삼위일체 하나님은 앞에서 인용한 레위기의 구절에서 자신이 거

---

5 박성규, "개신교 구원관", 「신학과사상」 제91호 (2024년 겨울), 197-201.

룩하니 우리도 거룩하라고 말씀하신다.

> ⁴⁴ 나는 여호와 너희의 하나님이라 내가 거룩하니 너희도 몸을 구별하여 거룩하게 하고 땅에 기는 길짐승으로 말미암아 스스로 더럽히지 말라 ⁴⁵ 나는 너희의 하나님이 되려고 너희를 애굽 땅에서 인도하여 낸 여호와라 내가 거룩하니 너희도 거룩할지어(레 11:44-45).

> ¹ 여호와께서 모세에게 말씀하여 이르시되 ² 너는 이스라엘 자손의 온 회중에게 말하여 이르라 너희는 거룩하라 이는 나 여호와 너희 하나님이 거룩함이니라(레 19:1-2).

신약에서 사도 바울은 에베소 교회의 교인들에게 다음과 같이 권면한다.

> ²² 너희는 유혹의 욕심을 따라 썩어져 가는 구습을 따르는 옛 사람을 벗어 버리고 ²³ 오직 너희의 심령이 새롭게 되어 ²⁴ 하나님을 따라 의와 진리의 거룩함으로 지으심을 받은 새 사람을 입으라(엡 4:22-24).

옛사람/옛 자아(the old self)가 새 사람/새 자아(the new self)가 되려면 "의와 진리의 거룩함으로(in righteousness and true holiness〈KJV〉, in true righteousness and holiness〈NIV〉)" 새롭게 창조되어야 한다. 헬라어 원문은 '엔 디카이오쉬네 카이 호시오테티 테스 알레테이아스(ἐν δικαιοσύνῃ καὶ ὁσιότητι τῆς ἀληθείας)'로 되어 있는데 '의(義)와 진리의 거룩함/경건 안에서'라는 뜻이다. 여기에서 '거룩함'으로 번역된 헬라어 단어는 '호시오테스(ὁσιότης)'로서 하나님에 대한 마땅한 태도의 상태를 의미하는 것으로 경건(piety, devoutness) 또는 거룩함(holiness)을 의미한다.

삼위일체 하나님의 거룩성을 비전으로 보았던 이사야는 이 순간 자신의 부정함, 즉 죄인됨을 발견하며 다음과 같이 말했다.

> ⁵ 그 때에 내가 말하되 화로다 나여 망하게 되었도다 나는 입술이 부정한 사람이요 나는 입술이 부정한 백성 중에 거주하면서 만군의 여호와이신 왕을 뵈었음이로다 하였더라 ⁶ 이때 스랍 중의 하나가 부젓가락으로 제단에서 집은바 핀 숯을 손에 가지고 와서 이사야의 입술에 대면서 ⁷ … 보라 이것이 네 입에 닿았으니 네 악이 제하여졌고 네 죄가 사하여졌느니라(사 6:5-7).

즉, 하나님의 거룩성을 비전으로 보게 되면 우리 자신의 부정함이 드러나게 되고, 거룩하신 하나님을 만남으로써 우리 자신의 죄악이 제하여지고 사함을 받게 된다. 신약에서 베드로는 누가복음 5장(마 4장; 막 1장)에서 예수 그리스도를 만났을 때 예수님의 말씀을 따라 깊은 곳에 그물을 내려 많은 고기를 잡게 되는 놀라운 일을 경험하면서 다음과 같이 고백했다.

> 시몬 베드로가 이를 보고 예수의 무릎 아래에 엎드려 이르되 주여 나를 떠나소서 나는 죄인이로소이다 하니(눅 5:8).

이렇게 베드로는 예수 그리스도를 통해 기적과 같은 놀라운 일을 경험하는 가운데 예수 그리스도의 거룩성을 경험하였고 이와 동시에 자신의 죄인됨을 발견하고 고백했다.

그러기에 삼위일체 하나님의 거룩성은 하나님의 부르심을 받은 하나님의 백성과 성도인 교회로서 사람들의 죄악과 죄성을 드러낼 뿐만 아니라 그것들을 제거하고, 용서하시고 회복하셔서 구별되도록 한다. 죄의 발견과 용서를 통해 거듭남/중생, 정결/정화, 칭의, 성화, 영화의 과정을 통해 삼위일체 하나님 앞에서 의롭고 거룩하고 영화스러운 자로 변화되고 변혁되어 가며 이를 통해 삼위일체 하나님과 화목하고 화평한 관계를 회복하여 삼위일체 하나님과 깊은 코무니오/교제를 맺어갈 수 있도록 한다.

그런 다음에 삼위일체 하나님께서는 우리를 사용하시고자 보내신다. 삼위일체 하나님은 이사야를 사용하시고자 보내시고, 이에 대한 응답으로 이사야는 삼위일체 하나님의 미시오/보내심/파송에 순종한다.

> 내가 또 주의 목소리를 들으니 주께서 이르시되 내가 누구를 보내며 누가 우리를 위하여 갈꼬 하시니 그 때에 내가 이르되 내가 여기 있나이다 나를 보내소서 하였더니(사 6:8).

이렇게 삼위일체 하나님의 거룩성은 우리가 하나님의 보내심/파송에 온전히 순종하도록 변화시키고 변혁시키신다. 그러기에 삼위일체 하나님의 백성, 즉 성도로서의 교회는 거룩한 교회가 되고 거룩한 사람들이 되는 것에 관심을 기울여야 한다.

그러면 우리는 어떻게 거룩하게 될 수 있는가?

바로 진리를 통해서 거룩하게 될 수 있다. 성자 하나님 예수 그리스도는 대제사장적 기도(Priestly Prayer)에서 성부 하나님께 진리인 말씀으로 사람들을 거룩하게 하여달라고 기도하셨다.

> [16] 내가 세상에 속하지 아니함 같이 그들도 세상에 속하지 아니하였사옵나이다 [17] 그들을 진리로 거룩하게 하옵소서 아버지의 말씀은 진리니이다 [18] 아버지께서 나를 세상에 보내신 것같이 나도 그들을 세상에 보내었고 [19] 또 그들을 위하여 내가 나를 거룩하게 하오니 이는 그들도 진리로 거룩함을 얻게 하려 함이니이다(요 17:16-19).

여기에서 진리는 성부 하나님의 말씀으로서 성경에서 말씀 자체는 성자 하나님 예수 그리스도이시다. 성령 하나님께서는 진리인 이 말씀을 온전히 깨달을 수 있도록 도우신다. 이 진리는 우리를 자유롭게 한다.

> ³¹ 그러므로 예수께서 자기를 믿은 유대인들에게 이르시되 너희가 내 말에 거하면 참으로 내 제자가 되고 ³² 진리를 알지니 진리가 너희를 자유롭게 하리라
> (Then you will know the truth, and the truth will set you free〈NIV〉, 요 8:31-32).

여기에서 진리(眞理, truth)는 헬라어로 알레테이아(ἀλήθεια, *aletheia*)이다. 진리인 하나님 말씀, 즉 예수 그리스도께서 우리를 자유롭게 하시기에 사도 바울은 우리에게 다시는 종의 멍에를 메지 말라고 권면한다.

> 그리스도께서 우리를 자유롭게 하려고 자유를 주셨으니(It is for freedom that Christ has set us free) 그러므로 굳건하게 서서 다시는 종의 멍에를 메지 말라(갈 5:1).

그러므로 진리이신 하나님의 말씀으로 거룩해지는 거룩성은 자유성을 의미한다. 즉, 죄로부터 자유롭게 되는 자유(自由, freedom, liberty)를 의미한다. 그러나 이러한 자유는 자기 마음과 자기 뜻대로 무엇이든지 할 수 있다는 방종(放縱, license)이나 자유방임주의(自由放任主義, libertinism, laissez-faire)를 의미하지 않는다. 오히려 이러한 자유는 사랑을 위한 자유이며 사랑으로 서로 종노릇하는 자유이다.

사도 바울은 또한 다음과 같이 권면한다.

> 형제들아 너희가 자유를 위하여 부르심을 입었으나 그러나 그 자유로 육체의 기회를 삼지 말고 오직 사랑으로 서로 종 노릇 하라(You, my brothers and sisters, were called to be free. But do not use your freedom to indulge the flesh; rather, serve one another humbly in love〈NIV〉, 갈 5:13).

그러므로 여기에서 거룩성으로서의 구별됨과 자유로움은 세상과 상관이 없는 방종(license)이나 자유방임(libertinism, laissez-faire)이 아니며, 또한

세상과의 분리(separation)도 아니고 세상으로부터의 도피(escape)도 아니다. 거룩하게 된 다음에 세상으로 보내어지는 것이기에 거룩성은 세상과의 긴밀한 관계성을 유지한다. 예수 그리스도의 대제사장적 기도(Priestly Prayer)에서처럼 거룩성은 세상과는 구별되지만, 세상을 벗어나는 것이 아니라 세상 안으로 들어가는 것이며, 또한 세상 안으로 들어가되 세상에 속하지 않는 것이다.

그러기에 교회의 거룩성은 교회로서의 사람들에게서 드러나는 것이지만, 단지 이들 안에서만 아니라 오히려 이들을 통해 세상에서도 드러나게 된다. 특히, 세상에서는 교회의 거룩성을 통해 삼위일체 하나님의 거룩성이 정의와 공의로 드러난다.

> ¹⁶ 오직 만군의 여호와는 정의로우시므로 높임을 받으시며 거룩하신 하나님은 공의로우시므로 거룩하다 일컬음을 받으시리니 ¹⁷ 그 때에는 어린 양들이 자기 초장에 있는 것같이 풀을 먹을 것이요 유리하는 자들이 부자의 버려진 밭에서 먹으리라(사 5:16-17).

성경에서 공의(公義, righteousness)는 히브리어로 체데크 또는 츠다카(צֶדֶק/צְדָקָה, tsedeq/tsedaqah)이며 헬라어로는 '디카이오쉬네(δικαιοσύνη, dikaiosyne)'로서 '의(義)'로도 번역된다. 이것의 형용사는 '디카이오스(δίκαιος, dikaios)'로서 '의로운' 또는 '공의로운'을 의미한다. 공의는 하나님과의 관계를 우선적으로 가리키면서도 사람과의 관계와 자연, 즉 창조 세계와의 관계를 포함한다.

그리고 정의(正義, justice)는 히브리어로 미쉬파트(מִשְׁפָּט, mishpat)라고 하며 이는 재판에서의 바른 판단을 의미하며 공의가 그 기초가 된다. 이러한 공의와 정의가 온전히 실현되어 모든 관계가 바르고 온전한 상태에 이를 때 히브리어로 샬롬(שָׁלוֹם, shalom)이며 이것은 평화, 화평, 화해를 모두 의미한다.[6] 이런 점에서 교회의 거룩성을 통해 세상 속에서 삼위일체 하나님의 거룩성이 공의, 정의, 평화, 화해로 나타난다. 이것의 구체적인 모습은 많이 있으나 성경에서 대표적인 모습 중의 하나는 세상의 약자들과 함께하며 그들을 돌보고 그들과 동행하는 것이다.

> [4] 하나님께 노래하며 그의 이름을 찬양하라 하늘을 타고 광야에 행하시던 이를 위하여 대로를 수축하라 그의 이름은 여호와이시니 그의 앞에서 뛰놀지어다 [5] 그의 거룩한 처소에 계신 하나님은 고아의 아버지시며 과부의 재판장이시라(시 68:4-5).

이와 같은 맥락에서 야고보서는 경건에 관하여 정결하고 더러움이 없는 경건은 혼자만의 경건이 아니라 오히려 고아와 과부와 같은 이들을 돌보는 것이라고 말씀한다.

> 하나님 아버지 앞에서 정결하고 더러움이 없는 경건은 곧 고아와 과부를 그 환난중에 돌보고 또 자기를 지켜 세속에 물들지 아니하는 그것이니라(약 1:27).

4. 삼위일체 하나님의 증인으로 사는 삶 ③-보편성

니케아-콘스탄티노플 신경/신조에서 교회의 고전적 표지 네 가지 중에서 세 번째인 보편성(catholicity/universality)은 '보편적 교회(catholic/universal church)'를 의미한다. 한글번역 사도신경/신조(the Apostles' Creed)에서는 이것을 '공교회(公敎會)'로 번역한다. 헬라어로 '가톨리케 에클레시아(καθὸ

---

6 백충현, 『성경의 키워드로 풀어가는 신학세계』, 29.

λική ἐκκλησία, katholike ekklesia)'이며 라틴어로 '가톨리카 에클레시아(catholica Ecclesia)'이다.[7]

'보편적 교회'는 삼위일체 하나님의 부르심을 받은 '하나님의 백성(God's people)'이며 '성도(聖徒, saints)'로서의 교회가 보편적임을 뜻한다. 즉, 교회로서의 사람들이 온 세계와 관련되어 있음을 의미한다.

'보편적(catholic/universal)'에 해당되는 헬라어 형용사는 남성형이 카톨리코스(καθολικός), 여성형이 카톨릭케(καθολική), 중성형이 가톨리콘(καθολικόν)이다. 그리고 라틴어 형용사는 남성형이 가톨리쿠스(catholicus), 여성형이 가톨리카(catholica), 중성형이 가카톨리쿰(catholicum)이다. 헬라어로 가톨리코스(καθολικός)는 헬라어 전치사 가타(κατα)와 홀로스(ὅλος)라는 단어의 소유격 형태인 홀루(ὅλου)가 합쳐진 가톨루(καθόλου)에서 나온 것이다. 전치사 가타(κατά)는 '~을 따라(according to), ~에 걸쳐(throughout)' 등의 뜻을 지니고, 홀로스(ὅλος)는 형용사로서 '전체의(entire, whole, complete)'라는 뜻을 지니며 명사로서는 '존재하는 모든 것, 전체'라는 뜻을 지닌다.

그러므로 헬라어 가톨리코스(καθολικός), 라틴어 가톨리쿠스(catholicus), 영어 '가톨릭(catholic)'은 '전체를 따라서, 전체에 걸쳐서' 등의 의미를 지닌다. 영어로 '홀리스틱(holistic)' 또는 '유니버설(universal)'로도 번역되며 한글로는 '보편적(普遍的)', '통전적(統全的)' 등으로 번역된다. 이렇게 보면 보편성(普遍性)은 '통전성(統全性)'을 의미하며 온 세계와 온 세계의 존재하는 모든 것과 관련되어 있다는 의미이다.

이러한 교회의 보편성은 근원적으로 삼위일체 하나님의 보편성에 근거한다. 즉, 성부 하나님, 성자 하나님, 성령 하나님으로 존재하시지만 한 분 하나님으로서 일치를 이루시고 거룩하시며 온 세계를 창조하시는 분이시라는 점에 근거한다.

7　https://www.earlychurchtexts.com/public/nicene_creed.htm.

성경에서 온 세계는 만물(萬物) 또는 만유(萬有)로도 표현되는데 헬라어로 '판타(πάντα, panta)'이다. 이 단어는 '모든'을 의미하는 헬라어 단어 '파스(πᾶς)의 중성 복수 명사형이다. 라틴어로는 '옴니아(omnia)'이며 범(凡)으로도 번역된다. 또한, 피조물(被造物, creature), 창조 세계(創造世界), 자연(自然, nature) 등으로 표현된다.[8]

성부 하나님은 성자 하나님이신 말씀을 통해 성령 하나님 안에서 천지(天地), 즉 만물(萬物)과 만유(萬有)를 창조하시고 다스리신다.

> [1] 태초에 하나님이 천지를 창조하시니라 [2] 땅이 혼돈하고 공허하며 흑암이 깊음 위에 있고 하나님의 영은 수면 위에 운행하시니라 [3] 하나님이 이르시되 빛이 있으라 하시니 빛이 있었고 … (창 1:1-3).
>
> 천지와 만물이 다 이루어지니라(창 2:1).
>
> 만물이 그로 [말씀이신 예수 그리스도로] 말미암아 지은 바 되었으니 지은 것이 하나도 그가 없이는 된 것이 없느니라(요 1:3).
>
> 여호와께서 그의 보좌를 하늘에 세우시고 그의 왕권으로 만유를 다스리시도다 (시 103:19).

그리고 삼위일체 하나님은 온 세계 우주 만물을 이끌어 가시며 구원하시고 회복하시며 갱신하시며 완성하신다.

---

8 백충현, 『성경의 키워드로 풀어가는 신학세계』, 20-21.

²⁰ 또 주께서 너희를 위하여 예정하신 그리스도 곧 예수를 보내시리니 ²¹ 하나님이 영원 전부터 거룩한 선지자들의 입을 통하여 말씀하신바 만물을 회복하실 때까지는 하늘이 마땅히 그를 받아 두리라 (행 3:20-21).

"[성부 하나님께서] 만물을 회복하실 때까지는(until the time comes for God to restore everything 〈NIV〉, until the times of restitution of all things 〈KJV〉)"는 헬라어 원문으로 "아크리 크로논 아포카타스타세오스 판톤(ἄχρι χρόνων ἀπο καταστάσεως πάντων)"이다. 아포카타스타세오스(ἀποκαταστάσεως)는 회복(回復, restoration, restitution)을 뜻하는 아포카타스타시스(ἀποκατάστασις)의 소유격이다. 여기에서 "만물의 회복(restoration/restitution of everything/all things)"을 뜻하는 헬라어 '아포카타스타시스 판톤(ἀποκατάστασις πάντων)'이 나타난다.

그래서 헬라어 아포카타스타시스(ἀποκατάστασις, apokatastasis)는 삼위일체 하나님의 만물 회복 사상을 가리킨다. 이러한 점은 종말의 비전에 관하여 말하는 요한계시록에서도 나타난다. 새 하늘과 새 땅, 즉 새로운 창조가 있는 종말에 하나님께서 "보라 내가 만물을 새롭게 하노라(Behold, I make all things new 〈KJV〉, ἰδοὺ καινὰ ποιῶ πάντα, 계 21:5)"라고 말씀하신다. 종말에 하나님께서 만물을 새롭게 변화시키는 만물의 갱신(renewal of all things/everything)이 있을 것이다.

삼위일체 하나님이 만물 또는 만유와 관련을 맺으시기에 에베소서는 성부 하나님을 "만유의 아버지(Father of all)"로 표현한다.

> 하나님도 한 분이시니 곧 만유의 아버지시라 만유 위에 계시고 만유를 통일하시고 만유 가운데 계시도다(εἷς θεὸς καὶ πατὴρ πάντων, ὁ ἐπὶ πάντων καὶ διὰ πάντων καὶ ἐν πᾶσιν., one God and Father of all, who is over all and through all and in all 〈NIV〉, 엡 4:6).

그리고 사도행전에서 베드로는 고넬료의 집에서 설교하면서 예수 그리스도를 "만유의 주(Lord of all)"로 표현한다.

> ³⁴ 베드로가 입을 열어 말하되 내가 참으로 하나님은 사람의 외모를 보지 아니하시고 ³⁵ 각 나라 중 하나님을 경외하며 의를 행하는 사람은 다 받으시는 줄 깨달았도다 ³⁶ 만유의 주 되신 예수 그리스도로 말미암아 화평의 복음을 전하사 ⋯ (행 10:34-36).

헬라어 원문에 따르면 베드로가 "그는 (예수 그리스도는) 만유의 주(主)이시다(οὗτός ἐστιν πάντων κύριος, he is Lord of all)"라고 말했다. '만유(萬有)의 주(主)'는 헬라어로 '판톤 퀴리오스(πάντων κύριός, panton kyrios)'이다. 판톤(πάντων, panton)은 '판타(πάντα, panta)'의 소유격의 형태이다.

그리고 성령 하나님은 첫 창조에서 만물의 창조 시 활동하셨고, 요엘의 예언에서처럼 만민에게 부어지신다.

> ²⁸ 그 후에 내가 내 영을 만민에게 부어 주리니 너희 자녀들이 장래 일을 말할 것이며 너희 늙은이는 꿈을 꾸며 너희 젊은이는 이상을 볼 것이며 ²⁹ 그 때에 내가 또 내 영을 남종과 여종에게 부어 줄 것이며(욜 2:28-29).

이 예언은 사도행전 2장 17-18절에서 오순절 성령강림의 역사가 있던 날 베드로의 설교에서 인용된다. 그리고 사도행전 10장에서 베드로가 고넬료의 집에서 설교할 때 성령이 이방인들에게도 역사했다.

> ⁴⁴ 베드로가 이 말을 할 때에 성령이 말씀 듣는 모든 사람에게 내려오시니 ⁴⁵ 베드로와 함께 온 할례 받은 신자들이 이방인들에게도 성령 부어 주심으로 말미암아 놀라니 ⁴⁶ 이는 방언을 말하며 하나님 높임을 들음이러라(행 10:44-46).

삼위일체 하나님이 만물과 만민과 관련을 맺기에 로마서는 만물과 삼위일체 하나님과의 관계를 반영하여 다음과 같이 하나님을 찬송한다.

> 이는 만물이 주에게서 나오고 주로 말미암고 주에게로 돌아감이라 그에게 영광이 세세에 있을지어다 아멘(For from him [God] and through him [God] and for him [God] are all things. To him be the glory forever! Amen. 롬 11:36).

만물(τὰ πάντα)은 삼위일체 하나님과의 삼중적인 관계를 맺는다.

"만물은 주에게서 [하나님으로부터] 나오고(from him, ἐξ αὐτοῦ)."
"만물은 주로 말미암고 [하나님을 통해 있고](through him, δι' αὐτοῦ)."
"만물은 주에게로 돌아감이라 [하나님에게로/위하여 있다](into/for him, εἰς αὐτὸν)."

이처럼 삼위일체 하나님은 온 세계 우주 만물 전체와 관련을 맺으시는 분이시다. 그러기에 삼위일체 하나님의 보편성에 근거하는 교회의 보편성은 삼위일체 하나님의 백성과 성도인 교회로서의 사람들이 또한 온 세계 우주 만물 전체와 관련을 맺는다는 점을 의미한다. 여기에서 온 세계 우주 만물 전체에는 온 세계의 사람들이 포함되며, 또한 온 세계의 모든 생명을 포함한다. 그러기에 생태(生態) 전체를 포함하며 심지어 온 우주 전체를 포함한다.

이러한 교회의 보편성은 삼위일체 하나님의 부르심을 받은 교회로서의 사람들이 온 세계 어디에나 있을 수 있음을 의미한다. 이러한 교회의 보편성은 세계를 향해 열려 있는 개방적이고 포용적인 모습을 드러낸다. 그렇지 않다면 배타적이고 차별적인 모습이 된다.

따라서 교회가 특정 민족이나 특정 지역이나 특정 국가나 특정 도시나 특정 문화를 중심으로 모인다면 이것은 교회의 보편성에서 벗어나는 모습이라고 할 수 있으며, 참된 교회의 모습이라고 하기에는 문제점이 있다. 교회의 보편성에 따르면 다민족교회(multi-ethnic church)와 다문화교회(multi-cultural church)가 얼마든지 가능하다.

고대 시대에는 로마제국이 하나의 세계였는데 당시에 교회는 예루살렘에서부터 시작되었지만, 이후 안디옥, 알렉산드리아, 로마, 콘스탄티노플 등으로 확산했다. 그래서 고대 시대의 교회는 이와 같은 다섯 총대교구를 중심으로 존재하되 당시의 관점에서는 온 세계에 존재했다. 그래서 초대교회에서 보편적 교회(Catholic Church)라고 고백했다.

그러다가 로마를 중심으로 하는 서방교회와 그 외를 중심으로 하는 동방교회가 분열됨으로써 하나의 보편적 교회는 로마를 중심으로 하는 서방의 로마가톨릭교회(Roman Catholic Church)와 그 외의 동방정교회(Eastern Orthodox Church)가 되었다. 로마가톨릭교회는 이름이 가톨릭, 즉 보편적이고 세계적인 교회이지만 실제로는 로마를 중심으로 한다는 점에서 모순적인 의미를 담고 있다. 하나의 보편적인 교회라고 하는 것은 어느 특정 도시나 지역을 중심으로 하지 않는다는 점을 의미하기 때문이다.

중세 시대와 근대 시대를 거쳐오면서 유럽에서 교회가 크게 확장되었다. 유럽을 중심으로 하되 유럽 밖으로 영토 팽창과 식민지 개척이 일어나니 유럽이 세계의 중심이 되었다. 그러다 보니 교회가 유럽 안이든 밖이든 유럽 중심의 교회가 되었다. 이렇게 되어 하나의 보편적 교회라는 의미가 축소되고 퇴보하게 되었다.

그러다 현대 시대를 지나고 최근 시대인 오늘날에 들어오면서 유럽 이외의 지역들에서 교회가 왕성하게 세워지고 활동하기에 교회의 보편성 의미가 확장됐다. 이제는 교회라고 하면 어느 특정 대륙이나 특정 지역이나 특정 도시를 중심으로 하는 교회만이 아니라 온 세계를 아우르는 교회라는 의미를 지닌다. 그래서 앤드류 윌스(Andrew F. Walls)는 "세계기독교(World Christianity)"라는 표현을 제안하고 사용했다.[9]

이러한 교회의 보편성은 또한 잘 알려지지 않거나 드러나지 않은 곳에도 교회가 있을 수 있으며 그러한 교회들도 모두 하나의 보편적 교회에 포함된다는 점을 의미한다. 핍박과 순교의 상황에 처해 있는 가정교회와 지하교회도 모두 하나의 보편적 교회에 포함된다는 점을 의미한다.

또한, 이러한 교회의 보편성은 삼위일체 하나님의 부르심을 받은 교회로서의 사람들이 세계 어디에 존재하더라도 온 세계 우주 만물 전체와 관련을 맺는다는 점을 의미한다. 세계 어느 특정한 곳에 존재하는 교회를 개교회/지역교회(個敎會/地域敎會, local church)라고 한다. 개교회라고 하더라도 그 교회는 교회의 보편성(catholicity/universality)을 지닌다.

그러므로 개교회는 크든 작든, 건물이 있든 없든, 사람이 많든 적든, 대형교회이든 개척교회이든, 상가교회이든 지하교회이든 모두 교회의 보편성을 지닌다. 왜냐하면, 어떠한 개교회라고 하더라도 삼위일체 하나님을 믿고 고백하고 찬송하고 예배하고 또한 그러한 삶을 살아가도록 기대되기 때문이다.

더 나아가서 교회의 보편성은 교회로서의 사람들이 자신의 삶에서 삶의 모든 영역과 분야와 관련을 맺는다는 점을 의미한다. 교회로서의 사람들은 정치, 경제, 사회, 문화, 예술, 학문 등 모든 영역과 분야와 관련을 맺는다. 교회를 중심으로 삶을 사는 것은 바람직하지만, 그렇다고 교회 안에만 머무르는 것은 교회의 보편성이라는 본질에서 벗어나는 것이다. 교회로서의 사람들은 교회라는 모임, 공간, 건물 안에서뿐만 아니라 그 밖에서 그리고 그 너머 삶의 모든 영역에서 삼위일체 하나님의 부르심을 받은 하나님의 백성과 성도로서 살아가도록 기대되기 때문이다.

---

9 앤드류 윌스 지음, 방연상 옮김, 『세계 기독교와 선교 운동』(서울: IVP, 2018).

더 나아가서 교회의 보편성은 교회로서의 사람들이 자신의 삶에서 삼위일체 하나님께서 창조하시고 다스리시고 완성해 가시는 온 세계 우주 만물 전체와 관련하여 활동하며 살아가도록 기대된다. 특히, 환경파괴, 생태위기, 기후위기 등의 위기의 시대에 교회는 모든 생명을 돌보며 생태 전체를 회복하도록 관심을 가지고 힘쓰도록 기대된다.

5. 삼위일체 하나님의 증인으로 사는 삶 ④-사도성

니케아-콘스탄티노플 신경/신조에서 교회의 고전적 표지 네 가지 중에서 네 번째인 사도성(apostolicity)은 '사도적 교회(apostolic church)'를 의미하는데 헬라어로 '아포스톨리케 에클레시아(ἀποστολική ἐκκλησία, *apostolike ekklesia*)'이며 라틴어로 '아포스톨리카 에클레시아(*apostolica Ecclesia*)'이다.[10] '사도적 교회'는 삼위일체 하나님의 부르심을 받은 '하나님의 백성(God's people)'이며 '성도(聖徒, saints)'로서의 교회 사도, 즉 교회로서의 사람들이 사도로서 삼위일체 하나님의 보내심/파송을 받은 자들임을 의미한다.

'사도적(使徒的, apostolic)'이라는 형용사는 헬라어로 사도(使徒, apostle)를 뜻하는 명사 '아포스톨로스(ἀπόστολος, *apostolos*)'에서 나왔다. 형용사의 남성형은 아포스톨리코스(ἀποστολικός)이고 여성형은 아포스톨리케(ἀποστολική)이며 중성형은 아포스톨리콘(ἀποστολικόν)이다. 사도(使徒, apostle)를 뜻하는 '아포스톨로스(ἀπόστολος, *apostolos*)'는 '보내다/파송하다(send, dispatch)'는 뜻을 지닌 동사 아포스텔로(ἀποστέλλω, *apostello*)의 명사형으로 '보냄/파송을 받은 자'라는 의미를 지닌다. 라틴어로 사도(使徒, apostle)는 아포스톨루스(*apostolus*)인데 헬라어 '아포스톨로스(ἀπόστολος, *apostolos*)'를 그대로 음역

---

10 https://www.earlychurchtexts.com/public/nicene_creed.htm.

한 것이며 여기로부터 영어 어파슬(apostle)이 나왔다.

성자 하나님 예수 그리스도는 열두 제자들을 부르시고 이들을 '사도'라고 칭하셨다.

> 밝으매 그 제자들을 부르사 그 중에서 열둘을 택하여 사도라 칭하셨으니(눅 6:13. 참고. 마 10:1-2; 막 3:13-14).

그리고 예수 그리스도는 이들을 하나님 나라를 전파하도록 보내시고 파송하셨다.

> 두 제자를 부르사 둘씩 둘씩 보내시며 더러운 귀신을 제어하는 권능을 주시고 (막 6:7).

여기에서 '보내시며'에 사용된 라틴어 동사가 부정사 형태의 미테레(*mittere*)인데 이 동사의 원형이 미토(*mitto*)이고 이것의 문자적인 뜻은 '보내다/파송하다(send, dispatch)'이다. 마태복음과 누가복음에서는 '내보내시다'로 번역되어 있지만, 라틴어로는 동일하게 미토(*mitto*)라는 동사가 사용되었다.

> 예수께서 이 열둘을 내보내시며 … (마 10:5).

> [1] 예수께서 열두 제자를 불러 모으사 모든 귀신을 제어하며 병을 고치는 능력과 권위를 주시고 [2] 하나님의 나라를 전파하며 앓는 자를 고치게 하려고 내보내시며(눅 9:1-2).

라틴어 동사 미토(*mitto*)에서 나온 명사가 미시오(*missio*)인데 이것의 영어가 미션(mission)이다. 이 단어가 한글로는 통상 선교(宣敎, mission)로 번역되어 '해외선교'에서처럼 '기독교 복음을 널리 선포하고 알림'의 의미로 사용되고 있다. 하지만, 라틴어 미시오(*missio*)와 영어 미션(mission)의 일차적인 문자적인 뜻은 '보냄/파송(派送, sending)' 또는 '보냄/파송을 받음(being sent)'이다.

이런 의미에서 '사도적 교회(apostolic church)', 즉 교회의 사도성(使徒性, apostolicity)은 교회의 선교성(宣敎性, missionality)을 의미하되, 더 근원적인 의미로 교회의 '파송성(派送性)', 즉 교회의 보냄/파송 받음을 의미한다. 다시 말해, '사도적 교회(apostolic church)'는 '선교적 교회(missional church)'이며 보냄/파송을 받은 '파송적 교회(sent church)'이다.

그러므로 교회의 사도성은 삼위일체 하나님의 부르심을 받은 '하나님의 백성(God's people)'이며 '성도(聖徒, saints)'로서의 교회 사람들이 또한 삼위일체 하나님의 보냄을 받고 파송을 받은 존재라는 점을 의미한다.

이러한 교회의 사도성/선교성/파송성은 근원적으로 삼위일체 하나님의 미시오(*missio*), 즉 보냄/파송(sending)에 근거한다. 즉, 성부 하나님, 성자 하나님, 성령 하나님으로 존재하시지만, 하나 되어 일치를 이루시고 거룩하시며 온 세계를 창조하시며 이끌어 가시는 삼위일체 하나님의 미시오/보내심/파송에 근거한다. 삼위일체 하나님은 먼저 하나님 자신을 보내시고 파송하시며 그리고 삼위일체 하나님께서 부르신 자들을 또한 보내신다. 이를 '삼위일체 하나님의 선교(*missio Trinitatis*, the mission of the Triune God)'라고 할 수 있다.

20세기 중후반 이후로 '하나님의 선교(the mission of God)'를 의미하는 '미시오 데이(*missio Dei*)' 개념과 사상이 많이 논의되어 왔다. 에큐메니컬 진영에서 먼저 시작되었고 더 많은 논의가 있었지만, 최근에는 에반젤리컬 진영에서도 이것에 관해 논의해 오고 있다. 그런데 이것은 더 크게 보면 '삼위일체 하나님의 선교에 포함된다.[11] 성부 하나님, 성자 하나님, 성령 하나님은 서로를 보내시고 파송하시며 또한 우리를 부르시고 보내시고 파송하신다.

성부 하나님은 세상을 사랑하시고 세상을 구원하시고자 성자 하나님을 보내신다.

> [16] 하나님이 세상을 이처럼 사랑하사 독생자를 주셨으니 이는 그를 믿는 자마다 멸망하지 않고 영생을 얻게 하려 하심이라 [17] 하나님이 그 아들을 세상에 보내신 것은 세상을 심판하려 하심이 아니요 그로 말미암아 세상이 구원을 받게 하려 하심이라(요 3:16-17).

'"하나님이 그 아들을 세상에 보내신 것"이 라틴어로 '미시트 데우스 필리움 수움 인 문둠(misit Deus Filium suum in mundum)'인데 여기에서 '보내신(misit)'에 동사 미토(mitto)가 사용되었다. 헬라어로는 '보내신(ἀπέστειλεν)'에 동사 아포스텔로(ἀποστέλλω)가 사용되었다.

그리고 성부 하나님은 우리가 하나님을 친밀하게 '아빠 아버지'라 부를 수 있도록 우리에게 성령을 보내신다.

---

11 백충현, "'미시오 데이(missio Dei)' 개념에 대한 비판적 분석: 삼위일체적 이해를 위한 제언", 「미션네트워크」 9집 (2021년12월): 67-90. 이 논문은 다음의 책에 실려 있다. 백충현, 『삼위일체신학의 핵심과 확장 II-인간·복음·세계·선교·평화·과학』(서울: 장로회신학대학교출판부, 2024), 95-112. 그리고 본래 이 논문은 다음과 같이 해외에서 먼저 출판되었다. Chung-Hyun Baik, "A Critical Analysis of the Concept of *Missio Dei*: Suggestions for a Trinitarian Understanding", *Neue Zeitschrift für Systematische Theologie und Religionsphilosophie* Volume 63 Issue 3 (September 2021): 329-340.

> 너희가 아들이므로 하나님이 그 아들의 영을 [성령을] 우리 마음 가운데 보내사 아빠 아버지라 부르게 하셨느니라(갈 4:6).

여기에서 "하나님이 그 아들의 영을 [성령을] … 보내사"가 라틴어로 '미시트 데우스 스피리툼 필리이 수이 … (misit Deus Spiritum Filii sui …)'인데 '보내사(misit)'에 라틴어 동사 미토(mitto)가 사용되었다. 헬라어로는 '보내신(ἐξαπέστειλεν)'에 동사 엑사포스텔로(ἐξαποστέλλω)가 사용되었는데 이 단어는 '으로부터'라는 의미를 지닌 전치사 에크(ἐξ)와 아포스텔로(ἀποστέλλω)가 합성되어 '밖으로 보내다(send out/off/away)' 등의 의미를 지닌다.

그리고 성부 하나님은 세상이 성자 하나님을 온전히 발견하고 깨달아 갈 수 있도록 성령 하나님을 보내신다.

> 보혜사 곧 아버지께서 내 이름으로 보내실 성령 그가 너희에게 모든 것을 가르치고 내가 너희에게 말한 모든 것을 생각나게 하리라(요 14:26).

여기에서 "보내실(mittet)"에 라틴어 동사 미토(mitto)가 사용되었다. 헬라어로는 "보내실(πέμψει)"에 동사 '펨포(πέμπω, pempo)'가 사용되었는데 이 단어는 동사 아포스텔로(ἀποστέλλω.와 같이 '보내다/파송하다(send/dispatch)' 라는 뜻을 지닌다. 그리고 이들 헬라어 두 동사는 모두 라틴어 동사 미토(mitto)로 번역된다.

삼위일체 하나님은 더 나아가서 사람들을 부르시고 보내시며 파송하신다. 구약에서 하나님은 아브라함, 모세, 이사야, 예레미야 등을 부리시고 보내셨다. 그리고 신약에서 예수 그리스도는 사도들을 부르시고 보내셨다. 또한, 성령 하나님도 사도들을 보내셔서 하나님의 말씀을 전하도록 하셨다. 안디옥교회가 바울과 바나바를 세워 보낼 때 "… 두 사람이 성령의 보내심을 받아(The two of them, sent on their way by the Holy Spirit) …" 하나님의 말씀을 전하였다(행 13:1-5).

삼위일체 하나님께서 교회의 사람들을 보내시되 '모든 민족'에게로 그리고 '모든 곳으로' 가도록 보내신다. 성자 하나님 예수 그리스도는 지상명령(至上命令)인 대위임령(大委任令, The Great Commission)을 통해 우리를 보내시되 '모든 민족'에게로 가라고 말씀하시며 보내신다.

> [18] 예수께서 나아와 말씀하여 이르시되 하늘과 땅의 모든 권세를 내게 주셨으니 [19] 그러므로 너희는 가서 모든 민족을 제자로 삼아 아버지와 아들과 성령의 이름으로 세례를 베풀고 [20] 내가 너희에게 분부한 모든 것을 가르쳐 지키게 하라 볼지어다 내가 세상 끝날까지 너희와 항상 함께 있으리라 하시니라(마 28:18-20).

이렇게 교회는 '모든 민족'에게로 보냄을 받은 사도이다. 즉, 교회는 모든 민족을 위한 존재이다.

또한, 성자 하나님 예수 그리스도는 부활 후 승천하시기 직전에 사도들에게 성령 하나님께서 임하여 권능을 주시면 예루살렘과 온 유대와 사마리아와 땅끝까지 가라고 말씀하시며 보내신다.

> 오직 성령이 너희에게 임하시면 너희가 권능을 받고 예루살렘과 온 유대와 사마리아와 땅끝까지 이르러 내 증인이 되리라 하시니라(행 1:8).

이렇게 교회는 '모든 곳'으로 보냄을 받은 사도이다. 즉, 교회는 모든 곳을 위한 존재이다. 여기에서 모든 곳은 단지 먼 곳만이 아니라 가까운 곳을 또한 포함한다. 가깝든지 멀든지 발걸음이 닿는 어느 곳이든지 모두 포함한다.

그러기에 삼위일체 하나님께서는 교회의 역사에서 모든 하나님의 백성과 성도로서의 교회 사람들을 '모든 민족'과 '모든 곳'으로 보내신다. 국내

이든 해외이든 각자의 자리와 분야와 영역으로 보내신다. 모든 민족에게로 간다는 것은 나의 민족을 포함하여 다른 민족들을 아우르는 개념이다. 그러기에 해외 선교만이 아니라 국내 선교를 함께 포함하며 국내에서도 다문화 선교를 포함하는 개념이다.

그리고 모든 그곳에 간다는 것은 단지 저 멀리 땅끝으로만 가라는 것이 아니다. 모든 장소는 내가 살아가고 있는 곳을 포함하여 그 너머 다른 곳들을 모두 포함하는 개념이다. 그러기에 해외 선교만이 아니라 국내 선교를 함께 포함하며 또한 국내의 모든 분야와 영역도 포함한다. 즉, 내가 속한 가정, 학교, 직장, 마을, 회사, 단체와 같은 분야만이 아니라, 정치, 경제, 사회, 문화, 예술, 학문 등 모든 영역을 포함한다.

그런데 이러한 교회의 사도성/선교성/파송성에서 가장 중요한 점은 단지 안수를 통한 물리적 연속성이 아니라 사도로서 보냄/파송을 받아 가서 전하고 행하는 내용적 연속성이다. 그러기에 사도적 연속성(apostolic succession)의 핵심은 바로 내용적인 것으로 사도들이 전하고 행한 예수 그리스도의 복음, 즉 삼위일체 하나님 나라의 복음이다.

삼위일체 하나님 나라의 복음을 전하고 행하는 것은 복음을 입으로 선포하는 것만이 아니라 복음을 삶으로 살아내는 것, 즉 하나님 나라의 삶을 모든 분야와 영역에서 살아내며 구현해 내는 것이다. 이런 점에서 교회의 사도성/선교성/파송성은 삼위일체 하나님의 백성과 성도로서의 교회 사람들의 삶의 총체적인 모습과 관련되어 있다.

제6장
결론

- 교회의 오늘날 의미와 그 실천적인 삶 -

본서의 서론에서 논의하였듯이 삼위일체중심주의는 신중심주의, 그리스도중심주의, 성령중심주의 각각의 강점을 모아서 최대화하고 또한 각각의 약점을 제거하거나 최소화하고자 한다. 그리고 삼위일체중심주의의 틀에서 이루어지는 삼위일체중심주의 교회론도 마찬가지이다.

이러한 접근하에서 삼위일체중심주의와 삼위일체중심주의 교회론의 기본적인 방향은 다음과 같다.

첫째, 기독교의 정체성을 분명히 하면서도 삼위일체 하나님과 창조 세계와 우주 만물 전체와의 관계를 잘 정립한다.
둘째, 예수 그리스도에 대한 강한 신앙과 뜨거운 열정으로 교회중심적인 삶을 살면서도 개인 구원 또는 교회중심주의로 한정되지 않는다.
셋째, 교회의 공공성과 공동선을 지향하면서 사회와 세계 속에서 그리고 우주 만물 안에서의 삶을 추구한다.

이러한 방향을 추구하는 삼위일체중심주의 교회론은 성경에서 교회라는 단어에 사용된 헬라어 '에클레시아(ἐκκλησία, ecclesia)'와 히브리어 '카할(קָהָל)'과 '에다(עֵדָה)'의 근본적이며 핵심적인 의미에 주목하여 다음과 같이 네 가지를 중점적으로 강조한다.

첫째, 에클레시아 교회의 정체성이 삼위일체 하나님의 백성과 성도임을 강조한다.

둘째, 에클레시아 교회의 적실성이 세상/만물/우주와의 진정한 관계에 있음을 강조한다.

셋째, 에클레시아 교회의 비전으로서 삼위일체 하나님의 형상 회복과 삼위일체 하나님의 나라 구현을 강조한다.

넷째, 에클레시아 교회의 삶이 삼위일체 하나님의 증인으로 살아가는 삶이며 이것의 네 표지가 일치성, 거룩성, 보편성, 사도성임을 강조한다.

위에서 제시한 바와 같이 삼위일체중심주의 교회론의 기본적인 방향과 중점적인 특징들을 고려한다면 교회의 오늘날 의미가 더욱 선명하게 드러날 것이다.

첫째, 교회의 정체성은 삼위일체 하나님의 부르심을 받은 '하나님의 백성(God's people)'이며 '성도(聖徒, saints)'이다. 이렇게 교회의 핵심은 사람들을 가리킨다. 교회는 무엇(what)에 해당하는 어떤 대상이나 물건이 아니라 교회는 누구(who)에 해당하는 사람들을 가리킨다. 그러기에 교회의 정체성 또는 본질이나 본체/실체는 어떤 기구, 조직, 제도 등이 아니며 또한 소유나 재산이 아니다. 이런 점에서 하나님의 백성인 성도의 교제는 더 근원적으로 삼위일체 하나님의 교제에 참여한다.

둘째, 교회의 적실성은 삼위일체 하나님의 부르심을 받은 '하나님의 백성(God's people)'이며 '성도(聖徒, saints)'로서의 사람들이 또한 삼위일체 하나님의 선교, 즉 미시오/보내심/파송에 참여하는 것에 근거한다. 하나님의 백성과 성도로서의 교회는 외딴섬에서 사는 것이 아니라 삼위일체 하나님께서 창조하신 세계 안에서 살아간다는 점에 있다. 그러기에 교회는 세계와 어떤 식으로든 관계(relation)를 맺으며 존재하는 적실성(relevance)을 지닌다.

삼위일체 하나님의 선교에 따라 교회와 세계는 긴밀한 관계를 맺는다. 삼위일체 하나님께서 교회를 파송하시고 보내시지만, 세계/만물/우주 한가운데로 보내시기 때문이다. 교회는 세상 한가운데에 존재하고 있음을 분명하게 의식하고 인지하고 깨달을 때 세계와 맺는 적실성이 온전히 구현되고 발휘될 수 있다.

셋째, 교회의 비전이란 앞으로 이루어질 교회의 바람직한 이상으로서 삼위일체 하나님의 백성과 성도로서의 사람들이 앞으로 어떤 모습으로 존재하고 살아야 하는지에 관한 바람직하고 이상적인 모습을 가리킨다. 삼위일체 하나님의 부르심을 받은 하나님의 백성이며 성도로서의 사람들은 세계/만물/우주 한가운데에서 진정한 관계를 맺는 적실성(relevance) 하에서 삼위일체 하나님의 비전, 즉 삼위일체 하나님의 형상이 회복되는 것과 삼위일체 하나님의 나라 구현이 이루어지는 것을 바라보며 살아간다.

넷째, 교회의 삶은 삼위일체 하나님의 형상을 온전히 회복해 가고 또한 자연/세계/만물/우주 한가운데에서 삼위일체 하나님의 나라를 구현이 이루어지는 것을 바라보면서 그 비전에 따라 삼위일체 하나님을 증언하는 증인으로 사는 삶을 사는 것이다.

이 증언은 '코무니오/교제'와 '미시오/보내심'이라는 두 초점을 중심으로 움직이며 전자는 교회 내적인 방향으로, 후자는 교회 외적인 방향으로 나아간다. 이 두 가지는 동시에 이루어진다. 그리고 이 증언은 교회의 네 가지 고전적 표지인 일치성(unity), 거룩성(holiness), 보편성(catholicity/universality), 사도성(apostolicity)에 따라 표현되고 드러난다. 이 표지들은 교회로서의 사람들이 하나 되고 거룩하며 보편적이며 사도적임을 의미한다.

참고문헌

고재길. 『본회퍼, 한국 교회에 말하다』. 서울: 케노시스, 2012.

구더, 대럴 엮음. 정승현 옮김. 『선교적 교회-북미 교회의 파송을 위한 비전』. 인천: 주안대학원대학교출판부, 2013.

김도훈. "이머징 교회의 교회론에 대한 연구", 「장신논단」 36권 (2009): 9-40.

김명용. 『온신학의 세계』. 서울: 장로회신학대학교출판부, 2016.

김영관. "칼 바르트의 교회론-성장하는 기독교공동체로서의 교회개념을 중심으로", 「한국기독교신학논총」 99권 (2016): 29-56.

김용복. "코이노니아로서의 교회-한국 기독교적 시각", 「한국기독교신학논총」 10권 (1993): 13-27.

김형국. 『누가복음과 하나님 나라』. 서울: 성서유니온, 2021.

_____. 『교회를 꿈꾼다』. 서울: 포이에마, 2012.

_____. 『제자훈련, 기독교의 생존방식-하나님 나라 복음의 제자도 신학』. 서울: 비아토르, 2017.

남재현. "의사소통 공동체로서의 교회-코이노니아로서의 교회 이해를 위한 하나의 시론", 「한국기독교신학논총」 10권 (1993): 245-265.

노부오, 와타나베 지음. 김산덕 옮김. 『칼빈의 교회론』. 서울: 칼빈아카데미, 2010.

뉴비긴, 레슬리 지음. 홍병룡 옮김. 『교회란 무엇인가?』. 서울: 한국기독학생회출판부, 2010.

대한예수교장로회(예장통합) 총회. 『헌법(개정3판)』. 서울: 한국장로교출판사, 2023.

덜레스, 애버리 지음. 김기철 옮김. 『교회의 모델』. 서울: 조명문화사, 2003.

라이트, 크리스토퍼 지음. 한화룡 옮김. 『하나님 백성의 선교』. 서울: IVP, 2012.

_____. 정옥배·한화룡 옮김. 『하나님의 선교』. 서울: IVP, 2010.

램프레히트, 스털링 P. 지음. 김태길·윤명로·최명관 옮김. 『서양철학사』. 서울: 을유문화사, 1991.

레비나스, 에마뉘엘 지음. 문성원 옮김. 『전체성과 무한-외재성에 대한 에세이』. 서울: 그린비, 2018.

_____. 문성원 옮김. 『타자성과 초월』. 서울: 그린비, 2020.

_____. 문성원 옮김. 『존재와 달리 또는 존재성을 넘어』. 서울: 그린비, 2021.

로호만, 얀 밀리치 지음. 김원배·정미현 편역. 『살아있는 유산』. 서울: 한국기독교장로회 신학연구소, 1997.

루터교세계연맹-로마교황청그리스도인일치촉진평의회 지음. 한국그리스도교신앙과직제위원회 옮김. 『갈등에서 사귐으로(*From Conflict to Communion*)-루터교회와 로마가톨릭교회의 공동위원회 보고서』. 서울: 한국그리스도교신앙과직제협의회, 2017.

문시영. "'공공신학'의 교회, '교회윤리'의 교회", 「한국기독교신학논총」 88권 (2013): 211-232.

_____. "'위험사회'의 공공신학적 성찰과 한국 교회의 과제", 「장신논단」 47권 4호 (2015): 177-199.

민경진. "가나안 현상"과 온 신학의 과제, 「온신학」 1권 (2015): 135-186.

밀리오리, 다니엘 지음. 신옥수·백충현 공역. 『이해를 추구하는 신앙-기독교조직신학개론(개정3판)』. 서울: 새물결플러스, 2016.

박경수. 『교회의 신학자 칼뱅』. 서울: 대한기독교서회, 2009.

_____. "얀 후스의 『교회』(*De Ecclesia*)에 나타난 교회개혁 사상", 「장신논단」 47권 4호 (2015): 41-67.

박근원. "코이노니아 교회 형성의 실천적 과제", 「한국기독교신학논총」 10권 (1993):

266-290.

박성규. "개신교 구원관", 「신학과사상」제91호 (2024년 겨울): 159-217.

박영철. 『셀 교회론』. 서울: 요단출판사, 2004.

박영호. 『우리가 몰랐던 1세기 교회-오늘의 그리스도인을 위한 사회사적 성경 읽기』. 서울: IVP, 2021.

박재필. "교회(敎會)에서 교회(交會)로: 놀이 목회를 위한 연구", 「선교와 신학」39권 (2016년 6월): 119-151.

배성목. "교회 정체성과 삶에 관한 연구-교회란 누구인가", 장로회신학대학교 신학대학원 교역학석사학위논문 (2020).

배정훈 엮음. 『칼뱅의 종교개혁과 교회갱신(제7, 8회 종교개혁기념학술강좌)』. 서울: 장로회신학대학교출판부, 2012.

백충현. 『남북한 평화통일을 위한 삼위일체적 평화통일 신학의 모색』. 서울: 나눔사, 2012.

_____. 『내재적 삼위일체와 경륜적 삼위일체-현대 삼위일체신학에 대한 신학/철학의 융합적 분석』. 서울: 새물결플러스, 2015.

_____. 『성경의 키워드로 풀어가는 신학세계-삼위일체 조직신학 개요』. 서울: 새물결플러스, 2024.

_____. 『삼위일체신학의 핵심과 확장-성경·역사·교회·통일·사회·설교』. 서울: 장로회신학대학교출판부, 2020.

_____. 『삼위일체신학의 핵심과 확장 II-인간·복음·세계·선교·평화·과학』. 서울: 장로회신학대학교출판부, 2024.

_____. 『삼위일체중심주의 기독론-예수 그리스도의 현대적 의미』. 서울: 새물결플러스, 2025.

_____. "'미시오 데이(missio Dei)' 개념에 대한 비판적 분석: 삼위일체적 이해를 위한 제언", 「미션네트워크」9집 (2021년 12월): 67-90.

_____. "아돌프 폰 하르나크(Adolf von Harnack)의 복음과 문화와의 관계에 대한 비판적 고찰," 「신학논단」 100집 (2020년 6월): 87-110.

_____. "『칭의론에 관한 공동선언문』(JDDJ)을 넘어서 - 칭의와 관련된 인간의 상태에 관한 쟁점 분석과 해결 모색", 「장신논단」 50권 2호 (2018년 6월): 117-143.

보쉬, 데이비드 J. 김병길·장훈태 옮김. 『변화하고 있는 선교-선교 신학의 패러다임 변천』. 서울: CLC, 2000.

본회퍼, 디트리히 지음. 유석성·이신건 옮김, 『성도의 교제-교회사회학에 대한 교의학적 연구(디트리히 본회퍼 선집1)』. 서울: 대한기독교서회, 2010.

_____. 정지련·손규태 옮김, 『신도의 공동생활/성서의 기도서 (디트리히 본회퍼 선집6)』. 서울: 대한기독교서회, 2010.

볼프, 밀로슬라브 지음. 황은영 옮김. 『삼위일체와 교회-하나님의 형상으로서 교회에 대한 가톨릭·동방정교회·개신교적 이해를 찾아서』. 서울: 새물결플러스, 2012.

부버, 마르틴 지음. 김천배 옮김. 『나와 너』. 서울: 대한기독교서회, 2004.

부타, 토마시 지음. 이종실 옮김. 『체코 종교개혁자 얀 후스를 만나다』. 서울: 동연, 2015.

서명수. "구약성서의 관점에서 본 한국 교회의 위기와 극복 방향", 「한국기독교신학논총」 61권 (2009): 129-151.

성서한국 엮음. 『공동체, 성경에서 만나고 세상에서 살다』. 대전: 대장간, 2015.

손원영. 『테오프락시스 교회론-한국 교회 위기의 시대, 희망을 말하다』. 서울: 동연, 2011.

송인설. 『에큐메니칼 교회론-교회론의 화해가 가능한가?』. 광주: 서울장신대학교출판부, 2014.

안명준 외 지음. 『교회통찰-코로나·언택트·뉴노멀 시대 교회로 살아가기』. 서울: 세움북스, 2020.

안용성. 『로마서와 하나님 나라-바울 신학의 패러다임 전환』. 서울: 새물결플러스,

_____. "누가-행전에 나타난 예수와 하나님 나라", 「성서마당」 152호 (2024년 겨울): 28-38.

알트하우스, 파울 지음. 이형기 옮김. 『루터의 신학』. 고양: 크리스챤다이제스트, 2001.

양윤선. "오이코도메인 시상의 교회론적 기능에 관한 연구", 장로회신학대학교 신학대학원 교역학석사학위논문, 2025.

양정호. 『신앙, 무엇을 믿는가?-교리와 논쟁, 신조의 역사 [고대와 중세편]』. 서울: 장로회신학대학교출판부, 2024.

오페르, 이지 지음. 김진아 옮김. 『걸어서 가보는 프라하 종교개혁 이야기』. 서울: 한국장로교출판사, 2012.

월스, 앤드류 지음. 방연상 옮김. 『세계 기독교와 선교 운동』. 서울: IVP, 2018.

웨슬리신학연구소 엮음. 『관계적 삼위일체론의 역사-관계 속에 계신 삼위일체 하나님』. 서울: 아바서원, 2015.

윤철호. "통전적인 종말론적 하나님 나라와 현실 변혁적 교회", 「한국기독교신학논총」 44권 (2006): 87-110.

_____. 『삼위일체 하나님과 세계』. 서울: 장로회신학대학교출판부, 2011.

은준관. 『실천적 교회론』. 서울: 한들출판사, 2006.

_____. "한국 교회! 이대로 좋은가?-교회신학적 접근", 「한국기독교신학논총」 3권 (1988): 7-30.

이남인. 『현상학과 해석학-후썰의 초월론적 현상학과 하이데거의 해석학적 현상학』. 서울: 서울대학교출판문화원, 2014.

이문균. "삼위일체신관에서 본 교회 이해", 「한국기독교신학논총」 30권 (2003): 263-290.

이승구. 『교회란 무엇인가-하나님 나라 증시를 위한 종말론적 공동체와 그 백성들의 자태』. 서울: 여수룬, 1999.

이신건. "삼위일체론적 코이노니아 교회론-제5차 신앙과 직제 세계대회 토의 문서와 대화하면서", 「한국기독교신학논총」 10권 (1993): 190-214.

_____. 『칼 바르트의 교회론』. 서울: 한들출판사, 2000.

이오갑. "한국 교회, 문제가 무엇인가?-한국 교회에 대한 조직신학적 반성과 대안", 「한국조직신학논총」 25권 (2009): 163-185.

이제민. 『교회는 누구인가?-사목적 교회를 위하여, 교회의 사목을 위하여』. 서울: 분도, 2001.

이형기. 『교회론의 패러다임 전환-전통적인 교회론으로부터 몰트만의 메시아적 교회론으로』. 서울: 여울목, 2016.

_____. 『에큐메니칼 운동사-세계교회협의회(WCC)가 창립될 때까지』. 서울: 대한기독교서회, 1994.

_____. 『에큐메니칼 운동의 패러다임 전환-'신앙과 직제'와 '삶과 봉사'의 합류』. 서울: 한들출판사, 2011.

_____. 『하나님의 나라와 교회-20세기 주요 신학의 종말론적 교회론』. 서울: 한들출판사, 2005.

_____. 『하나님의 선교』. 파주: 한국학술정보, 2008.

임성빈. "21세기 초반 한국 교회의 과제에 대한 소고-공공신학적 관점에서", 「장신논단」 47권 2호 (2015): 179-207.

제이, 에릭 지음. 주재용 옮김. 『교회론의 변천사』. 서울: 대한기독교서회, 2007.

정동현. 『건출자 바울-공간+시간+의례』. 서울: 학영, 2024.

정미현. 『체코 신학의 지형도』. 서울: 연세대학교대학출판문화원, 2015.

정숙자. "교회와 코이노니아-여성신학 입장에서", 「한국기독교신학논총」 10권 (1993): 311-340.

정재영. 『교회 안나가는 그리스도인-가나안 성도를 어떻게 이해할 것인가?』. 서울:

한국기독학생회출판부, 2015.

정창욱·신현우 편집. 『신약과 하나님 나라』. 서울: 감은사, 2024.

지지울라스, 존 지음. 이세형·정애성 옮김. 『친교로서의 존재』. 춘천: 삼원서원, 2014.

최상태. 『21세기 新교회론, 이것이 가정교회다』. 서울: 국제제자훈련원, 2005.

최성일. "선교 공동체로서의 교회와 코이노니아", 「한국기독교신학논총」 10권 (1993): 341-359.

최성훈. 『교회를 고민하다』. 서울: CLC, 2021.

최승태. "성만찬적 교회론-교회의 공동체성 회복을 위하여", 「한국조직신학논총」 8권 (2003): 262-284.

최윤배. "칼빈의 교회론-교회의 본질을 중심으로", 「한국기독교신학논총」 49권 (2007): 93-122.

최윤배 엮음. 『제15회 소망신학포럼-한국 교회의 위기 진단과 대안 모색』. 서울: 장로회신학대학교 출판부, 2013.

칼뱅, 장 지음. 김종흡 외 공역. 『기독교강요(최종판)』. 서울: 생명의 말씀사, 1999.

큉, 한스 지음. 이홍근 옮김. 『교회란 무엇인가』. 서울: 분도출판사, 2008.

토런스, 제임스 지음, 김진혁 옮김. 『예배, 공동체, 삼위일체 하나님-우리의 교회는 은총의 하나님을 반영하는가?』. 서울: IVP, 2022.

톰슨, 제임스 W. 지음. 이기은 옮김. 『바울의 교회론-그리스도를 닮은 공동체 재발견하기』. 서울: CLC, 2019.

한국그리스도교신앙과직제협의회 신학위원회 편집. 『종교개혁, 그리스도교 공동의 유산-종교개혁 500주년 기념논문집』. 서울: 한국그리스도교신앙과직제협의회, 2017.

_____. 『한국의 정교회 천주교회 개신교회가 함께한 그리스도인의 신학 대화』. 서울: 한국그리스도교신앙과직제협의회, 2019.

_____. 『천주교, 정교회, 개신교회의 그리스도인 일치 용어집 1』. 서울: 한국그리스도

교신앙과직제협의회, 2023.

_____. 『그리스도인 일치운동의 역사-한국그리스도교신앙과직제협의회 창립10주년』. 서울: 한국그리스도교신앙과직제협의회, 2016.

한국일. 『선교적 교회의 이론과 실제』. 서울: 장로회신학대학교출판부, 2016.

한국조직신학회 엮음. 『교회론』. 서울: 대한기독교서회, 2009.

한국현상학회 엮음. 『프랑스 철학의 위대한 시절-현상학의 흐름으로 보는 현대 프랑스 사상』. 서울: 반비, 2014.

허정갑. "성만찬적 교회론-'성도의 교제'를 중심으로", 「한국기독교신학논총」 52권 (2007): 201-226.

현요한·박성규 엮음. 『WCC 신학의 평가와 전망』. 서울: 장로회신학대학교출판부, 2015.

호켄다이크, J. C. 지음. 이계준 옮김. 『흩어지는 교회』. 서울: 대한기독교서회, 1998.

화이트, 제임스 에머리 지음. 백광진 옮김. 『교회성장-다시 생각해 봅시다』. 서울: 한국강해설교학교 출판부, 2001.

Baik, Chung-Hyun. "A Critical Analysis of the Concept of *Missio Dei*: Suggestions for a Trinitarian Understanding", *Neue Zeitschrift für Systematische Theologie und Religionsphilosophie* Volume 63 Issue 3 (September 2021): 329-340.

_____. "H. Richard Niebuhr's Suggestion Reconsidered: Towards Trinitycentrism as a Trinity-centered Theology", *Theology Today* Vol.81 No.3 (October 2024): 204-213.

_____. *The Holy Trinity-God for God and God for Us: Seven Positions on the Immanent-Economic Trinity Relation in Contemporary Trinitarian Theology* (Princeton Theological Monograph Series 145), Eugene: Pickwick Publications, 2011.

Best, Thomas F. and Gunther Gassmann eds. *On the Way to Fuller Koinonia: Official Report of the Fifth World Conference on Faith and Order* (Faith and Order Paper No.166). Geneva: WCC Publications, 1994.

Congar, Yves. *Essential Writings*. Maryknoll: Orbis Books, 2010.

Doyle, Dennis M. *Communion Ecclesiology: Vision and Visions*. Maryknoll, Orbis Books, 2000.

Flannery, Austin, O.P. ed. *Vatican Council II: The Basic Sixteen Documents*. Northport: Costello Publishing Company, 1996.

Flett, John G. *The Witness of God: The Trinity, Missio Dei, Karl Barth, and the Nature of Christian Community*. Grand Rapids: Eerdmans, 2010.

Gunton, Colin E. and Daniel W. Hardy eds. *On Being the Church: Essays on the Christian Community*. Edinburgh: T&T Clark, 1990.

Huss, Jan. trans. David S. Schaff. *De Ecclesia: The Church*. New York: Charles Scribner's Sons, 1915.

Kye, Jae Kwang, "Moltmann's Social Doctrine of the Trinity and Its Implications for Korean Church Leadership", *Korean Journal of Christian Studies* Vol.75, 2011: 183-210.

Leith, John H. ed. *Creeds of the Churches: A Reader in Christian Doctrine from the Bible to the Present (3rd edition)*. Louisville: John Knox Press, 1982.

Pelzel, Morris. *Ecclesiology: The Church as Communion and Mission*. Chicago: Loyola Press, 2001.

Schillebeeckx, Edward. *Church: The Human Story of God*. New York: The Crossroad Publishing Company, 1993.

https://www.earlychurchtexts.com/public/nicene_creed.htm.

*부록 1
삼위일체중심주의 신학을 위한 제안[1]

1. 도입

아돌프 폰 하르나크(Adolf von Harnack, 1851-1930)는 삼위일체 교리가 '복음의 헬라화(the Hellenization of the Gospel)'의 가장 대표적인 예 중의 하나라고 주장한다. 그리고 삼위일체 교리를 알맹이를 안에 포함하고 있는 껍질로서 간주한다.[2]

그는 이러한 주장의 전제조건으로서 다음과 같이 진술한다.

> "신학은 무수한 요인에 의존하며 무엇보다도 시대의 정신에 의존한다."
>
> "교리들은 신학의 산물이지 그 역은 아니다. 당연히 시대의 신앙과 대체로 일치하는 신학의 산물이다."[3]

---

[1] 부록 1은 다음 책의 서론 I장 1절에 실려 있다. 백충현, 『삼위일체중심주의 기독론-예수 그리스도의 오늘날의 의미』 (서울: 새물결플러스, 2025), 20-37. 그리고 이 내용은 본래 다음의 영어논문을 번역한 것이다. Chung-Hyun Baik, "H. Richard Niebuhr's Suggestion Reconsidered: Towards Trinitycentrism as a Trinity-centered Theology (리차드 니버의 제안의 재고찰: 삼위일체-중심적 신학으로서의 삼위일체중심주의를 향하여)", *Theology Today* Vol.81 No.3 (October 2024): 204-213.

[2] Adolf von Harnack, trans. Neil Buchanan, *History of Dogma Vols. I-VII* (New York: Russell & Russell, 1958).

[3] Adolf von Harnack, trans. Neil Buchanan, *History of Dogma Vols. I*. 9.

이로써 그는 신학과 교리가 그리스 문화와 철학에 의존함을 강조한다. 하르나크의 입장은 특히 신학/교리와 문화/철학 사이의 관계를 고려할 때에 이해가 될 수 있다.

그러나 하르나크의 입장은 신학/교리와 문화/철학 사이의 상호작용에 관한 일방적인 과도한 강조 또는 과도한 단순화이다. 야로슬라프 펠리칸 (Jaroslav Pelikan, 1923-2006)은 신학과 교리는 그리스 문화와 철학에 일방적으로 영향을 받지 않는다고 주장한다. 오히려 교회는 그리스 문화와 철학과 상호작용할 것을 추구하며 신학과 교리를 형성하는 과정에서는 그리스 문화와 철학을 여과할 것을 추구한다.⁴

그는 이를 다음과 같이 진술한다.

> 문자 그대로의 '헬라화(Hellenization)'는 정통 기독교 교리에서 있었던 과정을 가리키기에는 너무 지나치게 단순화하고 적절하지 않은 용어이다. 그런데도 정통 기독교 교리는 언어에서 및 때때로 개념들에서 이교 사상을 이해하고 극복하려는 자신의 분투 흔적들을 여전히 지니고 있음이 사실이다. 그래서 (고대의 무지한 세대들을 포함하여) 교회의 나중 세대들이 교회 교리에서 함께 물려받았던 것들에는 그리스 철학이 또한 적지 않게 포함되어 있었다.⁵

그리고 펠리칸은 또한 다음과 같이 지적한다.

---

4 Jaroslav Pelikan, *The Christian Tradition: A History of the Development of Doctrine: Vol.1 The Emergence of the Catholic Tradition*(100-600) (Chicago: The University of Chicago Press, 1971).
5 Jaroslav Pelikan, *The Christian Tradition: A History of the Development of Doctrine: Vol.1 The Emergence of the Catholic Tradition*, I. 45.

> 삼위일체 교리는 예전 안에 간직되어 있으며, 또한 성경을 바르게 읽는다면 성경 안에 기록되어 있다.⁶

이렇게 해서 그는 삼위일체 교리는 그리스 문화와 철학과 적극적으로 만나며 상호작용한다고 하더라도 독특한 기독교적 정체성을 여전히 간직하고 있다고 주장한다.

2. 니버 제안의 재고찰

교회사에서 삼위일체 교리는 인정과 평가에서 수많은 부침을 겪었다. 그런데도 삼위일체 교리는 기독교적 독특성과 그 잠재적 함의성을 계속 지니고 있다. 특히, 20세기에 칼 바르트(Karl Barth, 1886-1968)는 삼위일체 교리가 지니는 기독교적 독특성을 인정하며 다음과 같이 진술한다.

> 삼위일체 교리는 기독교적 신론을 기독교적으로 기본적으로 구별해 주는 것이고, 또한 그러므로 기독교적 계시 개념을 기독교적으로 이미 구별해 주는 것이다. 이러한 기독교적 신론과 계시 개념은 모든 다른 가능한 신론 또는 계시 개념과는 대조된다.⁷

---

6   Jaroslav Pelikan, *The Christian Tradition: A History of the Development of Doctrine: Vol.1 The Emergence of the Catholic Tradition*, I. 223.
7   Karl Barth, trans. Geoffrey W. Bromiley. *Church Dogmatics* (Edinburgh: T&T Clark, 1975), I. 1. 301. 이후로 *Church Dogmatics*로 표기함.

그리고 리차드 니버(H. Richard Niebuhr, 1894-1962)는 1946년에 출판한 자신의 논문에서[8] 삼위일체교리는 "하나님에 대한 전체 교회의 신앙의 공식적 표현으로서의 에큐메니컬 신학에 대해 큰 중요성을 지닌다"[9]라고 주장한다.

그러나 니버에 따르면, 삼위일체 교리는 교회사에서 항상 올바르게 해석됐던 것은 아니었다. 그는 삼위일체 교리는 다신론이 된 것은 아니지만 실제로는 "세 유니테리언 종교가 느슨하게 함께 묶인 연합이 되는 가능성이 더 크다"[10]라고 지적한다.

이러한 맥락에서 그는 세 유니테리어니즘을 다음과 같이 구별한다.

유니테리어니즘 명칭	종교로서의 표현
성부 또는 창조주의 유니테리어니즘[11] (The Unitarianism of the Father or the Creator)	창조주의 종교[12] (The religion of the Creator)
예수 그리스도 또는 성자의 유니테리어니즘[13] (The Unitarianism of Jesus Christ or the Son)	예수 그리스도의 종교[14] (The religion of Jesus Christ)
성령의 유니테리어니즘[15] (The Unitarianism of the Spirit)	성령의 종교[16] (The religion of the Spirit)

---

8   H. Richard Niebuhr, "The Doctrine of the Trinity and the Unity of the Church", *Theology Today* Volume 3 Issue 3 (October 1946): 371-384. 이 논문은 1983년에 다음과 같이 재인쇄되었다. H. Richard Niebuhr, "Theological Unitarianisms", *Theology Today* Volume 40 Issue 2 (July 1983): 150-157.
9   H. Richard Niebuhr, "The Doctrine of the Trinity and the Unity of the Church", 372.
10 H. Richard Niebuhr, "The Doctrine of the Trinity and the Unity of the Church", 372.
11 H. Richard Niebuhr, "The Doctrine of the Trinity and the Unity of the Church", 373.
12 H. Richard Niebuhr, "The Doctrine of the Trinity and the Unity of the Church", 380.
13 H. Richard Niebuhr, "The Doctrine of the Trinity and the Unity of the Church", 374.
14 H. Richard Niebuhr, "The Doctrine of the Trinity and the Unity of the Church", 382.
15 H. Richard Niebuhr, "The Doctrine of the Trinity and the Unity of the Church", 377.
16 H. Richard Niebuhr, "The Doctrine of the Trinity and the Unity of the Church", 377.

세 유니테리어니즘 또는 세 종교 중 각각에 관하여 간략히 설명한 후에 니버는 그것 전체를 다음과 같이 평가하여 말한다.

> 기독교에서 세 유니테리언 경향은 세 구별된 신들을 얘기하는 세 분리된 종교들을 형성하는 것으로 끝나지 않았다. 부분적인 이유는 그것들이 논리적으로 및 역사적으로 상호의존적이기 때문이다.[17]

니버에 따르면, 각각의 유니테리언 경향 또는 종교는 독립적일 수 없고 다만 다른 둘에 의존적이어야 한다.[18]

> 모든 경우에 세 입장 중 어느 것도 홀로 설 수 없고 다른 입장들로부터 무언가를 빌려야 한다는 점은 사실로 보인다. 즉, 세 유니테리어니즘은 상호의존적이라는 점은 사실로 보인다.[19]

그런 다음 니버는 결론에서 교회가 삼위일체 교리를 일부 교회의 신앙으로가 아니라 전체 교회의 공통된 신앙으로 공식적으로 표현해야 한다고 주장한다. 니버는 이것을 "삼위일체 교리의 재진술에 대한 에큐메니컬 접근(ecumenical approach to the restatement of Trinitarian doctrine)"[20]이라고 명명하면서 다음과 같이 제안한다.

---

17 H. Richard Niebuhr, "The Doctrine of the Trinity and the Unity of the Church", 379.
18 H. Richard Niebuhr, "The Doctrine of the Trinity and the Unity of the Church", 381-382.
19 H. Richard Niebuhr, "The Doctrine of the Trinity and the Unity of the Church", 383.
20 H. Richard Niebuhr, "The Doctrine of the Trinity and the Unity of the Church", 383-384.

전체 교회의 삼위일체론은 모든 부분적인 것에 관한 신앙과 지식 안에 비록 명시적으로 드러나지는 않지만, 암시된 것을 진술하도록 해야 한다. 전체 교회의 삼위일체론은 새로운 과도한 강조의 방식으로서가 아니라 모든 부분적 통찰과 확신이 결합하는 종합적인 공식(a synthesized formula)의 방식으로써 전체 중 부분에 관한 과도한 강조와 부분성을 교정하도록 해야 한다.[21]

'종합적인 공식(a synthesized formula)'에 대한 니버의 제안은 삼위일체 하나님에 관한 바른 이해를 위해 올바른 방향으로 나아가고 있는 것처럼 보인다. 그러나 아쉽게도 니버는 더 세밀하게 나아가지 않는다. 실제로 그는 1941년에 출판한 더 이전의 책인 『계시의 의미』(The Meaning of Revelation)에서[22] 예수 그리스도 또는 성령에 대해서보다 성부 하나님에게 더 많이 집중하는 성부 하나님-중심적인 신학, 즉 신중심주의(theocentrism)에로 나아가는 약간의 경향을 보여 준다.

하나님께서 자신을 계시하시는 '신적 자기-드러냄(divine self-disclosure)을 통한 계시의 의미를 탐구하면서 니버는 '예수 그리스도 안에서 자신을 계시하시는 하나님'에게 집중한다.[23] 니버의 이러한 작업은 바르트의 작업과는 매우 다르다. 바르트는 "하나님께서 자신을 계시하신다"라는 진술 안에 드러난 성서적 계시 개념에 대한 분석을 통해 삼위일체 하나님의 교리로 '계시자, 계시, 계시됨(Revealer, Revelation, and Revealedness)'에로 나아가기 때문이다.[24]

21　H. Richard Niebuhr, "The Doctrine of the Trinity and the Unity of the Church", 383.
22　H. Richard Niebuhr, *The Meaning of Revelation* (Louisville: Westminster John Knox Press, 2006).
23　H. Richard Niebuhr, *The Meaning of Revelation* 80-82.
24　Barth, *Church Dogmatics*, I. 1. 295-312.

1989년 사후에 출판되었지만, 1940년대 말과 1950년대에 쓰여진 다수의 미간행 원고로 구성된 책 『지상에서의 신앙- 인간의 신앙의 구조에 관한 탐구』(Faith on Earth: An Inquiry into the Structure of Human Faith)에서 니버는 신앙을 깊이 분석하고 신앙의 현상학을 제시한다.25 그러나 그는 신앙의 대상인 삼위일체 하나님에 관해서보다는 신앙의 본성과 구조에 더 많이 집중한다. 예를 들어, 니버는 신앙의 '삼일체(a triad)'를 발견하지만, 여기에서의 삼일체는 삼위일체 하나님을 직접적으로 가리키지 않고 신앙이 일어날 수 있는 신앙의 구조를 가리킨다.

이러한 구조와 관련하여 니버는 다음과 같이 설명한다.

> 나(I), 너(Thou), 그것(It)은 하나의 삼일체를 형성한다. 즉, 그것(It)에 관한 모든 지식은 자아가 다른 자아와 맺는 관계에 의존하며 나(I)는 또한 그것(It)에 대해 직접적인 관계를 지니는 다른 자아의 공헌을 이용하지 않고서는 그것(It)에 대한 직접적인 지식을 가지지 못한다. 그리고 나(I)는 어떤 대상에 대한 관계가 없이 너(Thou)와 어떤 직접적인 관계도 가질 수 없는 것처럼 보인다.26

게다가 니버는 나-너 관계성(the I-Thou relationship)에 기반하되 이것을 확장하여 제삼의 요소를 포함하여 '신앙 공동체의 삼일체적 성격(the triadic character of faith community)'을 발견한다.27 그렇지만 여기에서도 니버는 삼위일체에 관하여 언급하지 않는다. 단지 그는 신앙의 제삼의 요소로서 '초월자(the Transcendent)'를 언급할 뿐이며 더 많이 설명하지 않는다.

25　H. Richard Niebuhr, *Faith on Earth: An Inquiry into the Structure of Human Faith* (New Haven: Yale University Press,1989).
26　H. Richard Niebuhr, *Faith on Earth: An Inquiry into the Structure of Human Faith,* 47.
27　H. Richard Niebuhr, *Faith on Earth: An Inquiry into the Structure of Human Faith,* 53-54.

그는 다음과 같이 진술한다.

> 지금까지 우리가 신앙의 구조에 관하여 탐구하였을 때 지평 위로 초월자(the Transcendent)의 신비가 나타난다. 우리의 일상 경험 안에서 신앙의 구조들을 발견하며 우리가 신앙의 구조들을 다룰 때조차도 우리는 자체들을 넘어서 뭔가를 가리키는 실재들을 다룬다. 즉, 모든 원인을 넘어서는 어떤 원인을 가리키는 실재들을, 모든 구체적 인격들과 추상적 가치들을 넘어서는 어떤 충성의 대상을 가리키는 실재들을, 보편적 공동체 안에서 우리는 연합시키며 우리에게 신뢰를 의무적으로 요구하는 존재(the Being) 또는 존재의 토대(the Ground of Being)를 가리키는 실재들을 다룬다.
>
> 기독교 신앙에 비추어 볼 때 이러한 점은 분명히 그렇다. 우리가 우리의 세계에서 발견하는 신앙의 구조들은 신적인 것들의 그림자들과 이미지들일 뿐만 아니라 궁극적 구조에 참여한다. … 내가 확신하는 세 실재가 있는데, 즉 자아(self), 동료들(companions), 초월자(the Transcendent)이다.[28]

이후 니버는 1960년에 현대 문명에 관한 강연을 하였고 이것은 『철저한 단일신론과 서구 문명』(*Radical Monotheism and Western Civilization*)이라는 책으로 출판되었다.[29] 여기에서 니버는 성부 하나님과 예수 그리스도 사이의 어떤 내적인 구별을 암시하지만, 삼위일체에 관해서는 말하지 않는다. 유일신론(henotheism)과 다신론(polytheism)과 다른 단일신론(monotheism)을 탐구하면서 니버는 예수 그리스도가 철저한 신앙의 성육신을 대표한

---

28 H. Richard Niebuhr, *Faith on Earth: An Inquiry into the Structure of Human Faith*, 60-61.

29 H. Richard Niebuhr, *Radical Monotheism and Western Culture* (Lincoln: The University of Nebraska Press, 1960). 이후로 *Radical Monotheism and Western Culture*로 표기함.

다고 여길 뿐이다.

니버에게 예수 그리스도 성육신의 의미는 다음과 같다.

> 철저하게 단일신론적인 신앙이 우리의 역사로 오는 것을 의미하고, 또는 한 분 하나님에 대한 철저한 신뢰를 그리고 존재의 영역에 대한 보편적 충성을 철저히 인간의 삶 안에서 구체적으로 표현하는 것이다.[30]

이러한 의미에서 니버는 예수 그리스도를 '하나님의 아들(a son of God)', '하나님의 말씀(the word of God)', '하나님의 계시(the revelation of God)'와 동일시한다.[31]

그리고 이러한 계시와 연관하여 니버는 성부 하나님을 제일 위격(the first person)이라고 간주하며, "하나님은 자신을 제일 위격(First Person)으로 알려지도록 하신다"[32]라고 진술한다. 그러나 그는 삼위일체에 관하여 더 상세하게 다루지는 않는다.

이렇게 해서 니버가 삼위일체 교리와 관련하여 제안하는 신학적 과제들은 크리스토프 슈뵈벨(Christoph Schwöbel)이 '삼위일체신학의 르네상스(the renaissance or revival of Trinitarian theology)'[33]라고 명명하는 것에 남겨지게 된다. 이것은 전반적으로 세 신적 위격 모두에 대한 동등한 강조를 어느 정도 회복하며 또한 세 신적 위격 사이의 상호적인 관계를 강조한다.

---

30 H. Richard Niebuhr, *Radical Monotheism and Western Culture*, 37-40.
31 H. Richard Niebuhr, *Radical Monotheism and Western Culture*, 40, 42.
32 H. Richard Niebuhr, *Radical Monotheism and Western Culture*, 46.
33 Christoph Schwöbel, "The Renaisssance of Trinitarian Theology: Reasons, Problems and Tasks", in *Trinitarian Theology Today: Essays on Divine Being and Act*, ed. Christoph Schwöbel (Edinburgh: T&T Clark, 1995), 1.

3. 삼위일체-중심적 신학으로서의 삼위일체중심주의를 향하여

그런데 만약 우리가 1946년 논문에서 이루어진 세 유니테리어니즘에 관한 니버의 분석을 면밀하게 살펴본다면 신학적 용어에 관한 그의 선택이 정확하지 않음을 발견할 수 있다. 그리고 니버가 교회사에서 삼위일체 교리를 이해하고 표현하는 몇몇 일반적인 경향을 보여 주고 있음에 어느 정도 만족하고 있음을 우리는 발견할 수 있다.

유니테리어니즘(Unitarianism)이라는 용어는 오직 한 분 신이 존재함을 전제하더라도 문자적으로 신의 유니테리언적 본성이 있다는 입장을 가리킨다. 오직 한 분 신이 존재함을 주장하는 입장은 단일신론(monotheism)일 뿐이며 이러한 입장은 오직 한 분 신 안에 어떤 내적인 구별이 있음을 허용할 수 있다.

실제로 유니테리어니즘(Unitarianism)은 단일신론(monotheism)과 동일하지 않다. 단일신론은 자체 안에 한 분 하나님의 삼위일체적 본성을 포함할 수 있다. 니버가 세 유니테리어니즘으로 말하고자 하는 것은 유니테리어니즘 그 자체가 아니라 삼위일체 내의 세 신적 위격 중 각각을 과도하게 강조하고 동시에 다른 두 위격을 최소화하는 몇몇 일반적인 경향이다.

각각의 일반적인 경향은 삼위일체의 다른 두 신적 위격의 존재를 배제하지 않으며 삼위일체 하나님 안에서 각 신적 위격이 어떤 식으로든 다른 두 신적 위격과 서로 연결되어 있음을 인정한다. 또한, 이런 의미에서 니버는 세 유니테리어니즘 중 각각은 홀로 설 수 없으며 그 대신에 서로에게 상호의존되어 있다고 주장한다.

이러한 점을 고려할 때, 세 가지 유니테리어니즘 각각에 대해 다음과 같은 용어를 사용하는 것이 더 적절하다.[34]

---

34 백충현, 『남북한 평화통일을 위한 삼위일체적 평화통일 신학의 모색』(서울: 나눔사,

구분	중심 인격	신학적 강조
신중심주의 (Theocentrism)	성부 하나님	창조주-중심적 신학 (a God the Father-centered theology, a Creator-centered theology)
그리스도중심주의 (Christocentrism)	성자 하나님	구속주-중심적 신학 (a God the Son-centered theology, a Redeemer-centered theology)
성령중심주의 (Pneumacentrism)	성령 하나님	완성주-중심적 신학 (a God the Holy Spirit-centered theology, a Consummator-centered theology)

각각의 중심주의는 삼위일체의 세 신적 위격 중 각각에 대해 다른 강조를 두고 있음을 보여 준다. 그렇지만 다른 두 신적 위격을 배제하는 것은 아니다.

그러면 이제 각 중심주의의 몇몇 주요한 특징을 살펴보자. 나아가 전체 교회의 공통 신앙을 위해 이 세 중심주의가 서로 더 상호의존적 및 상호연관적이 될 수 있도록 만드는 방안을 찾아보자.

1) 신중심주의(Theocentrism)

테오(*theo*)는 신을 가리키는 헬라어 테오스(θεός, *theos*)로부터 유래하기에 신중심주의(theocentrism)는 일반적으로 인간중심주의(anthropocentrism)와 대조되는 개념으로서의 하나님중심주의를 의미한다. 인간중심주의는 인간이 우주의 중심이라는 주장을 의미한다. 그러나 기독교 신학 내에

2012). 남북한 통일이라는 주제를 다루는 이전의 신학적 저서들과 논문들을 조사하고 분석하면서 이 책은 신학적 세 중심주의가 있음과 각각에는 강점과 약점을 포함하여 주요한 특징이 있음을 발견한다. 이후로 『삼위일체적 평화통일 신학의 모색』으로 표기함.

로 신중심주의는 또한 성부 하나님-중심적 신학(a God the ...red theology)을 가리킨다.

성자 하나님-중심적 신학(a God the Son-centered theology) 그리고 성 ... 하나님-중심적 신학(a God the Holy Spirit-centered theology)과 구별되는 신학을 가리킨다. 게다가 신중심주의는 또한 창조주-중심적 신학(a Creator-centered theology)을 가리킨다. 왜냐하면, 창조의 활동은 전통적으로 창조주로서의 성부 하나님에게 전유되며 구속의 활동과 완성의 활동은 각각 구속주로서의 성자 하나님에게와 완성주로서의 성령 하나님에게 전유되기 때문이다.

신중심주의에서 창조주는 온 창조 세계, 즉 우주 전체의 만물을 창조하시는 하나님을 가리킨다. 여기에서 만물은 헬라어로 판타(πάντα, panta)이며 라틴어로 옴니아(omnia)이다. 그러기에 신중심주의는 특별계시를 배제하지는 않는다고 하더라도 특별계시보다는 일반계시에 더 적합할 수 있다. 이러한 방식으로 신중심주의는 하나님과 창조 세계를 잘 연결할 수 좋은 강점이 있다. 특히, 생태위기의 시대에는 훨씬 더 좋다. 그리고 신중심주의는 교회가 사회 안에서 공공성(publicness)과 공동선(common good)을 추구할 수 있도록 하는 데에 좋은 강점이 있다.

신중심주의의 함의 중의 하나는 신중심주의가 그리스도인이 교회-중심적 삶 또는 내세-지향의 삶으로 빠지는 것을 막아줄 수 있다는 점이다. 게다가 신중심주의는 더 나아가 폭넓게 확장될 수 있고 포괄적일 수 있어서 하나님은 모든 종교가 각각의 방식으로 예배하고자 추구하는 분일 수 있다. 이러한 의미에서 신중심주의는 종교 간 대화를 추구하는 데에 매우 좋다.

반면에 신중심주의는 예수 그리스도에 대한 강한 신앙과 예수 그리스도를 위한 큰 열정을 희석시킬 수 있고, 그럼으로써 특별계시, 즉 성령 안에서 예수 그리스도를 통해 드러난 성서적 계시에 토대를 둔 기독교의 독특한 정체성을 약화시킬 수 있다. 그리고 이러한 신중심주의는 교회-중심적 삶, 교회 성장, 개인적 경건에 잘 맞지 않을 수 있다.

2) 그리스도중심주의(Christocentrism)

그리스도중심주의(Christocentrism)는 성자 하나님-중심적 신학(a God the Son-centered theology)을 가리킨다. 또한, 구속의 사역이 전통적으로 성자 하나님께 전유되었기 때문에 구속주 중심의 신학(a Redeemer-centered theology)이기도 하다.

하나님의 아들로서의 예수 그리스도의 인격과 사역에 집중적으로 근거하는 그리스도중심주의는 기독교의 독특한 정체성을 확보하고 유지하고, 그리스도인이 예수 그리스도에 대한 강한 신앙과 큰 열정을 가지게 한다. 나아가 그리스도중심주의는 그리스도인이 예배, 친교, 봉사, 전도, 선교 등을 통한 교회-중심적 삶을 살도록 격려할 수 있다.

반면에 그리스도중심주의는 예수 그리스도에게만 오로지 초점을 둘 수 있다. 그러기에 세상에 대한 관점이 지나치게 협소해질 수 있다. 만약 그리스도중심주의가 우주적 기독론, 즉 예수 그리스도가 우주의 창조에 참여하고 여전히 활동하고 있음을 확증하는 우주적 기독론에 토대를 둔다면, 이러한 기독론은 교회와 그리스도인 모두에게 우주적, 역사적, 사회적 관점 등을 제공할 수 있다.

그러나 이러한 우주적 기독론은 넓게 퍼져 있지 않으며 교회사에서 일부 작은 신학적 흐름이나 집단 안에서만 매우 제한되어 있다. 대부분은 그리스도중심주의는 협소한 기독론(a narrow christology)이 되거나 심지어 예수론(jesusology) 또는 협소한 구원론(a narrow soteriology)으로 기울어지는 경향을 보인다. 이러한 협소한 구원론은 그리스도인이 오로지 구원에 대한 개인적 확신과 내세-지향적인 삶을 추구하게 하며 그 결과 그리스도인들이 지상에서의 하나님 나라의 현재 차원에 관해 많은 관심을 가지지 못하게 할 수 있다.

니버의 분석에 따르면, 철저한 단일신론(radical monotheism)이 유일신론(henotheism)으로 왜곡될 때 그 결과로 '교회-중심적 형태(Church-centered form)'와 '그리스도-중심적 형태(Christ-centered form)' 또는 '교회-중심적 신앙(church-centered faith)'과 '그리스도-중심적 신앙(Christ-centered faith)'으로 나타난다.[35]

전자와 관련하여 니버는 다음과 같이 지적한다.

> 교회를 진리의 근원으로 의존하기에 교회가 도달하는 것은 교회의 가르침이기 때문에 믿어지고 믿어져야 한다. … 하나님을 신앙한다는 것과 교회를 믿는다는 것은 바로 동일한 것이다. 하나님에게로 향하는 것과 교회로 전향하는 것은 거의 동일한 것이다. 하나님에게로 나아가는 길은 교회를 통해서이다. 이렇게 해서 철저한 단일신론(radical monotheism)으로부터 유일신론(henotheism)으로 미묘한 변화가 일어난다. … 하나님과 교회가 아주 동일시됨으로써 "하나님"이라는 단어가 교회의 집단적 대표를 의미하는 것처럼 보인다. 하나님은 교회 안에서 만날 수 있는 분으로 거의 정의된다. 역사는 재해석되어 창조, 심판, 구속에서의 하나님의 위대한 행동들의 이야기가 교회의 역사 또는 '거룩한 역사(holy history)'로 대체된다. 즉, 특별한 공동체가 형성되고 구원되도록 하는 특별한 행동들의 이야기로 대체된다. …[36]

게다가 후자와 관련하여 니버는 다음과 같이 지적한다.

---

35 H. Richard Niebuhr, *Radical Monotheism and Western Culture*, 61.
36 H. Richard Niebuhr, *Radical Monotheism and Western Culture*, 61.

예수 그리스도가 확신과 충성을 위한 절대적 중심이 되어 버린다. … 여러 차례 역사에서 및 경건과 신학의 많은 분야에서 기독교가 그리스도-예배(Christ-cult) 또는 예수-예배(Jesus-cult)로 변형되었을 뿐만 아니라 그리스도-[신앙](Christ-[faith]) 또는 예수-신앙(Jesus-faith)으로 변형되어 왔다. … 신학이 기독론으로 전환되었다. 그리고 이러한 전환과 함께 또한 교회주의(eccleciasticism)에로의 전환이 자주 있었다.

예수 그리스도에게 중심을 두는 공동체가 자신의 충성 대상과 기독교인의 충성 대상으로 제시되는 데에 있어서 그러한 전환이 자주 일어나곤 했다. 기독교인이 된다는 것은 이제 단순히 믿음을 갖는 것이 아니라 오히려 특별한 집단의 일원이 된다는 것을 의미한다. 이는 특별한 신, 특별한 운명, 분리된 실존을 지니는 특별한 집단의 일원이 된다는 것을 의미한다. 교회-중심주의(church-centeredness)의 경우에서처럼 예배와 신학에서 표현되는 그러한 그리스도-중심적 신앙(Christ-centered faith)은 철저한 단일신론(radical monotheism)의 반향으로 가득 차 있다.[37]

3) 성령중심주의(Pneumacentrism)

성령중심주의(Pneumacentrism)는 성령 하나님-중심적 신학(a God the Holy Spirit-centered theology)을 가리킨다. 그리고 성령중심주의는 또한 완성주-중심적 신학(a Consummator-centered theology)을 가리킨다. 완성의 활동이 전통적으로 성령 하나님에게 전유 되기 때문이다.

만약 성령중심주의를 성령의 일차적 역할이 예수 그리스도를 가리키는 것이며 예수 그리스도가 말한 것을 가르치는 것이라고 이해한다면, 성령

---

[37] H. Richard Niebuhr, *Radical Monotheism and Western Culture*, 62-63.

중심주의는 쉽게 기독론과 함께 가며 비슷한 경향을 보인다. 그러면 성령중심주의도 또한 교회-중심적 삶 또는 신령한 은사-중심적 삶에 집중하는 경향을 띠게 된다. 따라서 대부분은 성령중심주의는 사회적, 역사적, 우주적 쟁점에 무관심한 정도가 된다.

그러나 만약 성령중심주의를 성령의 일차적 역할이 예수 그리스도에 대한 증언을 넘어서는 것이라고 이해한다면, 성령중심주의는 예수 그리스도와 성령 사이의 불가분 관계를 배제하지 않으면서도 훨씬 더 많이 확장될 수 있다. 이 경우에 성령중심주의는 완전히 발달하지는 않더라도 신앙의 몇몇 사회적, 역사적, 우주적 차원을 지니는 경향을 보인다.

그러나 대체로 성령중심주의는 후자의 경우에서보다는 전자의 경우에서 더 두드러지게 나타난다. 성령중심주의는 비교적 협소한 기독론(a narrow christology)과 함께 가며 또한 협소한 성령론(a narrow pneumatology)이 되는 경향이 있다. 이러한 성령중심주의는 그리스도인들이 예수 그리스도에 대한 강한 신앙과 큰 열정을 가질 수 있도록 하는 데 긍정적인 역할을 하며, 교회의 활동과 개인적 경건에 활발히 참여하게 하는 장점이 있다. 반면, 이러한 성령중심주의는 그리스도인들이 교회 밖의 사회적, 역사적, 우주적 쟁점에 참여하도록 하는 데에는 한계가 있다.

4. 결론

위에서 논의하였던 바와 같이 우리는 세 중심주의 각각이 몇몇 강점과 약점을 모두 가지고 있음을 발견했다. 따라서 이들 강점을 모아 극대화하고 약점을 제거하거나 최소화하는 접근이 훨씬 더 바람직하다. 바로 이 지점에서 우리는 니버가 자신의 논문 결론에서 제안한 내용을 주의 깊게 살펴볼 필요가 있다.

> 그것은 (삼위일체주의〈the Trinitarianism〉)는 … 모든 부분적 통찰과 확신이 합쳐질 수 있는 종합적 공식에 의해 … 전체를 구성하는 각각에 대한 과도한 강조들과 편파들을 교정하도록 조치해야 한다.[38]

그러기에 우리는 강점을 최대화하고 약점을 최소화하는 '종합적 공식(a synthesized formula)'과 같은 삼위일체주의를 추구할 필요가 있다. 이 글은 그것을 '삼위일체중심주의(Trinitycentrism)'로 표현하는데 이것은 곧 '삼위일체-중심적 신학(a Trinity-centered theology)'이다.

한편, 크리스토프 슈뵈벨이 인정하듯, 20세기 중엽 이후로 전개된 '삼위일체신학의 르네상스 또는 부흥(the renaissance or revival of Trinitarian theology)' 과정에서 삼위일체 교리를 갱신하고 발전시키기 위한 수많은 책과 논문이 나왔다.[39] 그중 하나의 갱신된 이해에 따르면, 삼위일체는 세 신적 위격이 서로와의 교제의 관계를 맺고 살아가는 한 분 하나님을 의미한다. 성부 하나님, 성자 하나님, 성령 하나님이 서로와 불가분리적으로 함께 존재하며 함께 활동하신다.

삼위일체중심주의는 신중심주의, 그리스도중심주의, 성령중심주의와 같은 세 중심주의를 가능한 한 많이 인정하고 확인한다. 그러나 삼위일체중심주의는 세 중심주의를 각각이 홀로 움직이거나 다른 둘과 독립적으로 활동하도록 하지 않는다. 오히려 이들을 하나로 통합하는 동시에, 각 중심주의가 더 발전하여 온전히 꽃필 수 있도록 조화롭게 이끈다.

---

38 H. Richard Niebuhr, "The Doctrine of the Trinity and the Unity of the Church", 383.
39 Chung-Hyun Baik, *The Holy Trinity-God for God and God for Us: Seven Positions on the Immanent-Economic Trinity Relation in Contemporary Trinitatian Theology* (Eugene: Pickwick Publications, 2011), 1. 이 책은 한글로 다음과 같이 번역되어 출판되었다. 백충현, 『내재적 삼위일체와 경륜적 삼위일체: 현대 삼위일체신학에 대한 신학·철학 융합적 분석 - 존재론과 인식론을 중심으로』(서울: 새물결플러스, 2015).

그러나 다른 한편으로, "삼위일체신학의 르네상스 또는 부흥"은 삼위일체중심주의의 정도로까지 아직 나아가지 않은 것처럼 보인다. 비록 그것이 세 중심주의 각각에 새롭고 심지어 충분한 추진력을 제공한다고 하더라도 여전히 삼위일체중심주의의 정도에는 미치지 못하고 있다. 그러기에 삼위일체중심주의를 위해서는 많은 작업이 앞으로 이루어질 필요가 있다.

* 부록 2
『칭의론에 관한 공동선언문』(JDDJ)을 넘어서
– 칭의와 관련된 인간의 상태에 관한 쟁점 분석과 해결 모색[1]

1. 서론

2017년은 마르틴 루터(Martin Luther, 1483-1546)의 종교개혁 500주년을 맞이한 해였다. 이것을 기념하기 위해 독일 교회를 비롯하여 세계 교회는 오랫동안 많은 준비를 해 왔다. 한편으로는 종교개혁의 정신과 의미를 되살려 교회를 개혁하고 사회를 변화시키고자 노력했다. 이와 같은 행사는 한국 교회를 비롯하여 세계 교회 곳곳에서 많이 진행되고 있다. 다른 한편으로는 개신교회와 로마카톨릭(천주)교회 사이의 대화와 화해를 추구하고자 노력했다.

후자와 관련한 예로서 독일 튀빙겐대학교의 명예교수인 한스 큉(Hans Küng)은 2017년 3월 1일에 종교개혁 500주년을 맞이하기 위해 로마카톨릭교회에 루터를 복권하고, 모든 파면을 철회하며, 개신교의 성직을 인정하고, 성만찬에 상호 참여할 것을 요구했다.[2]

---

[1] 이 논문은 2017년 11월 17일 장로회신학대학교에서 개최된 제7회 한일신학자학술회의에서 발표된 논문을 수정 및 보완한 것으로 다음과 같이 출판되었다. 백충현, 『"칭의론에 관한 공동선언문』(JDDJ)을 넘어서-칭의와 관련된 인간의 상태에 관한 쟁점 분석과 해결 모색", 「장신논단」 50권 2호(2018년 6월), 117-143.

[2] https://www.kath.ch/newsd/hans-kueng-fordert-konkrete-reformschritte-seiner-kirche.

가장 인상적인 사건은 1999년 10월 31일에 루터교 세계연맹(Lutheran World Federation)과 로마카톨릭교회(Roman Catholic Church)가 『칭의론에 관한 공동선언문』(Joint Declaration on the Doctrine of Justification)[3]에 서명한 것이다. 그 이후에도 세계감리교협의회(World Methodist Council)가 2006년에 서명하였고,[4] 세계개혁교회커뮤니온(World Communion of Reformed Churches)이 2017년에 서명했다.[5]

이 글은 『칭의론에 관한 공동선언문』(JDDJ)에서의 쟁점을 분석하고 해결을 모색하고자 한다.[6] 여기에서의 쟁점이란 루터교회와 로마카톨릭교회와의 합의(consensus) 내에서도 여전히 남아 있는 차이점(remaining differences) 안에서의 논쟁점을 가리킨다. 『칭의론에 관한 공동선언문』(JDDJ)에 따르면, 남아 있는 차이점이란 루터교세계연맹과 로마카톨릭교회 사이의 상호 정죄가 더 이상 유효하지 않을 정도의 차이점을 말한다.

『칭의론에 관한 공동선언문』(JDDJ)에 담겨 있는 양쪽 진영의 합의와 일치의 정신을 존중하면서도 이 글은 남아 있는 차이점들에 관하여 특별히 주목하여 그러한 차이점들을 만들어내는 논쟁점들까지 분석하고, 그것들을 넘어설 수 있는 해결을 모색하고자 한다.

이 글은 남아 있는 차이점 중에서도 다음 세 가지에 특별히 주목하고자 한다.

① 칭의의 준비 과정에서의 인간의 역할
② 칭의에서의 인간의 상태

---

3 Lutheran World Federation and the Roman Catholic Church, *Joint Declaration on the Doctrine of Justification*(Grand Rapids: William B. Eerdmans, 2000). 이후로 *JDDJ*로 표기함.
4 http://worldmethodistcouncil.org/resources/ecumenical-dialogues.
5 http://wcrc.ch/JDDJ.
6 Justification을 개신교에서는 "칭의(稱義)"로 번역하고 로마카톨릭교회에서는 "의화(義化)"로 번역하지만, 이 글에서는 통일성을 위하여 "칭의"로 사용하고자 한다.

③ 칭의 된 인간의 삶

그리고 이러한 논쟁점을 극복하기 위해 삼위일체신학의 관점에서 접근하여 해결을 모색하고자 한다.

이를 위해 다음과 같이 전개하고자 한다.

- 『칭의론에 관한 공동선언문』(JDDJ)이 있기까지의 역사적 배경을 살펴본다.
- 『칭의론에 관한 공동선언문』(JDDJ)의 주요 내용을 개괄하고 여기에 여전히 남아 있는 차이점을 만들어 내는 쟁점을 분석한다.
- 이러한 쟁점에 대한 해결 방안을 모색하며 특히, 앞으로 칭의론을 '관계적 삼위일체신학'의 관점으로 전개 및 발전시켜 나갈 것을 제안하고자 한다.

이를 위해 이 글에서의 분석은 『칭의론에 관한 공동선언문』(JDDJ)에 있는 본문에 집중하고자 한다.

2. 『칭의론에 관한 공동선언문』(JDDJ)의 배경 역사

루터는 1517년 10월 31일 비텐베르크 슐로스키르헤(Schloßkirche)의 문에 95개조 반박문을 게시했다. 이에 로마카톨릭교회의 교황 레오 10세는 1520년 6월 15일 교황칙서 『주님, 일어나소서』(Exsurge Domine)를 통해 루터의 주장을 41개 항목으로 반박했다. 또한, 교황 레오 10세는 1521년 1월 3일 교황칙서 『로마 교황의 선언』(Decet Romanum Pontificem)을 통해 루터를 공식적으로 파문했다. 그리고 신성로마제국의 황제 카를 5세는 보름스 제국의회에서 1521년 5월 8일 공표한 보름스 칙령을 통해 루터의 책을 금서로 지정하고 제국 추방을 결의했다.

1541년 레겐스부르크 회담을 통해 종교개혁자들과 로마카톨릭교회 사이에 어느 정도의 합의가 있었지만, 실패로 돌아가고, 결국 1545년부터 1563년까지 개최된 트렌트공의회(Trent Council)에서 작성된 '칭의 교령 (*Decretum De Justificatione*, 1547)'을 통해 루터파의 칭의론을 정죄함으로써 분열이 고착화되었다.[7] 그러다가 20세기에 들어와서 세계 교회 안에서의 에큐메니컬 대화와 일치를 위한 노력의 흐름 속에서 1999년 루터교회와 로마카톨릭교회가 『칭의론에 관한 공동선언문』(*JDDJ*)에 서명했다.

20세기 초부터 세계 교회 안에 에큐메니컬 대화와 일치를 위한 노력의 흐름이 생겨났다. 1910년 에딘버러(Edinburgh)에서 개최된 제8차 세계선교대회(World Missionary Conference) 이후에 세계 교회 안에 에큐메니컬 운동의 큰 흐름이 형성되어 교회 간의 대화와 일치를 추구했다. 세계선교대회(WMC)는 1921년에 국제선교협의회(International Missionary Council)로 바뀌어 1921년 1차 레이크모홍크 대회, 1928년 2차 예루살렘 대회, 1938년 3차 탐바람 대회, 1947년 4차 휘트비 대회, 1952년 5차 빌링엔 대회, 1958년 6차 가나 아치모타 대회가 개최되었다.

국제선교협의회(IMC)는 1961년에 세계교회협의회(WCC)에 합류하면서 세계선교와복음전도위원회(Commission on World Mission and Evangelism)로 명칭이 바뀌었다. 그리고 세계선교대회(WMC)의 영향으로 형성된 삶과 봉사(Life and Work)는 1925년 스톡홀름 대회, 1937년 옥스퍼드 대회, 1966년 제네바 '교회와 사회(Church and Society)' 대회, 1974년 부카레스트 '교회와 사회' 대회, 1979년 미국 케임브리지 '교회와 사회' 대회, 1983년 밴쿠버 JPIC 대회, 1990년 서울 JPIC 대회가 개최되었다.

---

[7] 심상태, "의화 교리에 관한 합동 선언문 해설", 『사목』 254(2000년 3월), 43.

그리고 세계선교대회(WMC)의 영향으로 형성된 신앙과 직제(Faith and Order)는 1927년 로잔 대회, 1937년 에딘버러 대회, 1952년 룬트 대회, 1963년 몬트리올 대회, 1993년 산티아고 데 콤포스텔라 대회, 2004년 쿠알라룸푸르 대회, 2009년 크레테 대회 등이 개최되었다.[8] 또한, 이러한 흐름이 합류해 가는 중인 1948년 세계교회협의회(World Council of Churches)가 창설되어, 1948년 1차 암스테르담 총회, 1954년 2차 에반스톤 총회, 1961년 3차 뉴델리 총회, 1968년 4차 웁살라 총회, 1975년 5차 나이로비 총회, 1983년 6차 밴쿠버 총회, 1991년 7차 캔버라 총회, 1998년 8차 하라레 총회, 2006년 9차 포르투 알레그리 총회, 2013년 10차 부산 총회가 개최되었다.[9]

개신교 진영 내에서의 에큐메니컬 대화와 일치를 위한 노력의 흐름에 영향을 받은 로마카톨릭교회는[10] 1960년에 기독교일치촉진교황청위원회(the Pontifical Council for Promoting Christian Unity)를 설립하였으며, 1962-1965년에 개최된 제2차 바티칸공의회(Second Vatican Council)에서 작성된 『일치의 재건』(Unitatis Redintegratio, 1964)을 포함하여 여러 교령을 통해 에큐메니컬 대화와 일치에 적극적으로 참여했다. 특히, 개신교를 '이단'으로 명명하지 않고 "갈라진 형제들"이라고 표현했다.[11]

---

8 백충현, "세계교회협의회(WCC)와 삼위일체-총회보고서를 중심으로", 현요한·박성규 편집, 『WCC 신학의 평가와 전망』(서울: 장로회신학대학교출판부, 2015), 36-37. 이후 "세계교회협의회(WCC)와 삼위일체"로 표기함.
9 백충현, "세계교회협의회(WCC)와 삼위일체", 37-58.
10 교황청의 공식적인 활동 이전인 20세기 초반에 로마카톨릭교인 중에는 교회일치운동을 시도하는 이들이 이미 있었다. 예를 들면, 신부 메츠거(Max Josef Metzger)는 1919년에 설립한 '그리스도왕협회', 1928년에 설립한 '우나상타형제회', 1938년에 설립한 '우나상타협회' 등을 통해 교회일치운동인 '우나상타운동(Una Sancta Bewegung)'을 전개했다. 김성태, "가톨릭교회의 입장에서 본 공동선언문", 『한국 교회사학회지』 11(2002), 19-20.
11 김성태, "가톨릭교회의 입장에서 본 공동선언문", 11-12.

제2차 바티칸공의회의 영향으로 세계교회협의회(WCC)와 로마카톨릭교회는 1965년에 공동연구위원회(Joint Working Group)를 형성하여 2013년까지 제9차 보고서까지 제출하였고 그동안 많은 문서를 형성했다.[12] 대표적인 문서로는 『보편성과 사도성』(Catholicity and Apostolicity, 1968), 『공동증언과 개종』(Common Witness and Proselytism, 1970), 『공동증언』(Common Witness, 1980), 『진리들의 위계질서』(Hierarchy of Truths, 1990), 『교회: 지역교회와 보편교회』(The Church: Local and Universal, 1990), 『도덕적 쟁점들에 관한 에큐메니컬 대화』(The Ecumenical Dialogues on Moral Issues, 1998), 『개종의 도전과 공동증언에로의 부름』(The Challenge of Proselytism and the Calling to Common Witness, 1998), 『에큐메니컬 형성; 에큐메니컬 성찰들과 제안들』(Ecumenical Formation: Ecumenical Reflections and Suggestions, 1998) 등이 있다.[13]

이러한 에큐메니컬 흐름과 함께 루터교세계연맹(LWF)과 로마(천주)교회는 일치에 관해 위원회를 형성하여 다음과 같은 공동진술 문서를 많이 생산했다.

- I 단계(1967-1972): 『복음과 교회』(The Gospel and the Church, 1972)라는 몰타보고서(Malta Report) 제출.
- II 단계(1973-1984): 『성만찬』(The Eucharist, 1978), 『공동체로 나아가는 길들』(Ways to Community, 1980), 『한 분 그리스도의 주님 되심』(All Under One Christ, 1980), 『교회 안에서의 사역』(The Ministry in the Church, 1981), 『마르틴 루터-그리스도의 증언자』(Martin Luther-Witness to Christ, 1983), 『일치에 직면하여-로마카톨릭교회-루터교회 교제의 모형, 형태, 단계』(Facing Unity-Models, Forms and Phases of Catholic-Lutheran Church Fellowship,

---

12 https://www.oikoumene.org/en/resources/documents/commissions/jwg-rcc-wcc.
13 이형기, "개신교의 입장에서 본 구원론에 대한 양자간 대화", 「한국교회사학회지」 11(2002), 33 각주1. 이후 "양자간 대화"로 표기함.

1984) 작성.
- III 단계(1986-1993): 『교회와 칭의』(Church and Justification, 1993) 작성.
- IV 단계(1995-2006): 『교회의 사도성』(The Apostolicity of the Church, 2006) 작성.[14]

> 이 외에도 미국에서는 미국복음주의루터교회(Evangelical Lutheran Church in America)와 로마카톨릭교회가 대화하여 『이신칭의』(Justification by Faith, 1983)라는 문서를 내놓았고, 독일에서는 개신교 신학자들과 로마가톨릭 신학자들이 대화하여 『종교개혁 시대의 정죄들-여전히 분열시키는가?』(The Condemnations of the Reformation Era-Do They Still Divide?, 1986)라는 문서를 내놓았다.

이와 같은 에큐메니컬 흐름이 진행되는 중인 1980년에 로마카톨릭교회는 1530년 필립 멜란히톤(Philipp Melanchthon, 1497-1560)이 루터파의 신앙고백으로 작성하였던 아우구스부르크 신앙고백(Augsburg Confession)의 450주년을 기념하면서 이 신앙고백서를 인정했다. 그리고 1999년 10월 31일 독일 아우구스부르크에서 『칭의론에 관한 공동선언문』(JDDJ)이 양쪽 진영에 의하여 서명되었다. 루터교 세계연맹 회장 크리스티안 크라우저(Christian Krauser)와 기독교일치촉진교황청위원회(PCPCU) 의장인 에드워드 이디리스 캐시디(Edward Idiris Cassidy) 추기경이 서명했다.

1993년에 시작하여 1994년에 공동선언문의 초안이 작성되고, 1997년에 최종안이 결정되었지만, 신학계에서 뜨거운 찬반 논쟁 및 심지어 로마

14　Lutheran World Federation and the Pontifical Council for Promoting Christian Unity. *From Conflict to Communion: Lutheran-Catholic Common Commemoration of the Reformation in 2017* (Leipzig: Evangelishce Verlagsanstalt, 2013), 91. 이후로 *From Conflict to Communion*으로 표기함. 이 문서에 관한 해설은 다음을 참조하라. 이형기, 「에큐메니칼 운동과 에큐메니즘」 이형기 교수 팔순기념 논문집 1(서울: 장로회신학대학교출판부, 2017), 449-514.

교황청에서의 반대 견해를 거치면서 초안이 수정된 후인 1999년에서야 서명되었다.[15] 그렇지만 『칭의론에 관한 공동선언문』(JDDJ)에 세계감리교협의회(World Methodist Council)가 2006년에 서명하였고, 세계개혁교회커뮤니온(World Communion of Reformed Churches)이 2017년에 서명했다. 2009년에는 『칭의론에 관한 공동선언문』(JDDJ)의 10주년 행사를 함께 거행했다.[16]

그리고 2013년에는 2017년 종교개혁 500주년을 공동으로 기념하기 위한 보고서로 『갈등에서 연합으로』(From Conflict to Communion)라는 문서가 만들어졌다. 이 문서는 1983년도에 형성된 문서인 『마르틴 루터-그리스도의 증언자』(Martin Luther-Witness to Christ)를 따라 루터를 '예수 그리스도의 증언자(Witness to Jesus Christ)'로 이해한다.[17]

3. 칭의와 관련된 인간의 상태에 관한 쟁점 분석과 해결 모색

1) 내용 구성

『칭의론에 관한 공동선언문』(JDDJ)은 모두 44항과 부록으로 구성되어 있으며, 전체적인 구성을 표로 정리하면 다음과 같다.

---

15 최주훈, "공동선언문과 로마-가톨릭의 루터관 변화", 「신학연구」 50(2007), 139-140, 156.
16 Lutheran World Federation and the Pontifical Council for Promoting Christian Unity, *10 Jahre Gemeinsame Erklärung zur Rechtfertigungslehre / 10 Years Joint Declaration on the Doctrine of Justification*(Frankfurt: Bonifatius, 2011). 이후로 *10 Years Joint Declaration*으로 표기함.
17 LWF and PCPCU, *From Conflict to Communion*, 9.

『칭의론에 관한 공동선언문』(JDDJ)의 구성

장	항/부록	주제	
전문	1-7		
1. 칭의에 관한 성서적 메시지	8-12		
2. 에큐메니컬 문제로서의 칭의론	13		
3. 칭의에 관한 공통 이해	14-18		
4. 칭의에 관한 공통 이해 해설	19-39	19-21	1. 칭의와 관련한 인간의 무능과 죄
		22-24	2. 칭의-죄 용서와 의롭게 하심
		25-27	3. 믿음과 은혜를 통한 칭의
		28-30	4. 죄인이지만 의롭게 된 자
		31-33	5. 율법과 복음
		34-36	6. 구원의 확신
		37-39	7. 칭의 된 자의 선행
5. 도달된 합의의 의미와 범위	40-44		
6. 출처(sources)			
7. 공식적 공통 진술문	1-3		
8. 부록(annex)	1-4		

『칭의론에 관한 공동선언문』(JDDJ) 14-18항에서 칭의에 관한 공통 이해를 표명하고, 19-39항에서는 칭의에 관한 공통 이해를 7가지 주제로 나누어 해설한다.[18]

---

[18] 7가지 항목으로의 구분은 1986년도에 작성된 『종교개혁 시대의 정죄들-여전히 분열시키는가?』(*The Condemnations of the Reformation Era-Do They Still Divide?*, 1986)에 바탕을 두고 있다.

① 칭의와 관련한 인간의 무능과 죄
② 칭의-죄의 용서와 의롭게 하심
③ 믿음과 은혜를 통한 칭의
④ 죄인이지만 의롭게 된 자
⑤ 율법과 복음
⑥ 구원의 확신
⑦ 칭의 된 자의 선행

주제별로 공통의 고백을 먼저 제시하고(*JDDJ* 19, 22, 25, 28, 31, 34, 37), 로마카톨릭교회의 입장(*JDDJ* 20, 24, 27, 30, 33, 36, 38)과 루터교회의 입장(*JDDJ* 21, 23, 29, 32, 35, 39)을 제시한다.[19]

2) 쟁점 분석

『칭의론에 관한 공동선언문』(*JDDJ*)의 의도는 '그리스도에 대한 믿음을 통해 하나님의 은혜에 의해 이루어지는 칭의(justification by God's grace through faith in Christ)'에 관한 공통의 이해를 표명하되 칭의론의 기본적 진리들에 대한 합의(consensus)와 남아 있는 차이점(remaining differences)을 드러내는 것이다(*JDDJ* 5). 그렇지만 합의와 차이점은 양립할 수 있기에(compatible), 남아 있는 차이점은 더 이상 상호 간의 교리적 정죄를 위한 근거가 되지 않으며(*JDDJ* 14), 기본적 진리에 대한 합의를 파괴하지 않는다(*JDDJ* 40).

---

19 Lutheran World Federation and the Roman Catholic Church. *Joint Declaration on the Doctrine of Justification*(Grand Rapids: Wm. B. Eerdmans, 2000), 17-25. 이 내용은 아래에서도 확인가능하다. 이후로 *Joint Declaration*으로 표기함. https://www.lutheranworld.org/content/resource-joint-declaration-doctrine-justification; http://www.vatican.va/roman_curia/pontifical_councils/chrstuni/documents/rc_pc_chrstuni_doc_31101999_cath-luth-joint-declaration_en.html.

그리고 합의에 비추어 볼 때, 남아 있는 차이점은 칭의를 이해하는 데에서의 언어, 신학적 정교화, 강조점에서의 차이점이다(*JDDJ* 40). 16세기에 서로에게 제기했던 교리적 정죄는 『칭의론에 관한 공동선언문』(*JDDJ*) 안에 있는 루터교회의 입장과 로마카톨릭교회의 입장에는 해당하지 않는다(*JDDJ* 41). 따라서 이 글에서 다루는 쟁점은 바로 이와 같은 큰 틀 안에서 이해될 필요가 있다. 다만 이 글에서 쟁점을 분석하는 목적은 상호 간의 합의안에서도 여전히 남아 있는 차이점을 세밀하게 살펴봄으로써 그것까지도 넘어설 수 있는 신학적인 해결 방안을 모색하고 제안하기 위함이다.

(1) 칭의의 준비 과정에서의 인간의 역할

루터교회와 로마카톨릭교회와의 합의에 따르면, 인간의 칭의는 하나님의 은혜에 전적으로 의존한다. 왜냐하면, 인간은 죄인이기 때문이다. 그래서 인간은 자신의 공로나 능력으로 칭의를 얻을 수 없다. 그러므로 칭의는 전적으로 하나님의 은혜이다. 죄인인 인간은 하나님의 은혜로 믿음을 통해 의롭다고 칭함을 받는다.

이렇게 인간의 칭의가 하나님의 은혜에 전적으로 의존한다면 그리고 인간 자신의 공로나 능력에 의해 획득되는 것이 아니라면, 칭의의 준비 과정에서 인간의 역할은 무엇인가?

여기에 관하여 루터교회는 인간은 단지 수동적인 칭의를 받을 수 있을 뿐이며, 인간 자신이 칭의에 공헌할 어떤 가능성도 배제된다. 그러나 로마카톨릭교회에 따르면, 인간은 하나님의 칭의 행위에 동의함으로써 칭의를 준비하고 수용하는 데에 협력할 수 있다. 그리고 이러한 동의 자체도 은혜의 효과이지 인간 자신의 능력으로부터 나오는 것이 아니라고 한다.

좀 더 구체적으로 살펴보면, 루터교회에 따르면 죄인인 인간에게서 믿음의 시작은 언제나 하나님의 창조적인 말씀에 따라 이루어진다. 하나님의 말씀이 믿음을 불러일으키며, 이러한 믿음에 인간이 인격적으로 온전히 관계한다. 하나님께서 믿음을 불러일으키실 때 인간은 하나님에게 전적으로 신뢰를 두며 하나님과의 연합 안에서 산다. 하나님의 행하심은 새로운 창조로서 인격의 모든 차원에 영향을 미친다.

그러므로 칭의의 준비 과정에서 시작은 언제나 하나님으로부터, 즉 하나님의 말씀으로부터 이루어진다. 하나님의 창조적인 말씀이 인격의 모든 차원에 영향을 미치고 하나님을 전적으로 신뢰하도록 하며 하나님과의 연합 안에서 살아가도록 한다. 칭의에서 인간의 전인격적인 차원들이 움직여지고 활동하지만, 이 모든 것은 하나님의 말씀에 따라 시작된 것이다. 그러기에 믿음의 시작과 믿음을 통한 칭의를 인간 자신의 공로나 능력으로 돌릴 수는 없다.

로마카톨릭교회에 따르면 인간은 하나님의 칭의 행위에 인격적으로 동의함으로써 칭의를 준비하고 수용하며, 이런 점에서 인간은 협력한다고 말할 수 있다. 그러나 이것은 결코 신인 협력설은 아니다. 왜냐하면, 칭의를 준비하고 수용하는 것, 즉 인간이 칭의에서 협력하는 것조차도 하나님 은혜의 효과이기 때문이다. 인간의 협력이 인간 자신의 능력으로부터 나오는 것이 아니기에 하나님의 칭의의 은혜 자체는 인간의 협력과는 무관하다. 이런 점에서 인간의 칭의는 결코 인간의 공로나 공헌이 될 수 없으며 인간의 소유나 자랑도 될 수 없다.

이처럼 루터교회와 로마카톨릭교회는 인간의 칭의는 하나님의 은혜에 전적으로 의존하는 것임을 강조하면서도, 칭의의 준비 과정에서 인간의 인격적인 참여를 부인하지 않고 오히려 긍정한다. 루터교회는 하나님의 창조적인 말씀이 인간에게서 믿음을 불러일으킨다는 점을 강조하지만, 하나님의 말씀 때문에 시작된 인간의 전인격적인 차원의 움직임과 활동들을 부인하지는 않는다.

로마카톨릭교회는 하나님의 칭의 행위에 인간이 인격적으로 동의함으로써, 즉 칭의를 준비하고 수용함으로써 협력한다고 설명하기에 인간의 역할을 강조하는 듯하지만, 이러한 인간적 협력조차도 하나님 은혜의 효과라는 점을 주장한다. 이러한 점을 고려할 때 루터교회와 로마카톨릭교회는 모두 칭의에 있어서 인간이 어떤 역할을 하거나 인격적으로 참여하는 것을 전혀 부인하지는 않는다고 말할 수 있다.

다만, 칭의에 있어서 인간의 역할이나 인간의 인격적인 참여에 관하여 루터교회는 언제나 하나님의 창조적인 말씀 때문에 시작된다는 점을 강조한다. 인간의 믿음이나 인간의 신뢰조차도 하나님의 말씀 때문에 일어나는 것임을 늘 강조한다. 이러한 강조로 인하여 루터교회는 인간이 수동적인 칭의를 받을 뿐이라고 말한다. 여기에서는 인간의 역할과 참여가 점차로 약화하거나 상실되어 가는 경향이 도사리고 있다.

반면에 로마카톨릭교회는 하나님의 은혜로 인간이 하나님의 칭의 행위에 동의할 수 있고, 그래서 칭의를 준비하고 수용하는 데에서 협력할 수 있다고 말하는데, 여기에서 시작점과 출발점은 하나님의 은혜이지만, 그 과정에서는 인간의 동의, 즉 인간의 준비와 수용이라는 인간의 협력이 있어서 이것이 칭의의 필수적이고 구성적인 요소가 되어가는 경향을 보인다.

그렇다면 루터교회는 하나님의 창조적인 말씀 때문에 믿음이 일어난다고 함으로써 칭의의 시작과 출발과 심지어 과정에서 인간은 전적으로 무능하다는 점을 그래서 칭의에 있어서 인간은 수동적이라는 점을 강조한다고 볼 수 있다. 반면에 로마카톨릭교회는 칭의의 시작과 출발에서 하나님의 은혜를 언급하기는 하지만, 그 과정에 있어서 하나님 은혜의 효력에 의하여 인간이 하나님의 칭의 행위에 어느 정도 능동적으로 동의하고, 그래서 칭의를 어느 정도 준비하고 수용하고, 그래서 칭의에 있어서 어느 정도 능동적으로 협력한다는 점을 간과하지 않으려고 한다고 볼 수 있다.

(2) 칭의에서의 인간의 상태

루터교회와 로마카톨릭교회와의 합의에 따르면, 하나님의 칭의의 은혜에 의하여 인간은 죄가 용서되고 죄의 힘으로부터 자유롭게 된다. 인간은 믿음으로 그리스도 안에 참여하며 믿음으로 그리스도와 연합한다. 칭의를 통해 하나님은 인간에게 죄를 더 이상 전가하지 않으시고 성령을 통해 인간 안에 능동적 사랑을 일으키신다.

그렇다면 칭의에서의 인간의 상태는 구체적으로 어떠한가?

루터교회는 칭의를 통해 예수 그리스도의 의가 우리의 의가 된다는 점을 강조한다. 예수 그리스도의 복음을 통해서 우리가 칭의를 받는다는 점을 강조하기 위함이다. 그렇지만 예수 그리스도의 의로 옷 입는 인간은 루터 자신의 표현에 따르면 "의인인 동시에 죄인(*simul iustus et peccator*)"이다. 하나님께서 말씀과 성례를 통해 죄를 용서하시고 그리스도의 의를 주시기 때문에 전적으로 의인이다.

그렇지만 동시에 신자는 반복적으로 거짓 신들에게로 향하며 하나님을 순전히 사랑하지 못하기 때문에 전적으로 죄인이다. 그런데도 죄의 구속하는 힘은 그리스도의 공로에 의하여 이미 깨어졌고 죄가 신자를 더 이상 통치하지 못한다. 그래서 신자는 죄에도 불구하고 하나님으로부터 분리되지 않으며 정죄와 영원한 죽음을 더 이상 받지 않는다.

로마카톨릭교회에 따르면, 세례를 통해 인간으로부터 죄와 정죄함이 모두 제거된다. 그런데 여기에서는 '고유한 의미로서의' 죄와 정죄함을 가리킨다. 그렇지만 칭의의 은혜를 받은 인간 안에는 여전히 죄로부터 나오며 죄로 나아가는 경향, 즉 욕정(*concupiscentia*)이 남아 있다.

다만 이 욕정 안에는 죄와 연관된 인격적인 요소가 없으므로 그 자체로 '고유한 의미로서의' 죄가 되지 못하며 영원한 죽음이라는 벌을 초래하지 않는다. 칭의 안에서 인간은 그리스도를 통해 믿음과 소망과 사랑을 받으며, 이를 통해 그리스도와의 연합으로 나아간다.

이처럼 루터교회와 로마카톨릭교회는 하나님의 칭의의 은혜에 의하여 인간의 상태가 변화된다는 점을 인정하면서도 이중적인 상태임을 부인하지 않는다. 루터교회는 인간이 예수 그리스도의 의로 옷 입는다는 점을 강조하면서도 인간은 여전히 죄인이라는 점을 부인하지 않는다. 다만 칭의 이전과는 달리 이제는 죄의 구속하는 힘은 깨어져서 죄가 신자를 더 이상 통치하지 못한다고 여긴다. 로마카톨릭교회는 칭의의 은혜에 의하여 인간에게서 '고유한 의미로서의' 죄와 정죄함이 제거됨을 강조하면서도 여전히 죄의 경향성인 욕정이 남아 있는 죄인이라는 점을 인정한다. 다만 칭의 이전과는 달리 인간의 욕정에는 인격적인 요소가 없으므로 그 자체로 '고유한 의미로서의' 죄와 정죄함을 가져오지 못한다고 여긴다.

루터교회이든 로마카톨릭교회이든 칭의를 통해 분명히 새로운 변화가 인간 안에 일어난다. 루터교회에 따르면 인간이 그리스도의 의로 옷 입어 의인으로 칭함을 받는 새로운 변화가 일어난다. 로마카톨릭교회에 따르면 인간에게는 '고유한 의미로서의' 죄와 정죄함이 제거되는 새로운 변화가 일어난다. 그리고 루터교회에 따르면 인간은 죄의 구속하는 힘으로부터 자유롭게 된다. 그리고 로마카톨릭교회에 따르면 인간은 더 이상 '고유한 의미로서의' 죄와 정죄함을 받지 않는다.

그렇다면 루터교회와 로마카톨릭교회의 차이점은 무엇인가?

그것은 칭의를 통해 인간이 온전한 의인이 되는 것에 관한 차이이다. 루터교회에 따르면, 믿음을 통해 인간은 온전한 의인이 된다. 왜냐하면, 칭의는 인간의 공로나 노력에 의한 것이 아니라 전적으로 예수 그리스도의 의로 인하여 의롭게 되는 것이기 때문이다. 반면에 로마카톨릭교회에 따르면, 하나님의 칭의의 은혜에 의하여 인간으로부터 '고유한 의미로서의' 죄와 정죄함이 제거됨으로써 인간이 의롭게 되긴 하지만, 여전히 죄의 경향성인 욕정이 있으므로 더욱 의롭게 되는 과정을 거쳐야 할 필요성이 요청된다.

물론, 루터교회에서도 칭의를 받은 인간이더라도 여전히 죄인이라는 점을 부인하지는 않지만, 여전히 죄인이라고 하더라도 인간의 온전한 의인 됨을 부정하지는 않는다. 로마카톨릭교회에서도 칭의 된 인간에게 있는 죄의 경향성인 욕정이 '고유한 의미로서의' 죄와 정죄함을 초래하지 않는다고 말하지만, 칭의 된 인간이 정말로 온전한 의인이 되는지는 분명하게 말하지는 않는다.

이러한 차이점은 또한 믿음으로 그리스도와 연합하는 것에 관한 강조의 정도 차이에서 드러난다. 루터교회에서는 믿음으로 그리스도에 참여하고 그리스도와 연합한다는 점을 개혁교회만큼 충분히는 아니더라도 인정한다. 반면에 로마카톨릭교회는 하나님의 칭의의 은혜에 의하여 인간이 의롭게 된다는 점을 말하면서도 의롭게 되는 인간은 믿음과 소망과 사랑을 통해 그리스도와의 연합으로 나아간다고 말한다.

따라서 루터교회는 칭의를 통해 인간이 온전히 의인이 되는 것이며 온전히 그리스도에 참여하고 온전히 그리스도와 연합한다고 여긴다. 반면에 로마카톨릭교회는 칭의를 통해 인간이 의롭게 되기는 하지만, 여기에서 머물지 말고 믿음과 소망과 사랑을 통해 더 온전히 그리스도와의 연합으로 나아가야 한다고 말한다.

루터교회는 인간이 칭의에 의하여 예수 그리스도의 의로 옷 입는 온전한 의인이 됨을 확증한다. 온전한 의인이라고 하여 인간 자체가 순전한 의인인 것은 아니며, 또한 의의 상태가 인간 자신의 것이 되는 것도 아니다. 반면에 로마카톨릭교회는 인간이 하나님의 칭의의 은혜에 의하여 의롭게 되기는 하지만, 온전히 의롭게 되기 위해 여전히 나아가야 하는 과정과 도상에 있는 상태에 있다고 여긴다.

(3) 칭의 된 인간의 삶

칭의 된 인간의 삶에 관한 논의는 어떠한가?

이러한 질문은 칭의에서의 인간의 상태와 연속 선상에 있는 것이지만, 칭의 된 자의 삶에 더욱 초점을 둔다. 루터교회와 로마카톨릭교회의 합의에 따르면, 칭의의 믿음은 하나님에 대한 소망과 하나님을 위한 사랑을 포함한다. 믿음과 소망과 사랑 안에서 사는 신자의 삶에서 선행은 칭의를 뒤따라 나오며 칭의의 열매이다. 칭의를 받은 자가 그리스도 안에서 살고 은혜 안에서 행동할 때 좋은 열매를 맺는다. 이처럼 루터교회이든 로마카톨릭교회이든 신자의 삶에는 칭의의 열매로서 선행이 나타난다는 점에는 일치한다. 달리 표현하면, 신자의 삶에는 칭의와 성화가 함께 있다는 점에는 일치한다.

그런데 루터교회에 따르면 칭의 된 자의 삶에서 드러나는 선행은 칭의의 열매이며 또한 의의 효력이다. 선행 자체가 의 자체에 기여하지 않고 다만 의에서 드러나는 효력이다. 선행을 의의 효력이라고 여기는 주된 이유는 하나님에 의한 수용과 그리스도의 의에 대한 참여로서의 의가 항상 온전하다고 여기기 때문이다. 칭의 된 자의 삶에서 드러나는 것은 온전한 의의 효력이며 신자의 삶에서는 의의 효력의 성장이 있을 수 있다. 그렇다고 신자의 삶에서의 선행이 칭의의 의 자체에 공헌하거나 기여하는 것은 아니다.

반면에 로마카톨릭교회에 따르면, 은혜와 성령의 활동으로 가능해진 선행은 은혜의 성장에 기여한다. 즉, 하나님에게서 나오는 의는 보존되고 그리스도와의 연합은 깊어진다. 로마카톨릭교회에서 이렇게 말하는 의도는 신자의 행동에 대한 책임을 강조하기 위함이다. 이러한 점을 강조한다고 해서 칭의가 항상 공로 없이 받는 은혜의 선물이라는 점을 부인하지 않으며, 선행이 지니는 선물로서의 특성에 이의를 제기하는 것은 아니라고 한다. 그렇지만 은혜의 성장에 기여한다고 여김으로써 하나님의 칭의의 은혜에 의한 인간의 의는 더 성장하거나 깊어져야 한다는 점을 암시한다.

여기에서의 차이점은 무엇인가?

루터교회에서는 선행을 의의 효력이라고 여기지만, 로마카톨릭교회에서는 선행이 은혜의 성장에 기여한다고, 다시 말해 하나님의 의를 보존하고 그리스도와의 연합을 깊게 한다고 한다. 여기에서 주목할 점은 루터교회에서는 칭의를 통해 받은 신자의 의가 온전하다는 점을 강조하면서 이러한 상태에서 신자의 삶에서 칭의의 열매로서 선행과 성화가 나타나야 함을 강조한다.

그러나 칭의를 통해 온전한 의인이 된다고 해서 인간 자체가 순전한 의인인 것은 아니며, 또한 의의 상태가 인간 자신의 것이 되는 것도 아님을 분명하게 말한다. 반면에 로마카톨릭교회는 하나님의 칭의의 은혜 자체가 온전한 의라는 점을 언급하지 않고, 다만 칭의 된 자의 삶에서 선행이 나타나야 하며 이 선행이 은혜의 성장에 기여한다고 한다.

루터교회에서는 칭의 된 자의 삶에서 신자의 의인 됨이 온전하다는 점을 확증하면서도 신자의 삶에 선행이 열매로 나타나야 함을 강조한다. 그렇지만 이러한 입장은 신자의 의인 됨이 온전하다는 점을 전제하기에 정반대로 신자의 삶에서 선행이 열매로 나타나야 하는 점을 소홀히 여기거나 간과할 가능성도 있다. 반면에 로마카톨릭교회에서는 신자의 삶에서 나타나는 선행이 은혜의 성장에 기여한다고 말함으로써 신자의 삶에서 선행과 성화에 대한 책임을 강조할 수 있다.

그렇지만 이러한 입장은 선행이 은혜의 성장에 기여한다고 말함으로써 선행을 신자의 의인 됨을 더 온전하게 할 수 있는 위치로까지 격상시킬 가능성이 있다. 그렇게 되면 선행과 성화가 은혜의 조건이 될 가능성이 있다. 그러기에 칭의 된 자의 삶에서 드러나는 선행은 비록 칭의의 열매라고 표현하지만, 신자가 온전히 의롭게 되기 위해 필수적으로 요청되는 것들이며, 특히 하나님의 은혜 성장에 기여하기 위해 필연적으로 요청되는 것이다.

3) 해결 모색-관계적 삼위일체신학의 관점 제안

위에서 분석하였던 바와 같이 칭의의 준비 과정에서의 인간의 역할과 칭의에서의 인간의 상태 그리고 칭의 된 인간의 삶에 관한 논의에서 루터교회와 로마카톨릭교회의 입장을 공통점과 차이점으로 나누어 정리하면 다음과 같다.

『공동선언문』(JDDJ)		① 칭의의 준비 과정에서의 인간의 역할	② 칭의에서의 인간의 상태	③ 칭의 된 인간의 삶
㉮ 공통점		· 죄인으로 심판 아래 · 인간의 공로/능력이 아님 · 은혜에 전적으로 의존	· 은혜로 죄 용서 (죄 전가 없음) · 은혜로 죄의 힘으로부터의 자유(성령을 통한 능동적 사랑) · 믿음으로 그리스도에 참여/연합 · 하나님 자신의 구원적 임재 · 죄의 힘에 노출 · 평생 싸움 & 날마다 용서 간구	· 은혜로 새로운 삶의 선물 · 믿음·소망·사랑 안에서의 삶 · 선행이 뒤따름 · 그러나 칭의 기초/공로 아님
㉯ 차이점	㉠ 루터교회	· 죄인으로 적극적으로 대적 · 협력이 불가능 · 수동적인 칭의를 받음 · 하나님 말씀이 믿음을 일으킴 · 믿음으로만 칭의 · 믿음에 인격적인 관여	· 그리스도의 의가 우리의 의(온전한 의) · 그리스도 안에서 하나님 앞에 의를 받음. 전적으로 신뢰/연합 · 의인인 동시에 죄인 · 죄의 구속하는 힘은 그리스도의 공로로 깨어짐. 죄가 통치 못 함	· 그리스도와의 연합 안에서 인간의 삶이 갱신 · 의의 효력들의 성장 있음 · 선행은 칭의의 열매 / 표징 · 칭의/갱신 구별되나 분리는 아님

㉠ 로마 (천주) 교회	• 협력(하나님의 칭의 행위에 동의, 준비, 수용)그러나 협력은 은혜의 효과임 • 믿음이 칭의 근본	• 고유한 의미로서의 죄/정죄함이 제거됨 • 죄의 경향성(욕정) 남아 있음. 그러나 인격적 요소 없어서 고유한 의미의 죄/정죄함 받지 않음 • 그리스도로 믿음·소망·사랑 받음 • 그리스도와의 연합으로 나아감 • 하나님과의 새로운 인격적 관계	• 은혜의 수용 통한 내면적 인간의 갱신 강조 • 성령 안에서 능동적 사랑으로 효력을 드러냄 • 은혜의 성장에 기여 (의의 보존 및 연합 깊어짐) • 선행의 공로적 특성을 인정하지만, 갱신은 은혜에 의존하고 칭의에 기여하지 못함. 신자의 책임 강조

위의 표에서 드러나는 바와 같이, 16세기에 비하여 『칭의론에 관한 공동선언문』(JDDJ)에서는 양쪽 진영의 입장이 어느 정도 완화되어 있고 상호포괄적인 표현을 사용하고 있다. 16세기 당시에는 루터 또는 루터파의 입장과 로마카톨릭교회 트렌트 공의회의 입장이 서로 극단적으로 대조 및 대립을 이루었다.[20] 16세기는 논쟁과 갈등의 상황이었기에 각 논의에서의 차이점이 더욱더 첨예하게 대립적이었다.

그러나 1999년에 서명된 『칭의론에 관한 공동선언문』(JDDJ)은 에큐메니컬 대화와 일치를 향한 노력의 영향으로 각 입장이 완화되어 있다. 예를 들면, 루터교회의 입장 안에서는 '노예 의지(servo arbitrio)', '우리 밖의 의(iustitia extra nos)', '낯선 의(iustitia aliena)', '전가(imputatio)'와 같은 표현이 두드러지게 드러나지 않는다. 그리고 로마카톨릭교회의 입장에서는 '선행 은총(gratia preveniens)', '습성(habitus)', '주입된 은혜(gratia infusa)', '분여(impartatio)'와 같은 용어가 거의 나타나지 않는다.

---

[20] 16세기 당시 양쪽 진영의 입장 차이에 관해서는 다음을 참조하라. 이형기, "양자간 대화", 35-44. 이 논문의 II장(35-40쪽)은 트렌트 공의회의 구원론을 정리하고 III장(40-44쪽)은 루터의 구원론을 정리한다.

그런데도 『칭의론에 관한 공동선언문』(JDDJ)에서 모든 쟁점이 없어진 것은 아니다. 양쪽 진영 사이에 합의(consensus)와 남아 있는 차이점(remaining differences)이 함께 존재한다. 에큐메니컬 대화와 일치의 정신은 다양성 속의 일치성(unity in diversity)을 추구하는 것이며, 또한 일치성 속에서의 다양성(diversity in unity)을 추구하는 것이다. 그러기에 양쪽 진영 사이에 합의와 남아 있는 차이점이 함께 존재할 수 있다.

따라서 양쪽 진영 사이에 남아 있는 차이점을 모두 제거하여 단지 하나의 입장으로 획일화시키는 것은 적절하지 못하며 또한 불가능하다. 다만, 남아 있는 차이점에 담겨 있는 논쟁점을 최소한으로 만들고자 노력할 필요가 있다. 일치성 안에서 다양성을 존중하면서도, 남아 있는 차이점에 담겨 있는 논쟁점을 넘어서고 극복하려는 시도가 요청된다.

그런데 흥미로운 점은 『칭의론에 관한 공동선언문』(JDDJ)에서 드러나는 쟁점의 핵심이 인간을 어떻게 이해하느냐와 관련되어 있다는 것이다. 다시 말해서, 하나님의 칭의의 은혜와 관련하여 인간의 상태를 어떻게 이해하느냐와 관련되어 있다.

이러한 쟁점의 핵심은 신학적인 주제(theological locus)로는 인간론(anthropology)에 해당하는 것이며, 특히 신학적 인간론(theological anthropology)에 관한 것이다. 물론, 여기에서의 쟁점의 핵심은 하나님의 은혜를 어떻게 이해하느냐와도 관련되어 있다. 즉, 하나님 은혜의 효력과 범위를 어떻게 이해하느냐와 관련되어 있다. 그렇지만 본 논문은 칭의와 관련된 인간의 상태에 초점을 둔다.

그렇다면 『칭의론에 관한 공동선언문』(JDDJ)에서 칭의와 관련된 인간의 상태와 관련하여 남아 있는 차이점에 담겨 있는 논쟁점을 넘어서고 극복할 방안은 무엇인가?

이 질문에 대한 해답의 실마리는 『칭의론에 관한 공동선언문』(JDDJ)의 쟁점 분석을 통해 어렴풋이 드러났다. 그것은 각 진영의 신학적 인간론을 본체주의(substantialism) 또는 본질주의(essentialism)로부터 관계주의(relationalism)에로 충분히 전환하는 것이다.

본체주의 또는 본질주의는 인간을 인간으로 만들어 주고 규정해 주는 어떤 본체(substance) 또는 본질(essence)이 인간 안에 고유하게 존재한다는 점을 전제하고 강조한다. 그래서 인간에게는 고유한 인간성이 본래 있으며, 죄인으로서의 인간에게는 죄성이 고유하게 있고 의인으로서의 인간에게는 의가 고유하게 있다고 여긴다.

본체주의 또는 본질주의는 관계를 부정하지는 않지만, 본체 또는 본질보다 관계를 부차적인 것으로 간주한다. 반면에 관계주의는 인간을 인간으로 만들어 주고 규정해 주는 것이 어떤 본체 또는 본질이라기보다는 가장 우선으로 '관계'라는 점을 전제하고 강조한다.

앞서 살펴본 바를 다시 정리해 보면, 루터교회의 관점에서는 칭의의 준비 과정에서 인간의 역할에 관한 논의는 본질주의 또는 본체주의에 근거하고 있으며, 칭의 당시 인간의 상태와 칭의 된 이후의 삶에 관한 논의는 관계주의에 근거하고 있다.

이러한 관점을 바탕으로 칭의 전후의 인간 상태를 단계적으로 살펴보면 다음과 같다.

첫째, 칭의 이전의 인간은 죄성이 있는 죄인으로 하나님의 구원 행동에 적극적으로 대적하는 상태에 있다. 그러기에 칭의에서의 협력이 불가능하고 단지 수동적인 칭의를 받을 수 있을 뿐이다.

둘째, 칭의에서 인간은 예수 그리스도의 의로 옷 입고 온전한 의를 이루지만, 그렇다고 칭의의 의는 인간 자신의 고유한 본체나 본질이 되지 못한다. 다만, 그리스도 안에서 및 하나님 앞에서 의롭게 되는 것이다. 즉, 하나님과의 관계에서 의인으로 칭함을 받는 것이다.

칭의에서의 이러한 인간의 상태는 또한 여전히 율법과의 관계에서 죄인으로 여겨진다. 죄인이라고 하더라도, 이제는 죄의 구속하는 힘이 그리스도의 공로에 의해 깨어지고 죄가 더 이상 통치하지 못하는 그러한 상태에 있는 죄인이다. 그러기에 관계주의에서는 인간이 의인인 동시에 죄인이라는 역설과 모순이 가능할 수 있다.

셋째, 칭의 된 인간은 그리스도 안에 참여하고 연합하는 자로 사는 삶을 살아간다. 여기에서의 참여와 연합은 본체주의 또는 본질주의로 이해될 수 없고 관계주의로 이해될 수 있다. 참여와 연합의 관계 속에서 사는 삶에는 의의 효력들이 드러나고 칭의의 열매 및 표징으로서 선행이 드러난다.

반면에 로마카톨릭교회의 입장에서는 다음과 같은 논의가 기본적으로 본체주의 또는 본질주의에 근거하고 있다.

① 칭의의 준비 과정에서의 인간의 역할
② 칭의에서의 인간의 상태
③ 칭의 된 인간의 삶

로마카톨릭교회의 관점에서 칭의는 하나님의 은혜에 기초하고 있지만, 그 은혜가 인간 존재의 본질적 변화로 이어진다는 점에서 전반적으로 본체주의적 시각이 반영되어 있다.

그 구체적인 이해는 다음과 같이 정리할 수 있다.

첫째, 칭의 이전의 인간은 죄성이 있는 죄인이어서 은혜에 전적으로 의존한다고 여긴다. 그러나 하나님의 은혜에 의하여, 즉 칭의의 은혜에 선행하는 은혜에 의하여 인간은 협력할 수 있는 존재로 변화가 이루어진다. 하나님의 의가 죄성이 있는 인간의 상태를 의의 상태로 변화시키기 시작한다.

둘째, 칭의에서는 인간으로부터 고유한 의미로서의 죄와 정죄함이 제거되고, 인간은 믿음과 소망과 사랑을 받는다. 그래서 죄성을 지닌 인간이 본체주의적으로 및 본질에서 의로운 자의 상태가 되는 것이다. 은혜의 수용을 통한 내면적 갱신이 인간의 본체 또는 본질에서 이루어진다고 여긴다. 이러한 인간의 상태에서도 죄의 경향성인 욕정이 남아 있긴 하지만, 이러한 욕정은 본체주의 및 본질주의 관점에서는 고유한 의미로서의 죄가 되지 못하고 정죄함도 가져오지 못한다.

셋째, 칭의 이후 의롭게 된 인간의 삶, 즉 은혜의 수용을 통한 내면적 갱신이 이루어진 인간의 삶은 성령 안에서 능동적 사랑으로 효력을 드러낸다. 의롭게 된 인간에게서 뒤따라 나오는 선행은 하나님에게서 오는 의를 보존하고 은혜의 성장을 가져온다. 그러므로 선행은 공로적인 특성이 있기까지 하다.

16세기 로마카톨릭교회의 입장과 비교하면, 『칭의론에 관한 공동선언문』(JDDJ)에서의 로마카톨릭교회의 입장에서는 관계에 관한 언급이 눈에 많이 띄는 것이 사실이다. 예를 들어, 그리스도 안에 참여하고 그리스도와 연합한다는 점을 인정하고(JDDJ 22), "하나님과 새로운 인격적 관계"(JDDJ 27)라는 표현을 명시적으로 사용한다.

그런데도 『칭의론에 관한 공동선언문』(JDDJ)에서 진술된 로마카톨릭교회의 입장은 여전히 기본적으로 본체주의 또는 본질주의에 근거한다. 그래서 하나님의 은혜와 인간의 수용 사이에서 칭의의 담지자, 즉 의의 주체를 양자택일적으로 선택해야 하는듯한 인상을 드러낸다.

그렇다면 양쪽 진영 사이에 남아 있는 차이점의 논쟁점을 더 많이 최소화할 방안은 무엇인가?

이론적으로 가능한 접근은 두 가지로 요약될 수 있다.

첫째, 루터교회에서는 ① 칭의의 준비 과정에서의 인간의 역할에 관한 논의를 관계주의의 관점으로 바꾸고, 로마카톨릭교회에서는 ① 칭의의 준비 과정에서의 인간의 역할, ② 칭의에서의 인간의 상태, ③ 칭의 된 인간의 삶에 관한 논의 모두를 관계주의의 관점으로 바꾸는 방안이 있다.

둘째, 로마카톨릭교회에서의 모든 논의를 그대로 두고, 루터교회에서 ② 칭의에서의 인간의 상태, ③ 칭의 된 인간의 삶에 관한 논의를 본체주의 또는 본질주의의 관점으로 바꾸는 방안도 있다.

그렇지만 현대에 들어와서 본체주의 또는 본질주의 자체가 철학적으로나 신학적으로 비판을 받고 있다는 점을 고려한다면, 첫 번째의 방안이 더 나을 것이다.

게다가, 현대의 철학과 신학에서는 관계성 및 공동체성에 대한 관심이 크게 증대했기 때문에 오늘날에는 첫 번째의 방안이 훨씬 더 설득력이 있을 것이다. 특히, 신학 분야에서는 현대 삼위일체신학의 르네상스를 맞이하면서[21] 삼위일체 하나님의 관계성 및 공동체성에 대한 논의가 큰 흐름을 형성하고 있기 때문에 관계주의의 관점은 신학적으로도 매우 큰 의미가 있을 것이다.

그러므로 첫 번째 방안을 따라 양쪽 진영의 신학적 인간론에 관련된 논의를 본체주의(substantialism) 또는 본질주의(essentialism)로부터 관계주의(relationalism)에로 충분히 전환한다면, 『칭의론에 관한 공동선언문』(JDDJ)

---

21 Chung-Hyun Baik, *The Holy Trinity-God for God and God for Us*(Eugene: Pickwick Publications, 2011), 19-20.

에 남아 있는 차이점에 담겨 있는 논쟁점을 넘어설 수 있을 것이다. 더 나아가서, 첫 번째 방안은 20세기 초부터 현재까지 진행됐던 에큐메니컬 대화와 일치에 관한 여러 노력이 공통으로 발견하는 통찰점과 신학적으로 연결될 수 있다.

이형기의 분석에 따르면, 에큐메니컬 대화와 일치에 관한 신학적인 논의에서 '복음'과 함께 '삼위일체'가 공통분모로서 대전제가 되어 왔다. 이와 관련하여 이형기는 다음과 같이 주장한다.

> … 양측이 "복음"을 공유하고 있다는 말이다. 그리고 우리는 에큐메니칼 운동을 통해서 1980년대 이후 "니케아-콘스탄티노플 신조"(381)가 세계교회가 공유하는 사도적 신앙의 공동 표현과 고백으로 인정되어 오고 있고, 트렌트와 제2차 바티칸공의회 역시 이 신조를 동방정교회 및 개신교와 공유하고 있다는 사실을 알고 있다. 즉, 양측은 적어도 삼위일체 하나님에 대한 공동의 신앙을 갖고 있다. 개신교와 로마 가톨릭교회 … 양측이 "복음"과 "삼위일체 하나님"을 공유하고 있다는 사실을 강조하려고 한다. 이것이 곧바로 "칭의" 교리로 이어지기 때문이다.[22]

그러하기에 『칭의론에 관한 공동선언문』(JDDJ)에서도 삼위일체 하나님에 관한 진술이 앞부분에 분명하게 제시된다. 즉, 칭의에 관한 공통 이해에서(JDDJ 14-18) 칭의와 관련하여 삼위일체 하나님에 관하여 진술되고 있음을 확인할 수 있다.

> 15. 믿음 안에서 우리가 함께 지니는 확신은 칭의가 삼위일체 하나님의 활동이라는 점이다. 성부께서는 죄인들을 구원하시고자 성자를 세계로 보내셨

---

22 이형기, "양자 간 대화", 54.

다. 칭의의 토대와 전제는 그리스도의 성육신, 죽음, 부활이다. 이러므로 칭의는 그리스도 자신이 우리의 의이심을 의미한다. 성부의 뜻에 일치하는 성령을 통하여 우리는 그리스도의 의에 참여한다. 그래서 우리는 함께 고백한다: 은혜만으로, 그리스도의 구원 활동에 대한 믿음으로, 그러나 우리 편에서의 어떤 공로 때문이 아니라, 우리는 하나님께 받아들여지고, 또한 우리는 성령을 받는다. 성령께서는 우리의 마음을 갱신하시고, 우리로 하여금 선한 일들을 하도록 준비시키시고 부르신다.

16. 하나님은 모든 사람을 그리스도 안에서의 구원으로 부르신다. 우리가 이 구원을 믿음으로 받을 때, 그리스도만을 통하여 우리는 칭의를 받는다. 믿음 그 자체는 성령을 통한 하나님의 선물이다. 성령은 신자들의 공동체 안에서 말씀과 성례를 통하여 활동하신다. 동시에 성령은 신자들을 이끄셔서 삶을 갱신하도록 하신다. 하나님께서는 삶의 갱신을 영원한 생명 안에서 완성하실 것이다.

18. … 그리스도만이 무엇보다도 유일한 중보자로 신뢰할 수 있다. 그리스도를 통하여 하나님께서 성령 안에서 자신을 주시고 새롭게 하시는 은사들을 부어주신다.[23]

그리고 칭의에 관한 공통 이해 해설에서도(*JDDJ* 19-39) 삼위일체 하나님의 각 위격과 관련하여 칭의가 서술된 부분이 있다. 그렇지만 『칭의론에 관한 공동선언문』(*JDDJ*)에서 칭의가 관계적 삼위일체와 관련하여 더욱 분명하게 전개되지는 못하는 한계와 아쉬움이 있다.

23　LWF & RCC, *Joint Declaration*, 15-16.

그러기에 현대 삼위일체신학의 르네상스에서 풍성하게 논의되고 있는 '관계적 삼위일체신학'이 칭의론에도 적용되어 전개될 필요가 있다. 그렇게 된다면, 『칭의론에 관한 공동선언문』(JDDJ)에서의 쟁점이 더 많이 최소화될 것이며 칭의론에 관한 에큐메니컬적인 논의를 더 풍성하게 발전시켜 나갈 수 있을 것이다. 다행스럽게도 현대 삼위일체신학의 르네상스에서 '관계적 삼위일체신학'의 관점으로 신학적 인간론이 꾸준하게 제시되어 오고 있다.[24]

그래서 이를 바탕으로 신학적 인간론을 '관계적 삼위일체신학'의 관점에서 충분히 전개할 수 있을 것이며, 그렇게 함으로써 『칭의론에 관한 공동선언문』(JDDJ)에서 드러나는 여러 가지 한계를 상당 부분 극복할 수 있을 것이다. 특히, '관계적 삼위일체신학'의 관점은 칭의와 관련된 인간의 상태에 관한 논의에서 본질주의 또는 본체주의의 관점이 지닌 한계에서 벗어날 수 있도록 도와줄 것이다. 그뿐만 아니라 '관계적 삼위일체신학'의 관점은 루터의 칭의론이 강조하는 법정적 선언의 이해에 머무르지 않고, 이를 기반으로 관계적인 참여 및 연합의 이해로 더 충분히 나아갈 수 있도록 도와줄 것이다.

여기에서 관계주의의 관점은 법정적 선언의 차원과 그리스도와의 연합 또는 참여의 차원을 온전하게 포괄할 수 있을 것이며, 동시에 본체주의 및 본질주의의 한계점을 넘어설 수 있을 것이다. 다만, 이러한 구체적인 작업은 본 논문의 범위를 넘어서기에 앞으로의 또 다른 작업에서 시도될 것이다.

---

24 관계주의의 관점에서 시도된 신학적 인간론에 관해서는 다음을 참조하라. 윤철호, 『인간-인간의 본성과 운명에 관한 학제 간 대화』(서울: 새물결플러스, 2017). 특히, 제5장 교의학적·관계론적 인간론: 칼 바르트, 제6장 변증적·교의학적 인간론: 볼프하르트 판넨베르크, 제7장 관계성 안의 이야기적 자아로서의 탈근대적 인간론: 스탠리 그렌츠와 마이클 호튼 그리고 제14장 페리코레시스적 관계성 안에 있는 하나님의 형상으로서의 인간을 참조하라.

4. 결론

　20세기의 에큐메니컬 대화와 일치 운동이라는 큰 흐름 안에서 1999년 루터교회와 로마카톨릭교회가 『칭의론에 관한 공동선언문』(JDDJ)에 서명하였고 이후 2006년에 세계감리교협의회(WMC)가 그리고 2017년에 세계개혁교회커뮤니온(WCRC)이 서명하였다. 이런 점을 고려하면, 『칭의론에 관한 공동선언문』(JDDJ)은 에큐메니컬 대화와 일치를 확대했고 심화시켜온 문서임을 부인할 수 없다.[25]

　그렇다고 해서 세계의 모든 교회와 신학자가 동의하는 것은 아니다.[26] 개신교 진영에서는 독일을 중심으로 유럽의 신학자 243명이 『칭의론에 관한 공동선언문』(JDDJ)에 반대하며 일곱 가지 입장을 발표했다.[27] 미국에서는 루터교회-미주리 시노드(The Lutheran Church-Missouri Synod)가 반대 입장을 발표했다. 심지어 로마카톨릭교회에서도 1999년에 서명했지만, 그 이듬해인 2000년 8월 6일에 교황청은 당시 신앙교리성 장관인 요제프 라칭거(Joseph Ratzinger)의 주도로 『주 예수』(Dominus Iesus)라는 문서를 발표하여 에큐메니컬 대화와 일치의 노력을 무시했다.

　특히, 17번째 항목에서는 다음과 같이 천명했다.

---

[25] Walter Cardinal Kasper, "The Joint Declaration on the Doctrine of Justification: A Roman Catholic Perspective", in William G. Rusch, ed. *Justification and the Future of the Ecumenical Movement*(Collegeville: Liturgical Press, 2003), 20-21.

[26] 박성규, "칭의론의 에큐메니칼적 평가와 전망-칭의론에 관한 <공동선언. 이후의 재평가와 전망", 현요한·박성규 편집. 『WCC 신학의 평가와 전망』(서울: 장로회신학대학교출판부, 2015), 119. 박성규, "하나님의 의와 인간의 정의-칼 바르트 신학을 중심으로", 『장신논단』46-2(2014년 6월): 165-191. 배재욱, "'하나님의 의' 개념", 『장신논단』32(2018년 8월): 221-248.

[27] Ted M. Dorman, "The Joint of Declaration on the Doctrine of Justification: Retrospect and Prospects", *Journal of the Evangelical Theological Society* 44/3 (September 2001): 422. "Position Statement of Theological Instructors in Higher Education to the Planned Signing of the Official Common Statement to the Doctrine of Justification" 문서는 다음에서 확인가능하다. http://wordalone.org/docs/wa-german-professors.shtml.

> 단 하나의 그리스도 교회가 존재하는데, 이것은 베드로의 후계자 그리고 그와의 교제 안에 있는 주교들에 의하여 통치되는 가톨릭교회 안에 존속한다.[28]

그리고 라칭거는 2005년부터 2013년까지 교황 베네딕트 16세로 재직하는 중인 2007년 7월에 기존의 『주 예수』(Dominus Iesus)의 내용을 재확인하는 또 다른 문서를 발표했다.[29]

이러한 점을 고려할 때 『칭의론에 관한 공동선언문』(JDDJ)이 칭의론에 관한 최종적인 해답이나 결정이 될 수는 없다. 그렇지만 에큐메니컬 대화와 일치를 위한 중대한 출발점과 계기가 될 수 있다. 다만, 앞으로 『칭의론에 관한 공동선언문』(JDDJ)에 있는 논의를 바탕으로 어떻게 여러 논쟁점을 최소화하면서 극복할 것인가가 매우 중요하다.

이는 쟁점을 분석하고 해결을 모색하고자 한 본 논문의 제안처럼 '관계적 삼위일체신학'이 앞으로 칭의론이 더 풍성하게 전개되는 데에 크게 공헌하리라 기대한다. 특히, '관계적 삼위일체신학'의 관점에서 제시되는 칭의론은 핀란드의 루터학파(Finnish School of Luther)가 새롭게 강조하고 있는 칭의 해석과도 쉽게 연결될 수 있을 것이다.[30] 그리고 세계감리교협의회(WMC)와 세계개혁교회커뮤니온(WCRC)이 각각 『칭의론에 관한 공동선언문』(JDDJ)에 서명하면서 강조하였던 신학적 통찰까지도 더 온전하게 아우를 수 있을 것이다.

---

28 http://www.vatican.va/roman_curia/congregations/cfaith/documents/rc_con_cfaith_doc_20000806_dominus-iesus_en.html.
29 https://www.cbsnews.com/news/pope-only-one-true-church.
30 Carl E. Braaten and Robert W. Jenson, *Union with Christ: The New Finnish Interpretation of Luther*(Grand Rapids: William B. Eerdmans, 1998). 여기에 소개된 핀란드루터학자는 Tuomo Mannermaa, Simo Peura, Antti Raunio, Sammeli Juntunen, Risto Saarinen 등이 있다.

또한, 오늘날 칭의에 관하여 다양하게 일어나고 있는 많은 논쟁과 관점을, 특히 바울에 관한 새 관점(The New Perspective on Paul) 학파에서 강조하는 신학적 통찰까지도 전적인 수용은 아니더라도 비판적인 검토를 통해서 어느 정도 통합적으로 수용할 수 있을 것이다.[31]

---

31 바울에 관한 새 관점은 James Dunn, E. P. Sanders, N. T. Wright 등에 의해 주창되었으며, 여기에 관하여 Michael S. Horton, John Piper, 김세윤, 배정훈 등이 비판을 제기했다. 배정훈, "유대교 율법주의 연구를 통한 바울에 관한 새 관점의 비판적 이해", 『장신논단』 49-1(2017년 3월): 147-171.

5. 참고문헌

권혁률. "칭의론에 대한 공동선언 1997/1999-루터교회 세계연맹과 그리스도인의 일치 촉진을 위한 교황청 평의회",「기독교 사상」44-1(2000년 1월): 217-235.

김동춘 편집.『칭의와 정의』. 서울: 새물결플러스, 2017.

김세윤.『바울 신학과 새 관점-「바울 복음의 기원」에 대한 재고』. 서울: 두란노아카데미, 2008.

김성태. "가톨릭교회의 입장에서 본 공동선언문",「한국교회사학회지」11(2002): 11-31.

김주한. "루터의 칭의론, 에큐메니컬 의제로서 가능한가?•「칭의 교리에 관한 공동선언문」의 사례를 중심으로",「한국교회사학회지」27(2010): 127-154.

배정훈. "유대교 율법주의 연구를 통한 바울에 관한 새 관점의 비판적 이해",「장신논단」49-1(2017년 3월): 147-171.

심상태. "의화 교리에 관한 합동 선언문 해설",「사목」254(2000년 3월): 43-55.

윤철호.『인간-인간의 본성과 운명에 관한 학제간 대화』. 서울: 새물결플러스, 2017.

이형기. "개신교의 입장에서 본 구원론에 대한 양자간 대화",「한국교회사학회지」11(2002): 32-64.

_____.『에큐메니컬 운동과 에큐메니즘』(이형기 교수 팔순기념논문집1). 서울: 장로회신학대학교출판부, 2017.

_____. "'칭의 교리에 대한 공동선언문'에 대한 개혁교회의 평가", 한국웨슬리학회·한국교회사학회 공동주최 심포지엄("칭의교리에 관한 공동선언의 역사적 신학적 의미") 2006년 11월 9일 감리교신학대학교 백주년기념관.

정홍열. "루터교와 로마 가톨릭의 칭의론 공동선언에 대한 신학적 평가",「한국조직신학논총」5(2000년): 263-280.

최주훈. "공동선언문과 로마-가톨릭의 루터관 변화",「신학연구」50(2007): 139-166.

현요한·박성규 편집. 『WCC 신학의 평가와 전망』. 서울: 장로회신학대학교출판부, 2015.

Baik, Chung-Hyun. *The Holy Trinity-God for God and God for Us*, Eugene: Pickwick Publications, 2011.

Braaten, Carl E. and Robert W. Jenson. *Union with Christ: The New Finnish Interpretation of Luther*, Grand Rapids: William B. Eerdmans, 1998.

Dorman, Ted M. "The Joint of Declaration on the Doctrine of Justification: Retrospect and Prospects", *Journal of the Evangelical Theological Society* 44/3 (September 2001): 421-434.

Lutheran World Federation and the Roman Catholic Church. *Joint Declaration on the Doctrine of Justification*, Grand Rapids: Wm. B. Eerdmans, 2000.

Lutheran World Federation and the Pontifical Council for Promoting Christian Unity. *From Conflict to Communion: Lutheran-Catholic Common Commemoration of the Reformation in 2017*, Leipzig: Evangelishce Verlagsanstalt, 2013.

_____. *10 Jahre Gemeinsame Erklärung zur Rechtfertigungslehre / 10 Years Joint Declaration on the Doctrine of Justification*, Frankfurt: Bonifatius, 2011.

Meyer, Harding and Lukas Visher, eds. *Growth in Agreement: Reports and Agreed Statements of Ecumenical Conversations on a World Level*, Geneva: WCC, 1984.

Piper, John. *The Future of Justification: A Responseto N. T. Wright*, Wheaton: Crossway Books, 2007.

Rusch, William G. ed. *Justification and the Future of the Ecumenical Movement*, Collegeville: Liturgical Press, 2003.

Wright, Nicholas Thomas. *Justification: God's Plan and Paul's Vision*, London: Society for Promoting Christian Knowledge, 2009.

CLC 도서 소개

❶ 선교적 교회론의 동향과 발전
크레이그 밴 겔더 · 드와이트 J. 샤일리 | 최동규 | 신국판 | 336면

❷ 장로교회의 정치원리
가이 프렌티스 워터스 지음 | 윤재석 옮김 | 신국판 | 320면

❸ 교회론: 교회의 본질과 사명
김지호 지음 | 신국판 | 288면

❹ 하나님의 선교적 교회
찰스 E. 밴 엥겐 지음 | 임윤택 옮김 | 신국판 | 368면

❺ 교회론(기독교정통교리)
조영엽 지음 | 신국판 양장 | 808면

❻ 선교적 교회론
신현수 지음 | 신국판 | 296면

❼ 개혁주의 교회론(개혁주의시리즈 6)
G. C. 베르까우어 지음 | 나용화, 이승구 옮김 | 신국판 | 518면

❽ 신약성경의 교회론
케빈 길레스 지음 | 홍성희 옮김 | 국판 | 355면

❾ 교회론(에릭슨 기독교 신학시리즈 6)
밀라드 J. 에릭슨 지음 | 이은수 옮김 | 신국판 | 226면